Max Ophüls, *Spiel im Dasein*

AF125411

(1) Max Ophüls, ca. 1933, mit eigenhändiger Widmung an den Direktor des Metropol-Filmverleihs Walter Levy (1883–1961).

MAX OPHÜLS

Spiel im Dasein

Eine Rückblende

Mit einem Vorwort von Marcel Ophuls
und einem Nachwort von Hilde Ophüls

Herausgegeben und kommentiert von
Helmut G. Asper

Alexander Verlag Berlin

Wir danken der Landeshauptstadt Saarbrücken für die freundliche
Unterstützung.

Erweiterte und durchgesehene Neuausgabe der Originalausgabe von
Max Ophüls: *Spiel im Dasein. Eine Rückblende*, Henry Goverts Verlag,
Stuttgart 1959.
© by Marcel Ophuls
© für diese Ausgabe by Alexander Verlag Berlin 2015
Alexander Wewerka, Fredericiastr. 8, D-14050 Berlin
www.alexander-verlag.com | info@alexander-verlag.com
Alle Rechte vorbehalten.

Satz und Layout: Antje Wewerka
Umschlag: Antje Wewerka; Foto: Privatarchiv Marcel Ophuls
Druck und Bindung: Interpress, Budapest
Printed in Hungary (January) 2015
ISBN 978-3-89581-352-8

DEAR STEVE

»Max Ophüls war der Mann des Kinos, dem das Allerschlechteste nachgesagt wurde von denen, die ihn nicht kannten, und das Allerbeste von denen, die ihn gekannt haben.«
Jacques Rivette und François Truffaut*

Als ich letzte Woche verreisen wollte und vorher noch schnell alle Papiere und Dokumente zusammengesucht habe, die ich vielleicht brauchen würde, um diese Zeilen zu redigieren, bin ich an diesem Satz von Rivette und Truffaut hängen geblieben. Er stammt aus der Einleitung zu einem seinerzeit berühmten Interview, das ich allerdings seit Jahren nicht mehr gelesen hatte. Um ehrlich zu sein, ich hatte das Interview sogar vergessen. Ich war erst mal überrascht. Meine Güte, wer konnte denn das geringste Bedürfnis verspüren, schlecht über Max Ophüls zu sprechen?

Dann habe ich versucht, mich langsam wieder in den Kontext der damaligen Zeit zu versetzen. Mein Vater war damals gerade in einer Hamburger Klinik mit vierundfünfzig Jahren gestorben. Das war achtzehn Monate nach der Premiere seines letzten Meisterwerks *Lola Montez*, dessen Fertigstellung damals als die teuerste der gesamten französischen Filmgeschichte galt und als ihr spektakulärster Flop. Die Produ-

---

* *Cahiers du cinéma*, No. 72, Juni 1957, deutsch von Peter Nau in: *Filmkritik* Nr. 251, 1977.

zenten waren finanziell ruiniert und hatten aus Verzweiflung sogar die Abwesenheit des Regisseurs genutzt, der sich gerade in einem Sanatorium im Schwarzwald erholte, um den Film heimlich in aller Hast umzuschneiden und dabei die Chronologie des »galanten und skandalösen Lebens« der armen Lola wiederherzustellen. Ziemlich vergeblich übrigens! Die Zuschauer interessierten sich auch nicht für diese Fassung. Dagegen mussten die jungen Kritiker, *»die ihn gekannt haben«*, Truffaut, Rivette und Godard allen voran, aber auch einige Größen der Branche wie Jacques Becker, Jean Cocteau, Roberto Rosselini und Jacques Tati mitansehen, wie das Meisterwerk eines Freundes, eines großen zeitgenössischen Künstlers, verstümmelt worden war. Bei den Leuten mit Geld von den Champs-Élysées, den Fremdenfeinden und den ewigen Poujadisten der Branche ließ ihre vehemente Verteidigung des Films den Groll und Ärger nur noch weiter anschwellen. Im »Showbiz« kann man dem Publikum schmeicheln, es aber niemals direkt angreifen, *voyons, voyons*, genau das aber hatte Max Ophüls getan.

Fünfundvierzig Jahre später muss ich wieder einmal feststellen, dass François Truffaut, der ebenfalls mit vierundfünfzig und mit schönen Filmvorhaben im Kopf verstarb, völlig recht mit seiner Diagnose hatte. Er kannte seine Welt gut genug!

Das sollte ein weiterer Grund sein, warum der Leser sich hoffentlich von den folgenden Seiten in den Bann schlagen lässt. Die Leichtigkeit, die Anmut, der Humor, die Höflichkeit und diese besondere Art Sorglosigkeit, gelegentlich hart am Rande der Koketterie, sind für mich das besondere Merkmal dieser Sammlung von Erinnerungen. Es soll hier nicht behauptet werden, das private oder berufliche Leben meines Vaters sei einfach gewesen. Es war gewiss ein schönes Leben, dank seiner Vitalität und seines Genies, aber einfach war es selten.

»Notre marriage, voyez-vous, est à notre image«, erklärt der General in *Madame de …* seiner Frau. »Ce n'est que superficiellement qu'il est superficiel.«* Und am Ende von *Le Plaisir* erklärt der Erzähler (Maupassant), als seinem Freund auffällt, wie wenig lustig die bisherige Erzählung war: »Aber mein Lieber, das Glück ist nicht lustig.«

Die Zurückhaltung angesichts der Schrecklichkeiten des 20. Jahrhunderts, die Weigerung, viel über sich selbst zu sprechen, sich zu beschweren oder gar bemitleiden zu lassen, die fast systematische Flucht in die Ironie und die Anekdote – ohne Zweifel, um hinter diesen Masken die ungeschlachten Züge der Epoche zu verbergen – haben einige filmbegeisterte »Ophülsianer« allerdings dazu verleitet, den Geist dieses autobiographischen Berichts im charakteristischen Filmstil seines Autors wiederfinden zu wollen. Ich bin mir jedoch nicht so sicher, ob man sich mit dieser Deutung zufriedengeben sollte.

Mir erscheint in der heutigen Zeit mehr denn je dieser fast fanatische Wunsch nach Leichtigkeit um jeden Preis als etwas Bewundernswertes und Außergewöhnliches. Und bei erneu-

***

* »Sehen Sie, unsere Ehe entspricht uns ganz und gar. Es ist keineswegs oberflächlich, zu behaupten, sie sei oberflächlich.«

ter Lektüre dieser Erinnerungen hat mich zum ersten Mal ihre wirklich literarische Qualität beeindruckt. Die scheint mir nämlich genau von der oben erwähnten Schamhaftigkeit und Zurückhaltung herzurühren. Ich muss gestehen, dass mir das zum Zeitpunkt der Erstveröffentlichung irgendwie entgangen war. Seitdem habe ich, wie ich gestehen muss, diese väterlichen Bekenntnisse, die unter so ungewöhnlichen Umständen verfasst worden sind, ein wenig verdrängt und erst jetzt wiederentdeckt. Das Unbehagen eines Sohnes, dessen Erinnerungen zwangsläufig nicht immer mit denen des Vaters übereinstimmen? Wenn das ein Mangel an Respekt ist, dann möge man mir den verzeihen.

Aber es stimmt schon, dass ich vor so viel orchestrierter Unbeschwertheit auch heute noch manchmal skeptisch bleibe. Ich werde erklären, warum.

»Let's not say she made it look easy. Not for a minute did it look easy. Not for a minute did it look like something the ordinary mortal could do. When Ginger Rogers swept around the dance floor with Fred Astaire, she may have made it seem effortless, but easy? No.«[*]

So brachte vor fünf Jahren ein Journalist der *Washington Post* im Nachruf seine Trauer über den Tod einer Göttin unserer

---

[*] »Behaupten wir lieber nicht, sie hätte es einfach aussehen lassen. Nicht eine Minute sah das einfach aus. Nicht eine Minute sah das aus, als könnte das ein normaler Sterblicher zustande bringen. Wenn Ginger Rogers mit Fred Astaire über die Tanzfläche wirbelte, hat sie das vielleicht mühelos aussehen lassen, aber einfach? Nein.«

schwarz-weißen Träume zum Ausdruck. Auch das erinnert mich an meinen Vater: mühelos ja, aber einfach, nein.

»Some day, when I'm awfully low,
And the world is cold …«

Und ich wurde daran erinnert, dass wir den Refrain dieses Liedes *The Way You Look Tonight* von Jérôme Kern manchmal in Hollywood gemeinsam angestimmt haben, mein Alter und ich.

»Some day, when I'm awfully low,
And the world is cold,
I will feel a glow just thinking of you,
And the way you look tonight.« *

Am 6. Mai 2002 wäre mein Vater hundert Jahre alt geworden, er war also ungefähr so alt wie das 20. Jahrhundert. Im Herbst 1957, zwei Monate nach seinem Tod, kam ein älterer, feiner Herr mit silbergrauen Haaren (Max Ophüls nannte sie, etwas neidisch, die »Silbergoyim«), der mit seiner Sekretärin von einem Chauffeur in einem Mercedes 300 SL vorgefahren wurde, auf einen Kaffee bei uns vorbei. Damals arbeitete ich als junger Dramaturg, heute nennt man das Redakteur, beim Südwestfunk in Baden-Baden und war frisch verheirateter

---

* »Eines Tages, wenn ich mich schlecht fühle
  Und die Welt kalt ist
  Dann werde ich mich mit dem Gedanken an dich wärmen,
  Und daran, wie du heute Abend aussiehst.«

Familienvater. Regine und ich wohnten als Untermieter beim Schlachtermeister eines kleinen Ortes außerhalb von Baden-Baden. Es war die Zeit der Weinernte, ein schöner Nachmittag, wie ich mich noch erinnere. In der Begleitung des mysteriösen Besuchers gingen wir mit Kathrinchen, unserem ersten Kind, spazieren. Was wollte dieser feine Herr bloß von uns? Am Telefon hatte er uns nur wissen lassen, dass es um etwas ging, das »Ihren Herrn Vater« betraf. Während des Spaziergangs lächelte er die ganze Zeit unsere kleine Catherine, die im Kinderwagen schlief, an und warf ihr Kusshände zu. Und als sie zum ersten Mal sein Lächeln erwiderte, kamen ihm sofort die Tränen. »Sie ähnelt ihm derart …«, sagte er und trocknete sich die Wange. »Wie schade, dass er dieses Buch nicht mehr für mich hat schreiben können. Wirklich außerordentlich schade!« Welches Buch? Ein Buch? Das war schon mal die erste Überraschung. Angesichts unseres Erstaunens nickte Dr. Goverts mit unendlicher Zartheit und stieß einen tiefen Seufzer aus: »Ja, wir haben vor zwei Jahren einen Vertrag aufgesetzt. Wissen Sie nichts davon? Meine Sekretärin hat ihn dabei. Sie können sich selbst von unserer Abmachung überzeugen.«

– Was für ein Buch?
– Über die Filmkunst oder so was in der Art.
– Sie überraschen mich wirklich. Die Filmkunst … Wissen Sie, mein Vater sprach nicht viel über so etwas.
– Jaja, glaube ich Ihnen ja. Aber egal. Sie haben nicht zufällig diesen Text oder einen Text, irgendwas, zwischen seinen Sachen gefunden?
– Nein. Das kann ich Ihnen versichern. Mein Vater schrieb

sehr viel, aber er hielt sich gewiss nicht für einen Schriftsteller.

Schweigen. Kopfnicken, großer Seufzer. »Schade«, wieder-
holte Dr. Goverts. »Wirklich schade! Naja, ich zeige Ihnen
trotzdem mal den Vertrag.« Nach dem Spaziergang wurde
die Sekretärin geschickt, den Vertrag aus einer Aktentasche
zu zücken. Sie legte ihn in drei Exemplaren vor uns auf den
Couchtisch. Der erste Absatz, der mir ins Auge sprang, weil
die Buchstaben fett geschrieben waren, betraf eine Anzahlung, die mein Vater zwei Jahre zuvor erhalten hatte: 10 000
DM! Nicken von Dr. Goverts, großer Seufzer. »Sehen Sie,
junger Mann. Ich habe Ihnen ja gesagt, dass es wahr ist.«

– Ich zweifle ja gar nicht daran, Herr Doktor. Aber was soll
  ich Ihrer Meinung nach machen? So weit ich weiß, gibt es
  nichts im schriftlichen Nachlass, was Ihnen nützen könnte.

Zum ersten Mal ließ Dr. Goverts eine gewisse Ungeduld
erkennen.

– Aber er hat diesen Vorschuss offenbar in den zwei Jahren
  bereits ausgegeben. Und der war beachtlich, verstehen Sie?
  Beachtlich! Nicht branchenüblich ...«

Ich zuckte die Achseln: »Das Gegenteil hätte mich verwun-
dert. Aber was soll ich Ihrer Meinung nach tun?«

Der Doktor sah mir tief in die Augen und sagte mit äußerster
Sanftheit in der Stimme: »Zurückzahlen! Dann müssen Sie's

zurückzahlen.« Regine und ich tauschten entsetzte Blicke. Wo sollten wir 10 000 DM herzaubern? Das kam nicht in Frage. Während ihr Arbeitgeber höflich eine letzte Tasse Kaffee annahm und ein letztes Stück selbstgebackenen Kuchens, warf uns die Sekretärin einen mitleidigen Blick zu: »So ist das Gesetz«, erläuterte sie meiner Frau. Währenddessen versuchte ich fieberhaft, mein Gedächtnis nach Hinweisen zu durchwühlen. Mein Vater hatte nie eine Pause in seiner Arbeit gekannt, nicht einmal Ferien. Ich wusste, dass er ein paar Essays und kleine Novellen während des Krieges geschrieben hatte und später einige Artikel für Zeitungen, aber das reichte kaum, um fünfzig Seiten zu füllen. Dafür hatten wir allerdings von seinen Exposés und Drehbüchern die Schubladen voll. Leider interessierte das weder Dr. Goverts noch seine Sekretärin. Entmutigt und beunruhigt begleitete ich die beiden zurück zu ihrem dicken Mercedes. Genau in dem Moment, als der Chauffeur die Tür des Wagenschlages zuwarf, kamen mir plötzlich zwei Worte ins Gedächtnis: DEAR STEVE. Ich sah mit einem Mal wieder Max Ophüls vor mir an seinem Schreibtisch, nachts, wie er mir den Rücken zukehrte und wirklich lange an diesen geheimnisvollen »dear Steve« schrieb. Wer war dieser Mann, dessen Name mir da auf einmal wieder einfiel?

Es war in Hollywood, 1945 nach dem Ende des Krieges. Nach drei Jahren ohne Arbeit hatte mein Vater endlich wieder einen Vertrag als Regisseur unterzeichnet, zum bescheidenen Honorar von 500 Dollar in der Woche bei einer neuen unabhängigen Firma. Die war gerade von dem brillanten und berühmten Regisseur Preston Sturges gegründet worden und wurde von dem nicht weniger berühmten Milliardär Howard

Hughes finanziert. Dieser Steve war dort für die Pressearbeit zuständig. Er hatte um eine Filmographie und einige Seiten »Curriculum vitae« gebeten, die für alle möglichen Zwecke nützlich sein könnten.

»You know, Max, the kind of thing. Just let me have four or five pages. That would be just great!« Eines Abends, nach dem Abendessen, hatte mein Vater diese beiden Worte getippt: »Dear Steve.« Der Text selbst war vollständig auf Deutsch verfasst. Fünf Wochen später hatte ich ihm mehr als dreihundert Manuskriptseiten ins Englische übersetzt, vermutlich damit der große Sturges sie besser lesen könnte. Und hat er das getan?

Ich weiß es nicht mehr. Das war eine schwierige Phase der Beziehung zu meinem Vater. Ich war sechzehn und zum ersten Mal in meinem Leben verspürte ich ein gewisses Unbehagen am Verhalten meines Vaters. Er war völlig fasziniert und geblendet von seinem neuen Freund und Arbeitgeber, in dem er seinen Retter sah. Wenn ich heute Filme von Preston sehe, kann ich nachvollziehen, wie sein Schwung, sein Humor und sein immenses Talent einen Mann wie Max Ophüls verführen konnten. Aber damals kam es, wenn er spät von seinen Arbeitstagen zurückkam, immer häufiger vor, dass er, um uns zu erheitern, die Geschichten, die Sturges ihm während des Tages erzählt hatte, eins zu eins wiedergab. Ich verspürte dabei oft genug eine gewisse Irritation, fast sogar Eifersucht. Ich sagte mir dann immer, »seine eigenen waren vor noch nicht allzu langer Zeit deutlich lustiger«. Und trotz der Jahre des Exils und der Arbeitslosigkeit war das der einzige Moment unseres gemeinsamen Lebens, in dem ich das Gefühl nicht loswurde, mein Vater habe aufgehört, ein freier Mann zu sein. Fast jeden Abend verbrachte er Stunden im Restaurant *The Players*, das Preston am Sunset Boulevard gekauft hatte und wo er am hintersten Tisch Hof hielt. Jeden Freitag begleitete mein Vater seinen Arbeitgeber zu einem Boxkampf, obwohl er mir immer gesagt hatte, wie abstoßend er diese Sportart eigentlich fand. Ein- oder zweimal im Monat hatte ich, wenn ich von der Schule kam, den berühmten Mann selbst am Apparat und vernahm seine tiefe, sonore Stimme, die in ihrer Mischung aus Lyrismus und narzisstischer Exzentrizität sehr der von Orson Welles ähnelte: »Marcel«, verkündete diese Stimme feierlich, »*it just so happens* ... Es hat sich ergeben, dass ich *The Great McGinty* heute Abend vorführe, in kleiner Runde, nur für ein paar gute Freunde. *I was just wondering*, ich hab mich gefragt, ob vielleicht Hilda, dein Vater und du, Lust habt, zur Vorführung bei mir vorbeizukommen.«

Noch heute halte ich *The Great McGinty* für einen wunderbaren Film, vermutlich eine der schönsten Komödien der großen Epoche des Hollywood-Kinos, aber mein Vater, meine Mutter und ich, wir hatten ihn schon drei Mal gesehen. Einen Reflex dieser obligatorischen Filmvorführungen findet man in dem Film *Caught*, den Max Ophüls zwei Jahre später drehte. Robert Ryan spielt dort einen besitzergreifenden und zugleich neurasthenischen Milliardär und damit eine Mischung aus Preston Sturges und Howard Hughes. Die Rache eines Mannes, der seine kreative Freiheit wiedergefunden hat, an dem großen Kollegen, der ihn so enttäuscht und betrogen hat? Vielleicht ... In eben diesem Film spielt der große Brecht-Schauspieler Curt Bois, ein nicht besonders großgewachsener deutscher Jude, der meinem Vater ein wenig ähnlich sah, die Rolle des Faktotums, das unterwürfig und servil alle Aufträge ausführt, bis er sich schließlich gegen seinen Herrn auflehnt. War das ein kritisches Selbstporträt in der *Rückblende*? Vielleicht. Es bleibt, dass diese merkwürdige Episode in der Karriere meines Vaters ziemlich schlecht ausging. Meine Mutter erwähnt den Bruch kurz am Ende dieses Buches.

Einige Jahre später, als er bereits wieder in Frankreich lebte, war mein Vater beruflich wieder obenauf und auf den Champs-Élysées zu Hause. Ich besuchte meine Eltern manchmal am Wochenende in Chevreuse. Eines Tages, als ich mich gerade mit meinem Vater in Paris verabreden wollte, schlug er den Termin mit folgender Begründung aus: »Nein, am nächsten Freitag geht es leider nicht. Ich kann nicht. Ich treffe mich mit Preston!« Ich fiel aus allen Wolken: »Was? Du gehst mit Preston aus? Ist der Mistkerl in Paris? Warum triffst du ihn nach allem, was er dir angetan hat?« Mein Vater zuckte nur lächelnd mit den Schultern: »Er ist so witzig. Wirklich, man amüsiert sich wahnsinnig gut mit ihm. Und weißt du, außerdem geht es ihm schlecht.«

Das ändert nichts daran, dass ich jedes Mal, wenn ich *Caught* sehe, dessen Titel ja deutlich genug ist, an die merkwürdige und kurze Beziehung zwischen diesen beiden großen Filmemachern denken muss, deren Freundschaft ich in Hollywood als Teenager beobachten konnte.

Während ich diese Erinnerungen noch einmal lese, die damals genau zu dieser Zeit aufgezeichnet worden sind, frage ich mich manchmal, für wen sie eigentlich geschrieben waren. Und das Gefühl, dass sie in erster Linie gedacht waren, um von Preston Sturges gelesen zu werden, verschafft mir auch heute noch einen Hauch schlechter Laune.

Sturges war ein überaus feinsinniger Mann, vielsprachiger Kosmopolit, Sohn äußerst reicher Industrieller, und hatte seine ganze Kindheit in den großen europäischen Palästen mit seiner Mutter verbracht, die die lesbische Freundin von Isadora Duncan war. Gegenüber der Not in dieser Welt und den großen Dramen der Zeitgeschichte hatte er eine absolut klarsichtige, leicht zynische Haltung. Ohne offen reaktionär zu sein, empfand er für linke Intellektuelle und alles, was nach politischem Engagement aussah, so etwas wie Abscheu. Sein am ehesten politischer Film und nebenbei einer seiner besten zeigt diese Haltung offen: *Sullivan's Travels*, der Anti-Capra-Film par excellence.

1945 war gerade der Alptraum des Zweiten Weltkriegs zu Ende gegangen. Mein Vater hatte drei Onkel in Auschwitz verloren, und wir wussten noch nicht, ob die Eltern meiner Mutter in Deutschland den Bombenhagel überlebt hatten. Meine Eltern hatten, bevor sie Sturges trafen, vor allem mit deutschen Exilanten verkehrt, darunter war Bertolt Brecht, der in Santa Monica wohnte. Ich erinnere mich noch, wie sich mein Vater in den letzten Kriegsmonaten mit Brecht verkracht hatte, weil er sich weigerte, die Bombardements auf Dresden und Hamburg als glorreichen Sieg des Antifaschismus zu betrachten. Bei uns zu Hause wurde manchmal ganze Abende lang nur »über Politik« geredet. Wie hätte das auch, bitte sehr, anders sein können? Mit sechzehn war ich alt genug, um zu wissen, welche Position mein Vater 1938 zum Münchener Abkommen bezogen hatte, konnte also sehr gut meine Erinnerungen mit seinen vergleichen. Deshalb bleibe ich auch heute noch skeptisch, wenn ich bestimmte Passagen dieses Textes lese, in denen er zum Beispiel seine eigene Münchener Krise lediglich als Ergebnis einer dummen und vorübergehenden Unachtsamkeit während der Dreharbeiten von *Werther* beschreibt, oder wenn er behauptet, seine Schauspielausbildung irgendwo zwischen Expressionismus und Naturalismus hätte ihn dafür bestimmt, mit verschiedenen ideologischen Tendenzen seiner Zeit zu »kollaborieren«.

Als 1959 der Text erstmals veröffentlicht wurde, waren noch einige seiner Klassenkameraden aus der Schule in Saarbrücken am Leben. In Begleitung meiner Tante habe ich mal einen davon getroffen. Nach den üblichen Komplimenten wies mich dieser brave Bürger, der die besten Jahre seines Lebens ohne allzu große Beschädigungen im Dritten Reich verlebt hatte, darauf hin, dass mein Vater sich mit falschen Lorbeeren (!) geschmückt hatte, als er behauptete, er habe das Abitur bestanden. Dieser glaubwürdige Zeuge klärte mich darüber auf, mein Vater sei ein Faulpelz und Maulheld gewesen, der die Schule vor dem Ende der Schulzeit »verlassen« hatte, vermutlich um irgendwelchen Schürzen hinterherzujagen. Ich kannte meinen Vater gut genug, um ihm diverse Ausschmückungen und Korrekturen der Wahrheit zuzutrauen, aus Spaß am Spiel, an der Anekdote oder schlicht aus dem quasi professionellen Vergnügen, eine gute Geschichte zu erzählen, aber weniger aus Gier nach bürgerlicher Anerkennung oder Angeberei. Dieser alte Klassenkamerad war mir also entschieden unsympathisch. Später hat mich meine Tante über den wahren Sachverhalt aufgeklärt. Wenn es schon um Authentizität geht, dann sollte man den Dingen auf den Grund gehen: Mein Vater war nämlich keineswegs ein Faulpelz gewesen, sondern der Beste seiner Klasse. Er hatte das Abitur deshalb nicht bestanden, weil der Schuldirektor ihn kurz vor den Prüfungen der Schule verwiesen hatte. Und warum das? Aus »politischen« Gründen. Am Ende des Schuljahres, unmittelbar nach dem Ende des Ersten Weltkriegs und der Kapitulation des Kaisers hatte der junge Max Oppenheimer eine längere Abhandlung über Rosa Luxemburg geschrieben. Ein nicht tragbarer Skandal! Das Heft mit diesem Aufsatz befindet sich noch irgendwo auf meinem Speicher und da wird es auch mindestens bis zu meinem Tode bleiben.

Es ist angesichts seines eigenen Lebensverlaufs in diesem 20. Jahrhundert nicht schwer zu verstehen, warum der pedantische saarländische Kritiker des Buches dieses kleine »Detail« vergessen hat. Überraschender erscheint es jedoch, warum mein Vater sich dafür entschieden hat, diese Episode systematisch aus seinen Memoiren zu tilgen. Junger romantischer Schauspieler, Theater- und Literaturverrückter, Frauenfreund und Liebhaber des Lebens – mein Vater ist all das ohne Zweifel gewesen. Aber so sehr, dass er darüber den Lärm von der Straße nicht mehr gehört hätte? Gewiss nicht!

Ich habe im Gegenteil gute Gründe, anzunehmen, dass mein Vater engagierter Marxist war, bevor er aus seiner Heimatstadt und von seiner Familie floh und dass er das auch noch recht lange geblieben ist, wie fast alle jungen Intellektuellen seiner Generation zur Zeit der Weimarer Republik. Ich weiß ebenfalls, dass er aufgehört hat, einer zu sein, als er anlässlich seiner Reise in die Sowjetunion die ersten Moskauer Prozesse mitbekommen hat. Diese wichtige Seite seines intensiven und bewegten Lebens übergeht er in dem langen Brief an den lieben Steve unbestritten mit bravouröser und doch ein wenig suspekter Eleganz.

Warum? Lange habe ich mir diese Frage gestellt. Ich habe sogar eine Weile gedacht, er hätte Angst vor den Unwettern der McCarthy-Ära und der Verfolgung durch das FBI gehabt. Eine falsche Fährte und zudem ein Anachronismus. Hollywoods schwarze Listen wurden erst einige Jahre später erstellt. Außerdem nahm der kleine Max, nachdem er sich aus der Bewunderung für den großen Preston befreit und aufgehört hatte, *The Players* aufzusuchen, die Arbeitskontakte und Freundschaften zu Männern wie Howard Koch*, Joe Losey und Nick Ray wieder auf, die sich alle früher oder später auf der berüchtigten schwarzen Liste wiederfanden und ihrerseits nach Europa auswandern mussten. Was ihn selbst betrifft, so sah er es nach seiner Rückkehr nach Frankreich und Deutschland als Ehrensache an, mit befreundeten Schauspielern zu arbeiten, von denen erwiesen war und er das auch wusste, dass sie 1945 bei der Befreiung »Schwierig-

---

* Drehbuchautor von *Casablanca* und *Letter from an Unknown Woman*.

keiten« gehabt hatten, wie z. B. Gustaf Gründgens und Wolfgang Liebeneiner, ganz zu schweigen von Magda Schneider.
Man kann Überzeugungen haben, ohne deshalb den Sinn
für Freundschaft aufzugeben.

Indem er sich selbst gelegentlich das Alibi der Sorglosigkeit
und einer gewissen romantischen Frivolität ausstellt, sei es
vielleicht auch nur, um Sympathie bei Sturges zu heischen,
stellt der Autor dieser Erinnerungen, so scheint es mir heute
mehr denn je, sein Licht unter den Scheffel und das ärgert
mich immer noch gelegentlich. Ich bleibe bei meiner Auffassung, dass wirkliche Toleranz und Mitgefühl uns nur be-
eindrucken und in ihren Bann schlagen können, wenn sie
auf gewissen tieferen Überzeugungen fußen und nicht bloß
auf der Weigerung, der Wahrheit ins Antlitz zu schauen. Ich
bin überhaupt nicht mit dem berühmten Spruch von Renoir
einverstanden, dass »jeder seine guten Gründe hat«. Sicher,
man kann sich irren und Überzeugungen ändern, aber unter
den »guten Gründen« gibt es gute und schlechte. Erst vor
Kurzem habe ich übrigens begriffen, dass Renoirs Spruch
willkürlich verstümmelt worden ist. Vollständig lautet er
nämlich folgendermaßen: »Es ist wirklich schrecklich, dass
jeder seine guten Gründe hat.« In Gänze wiederhergestellt,
entspricht dieser Satz, wie ich finde, sehr dem Geist der beiden großen Filmmacher und dem, was ich vermutlich von
meinem Vater gelernt habe. *Sullivan's Travels* ist wirklich ein
schöner Film, aber mein Vater liebte Capra über alles und
Mr. Smith goes to Washington einerseits und *Liebelei* anderer-
seits sind einfach besser. Statt den Text, der nun folgt, neu

bearbeiten zu lassen, wollte ich diese Unterschiede lieber vorab klarstellen.

1957 befanden sich Original und Übersetzung noch in irgendeinem Koffer im Keller oder auf dem Speicher. Aber genau den hier abgedruckten Text lieferte ich zu passendem Zeitpunkt und ohne große Skrupel dem feinen Dr. Goverts, *um das Geld nicht zurückzahlen zu müssen.* Der Brief wurde von seinem Autor im Verlauf schlafloser Nächte hingeschrieben, schnell, nervös, spontan, manchmal davongetragen von den eigenen Erinnerungen, ohne den Vorsatz, dass sie jemals veröffentlicht würden, erfüllt von einer Nostalgie und Unruhe angesichts eines besiegten und zerstörten Europas, aber vor allem in der Erwartung, endlich wieder in seinem Beruf arbeiten zu dürfen. Ich habe vor seinem Tod nicht mehr mit ihm darüber gesprochen. Ich habe auch diesen Presseattaché aus Hollywood nie gekannt. Ich weiß also nicht, wie er wohl darauf reagiert hat, als eines schönen Tages dieses dicke Manuskript auf seinem Schreibtisch lag.

»Dear Steve ...« Lieber Papa!

Marcel Ophuls

(Aus dem Französischen von Marcus Seibert. Erstmals erschienen in Max Ophuls: *Souvenirs*, Petite bibliothèque des Cahiers du cinéma, Paris 2002. Der Text wurde für diese Ausgabe neu durchgesehen.)

SPIEL IM DASEIN

Ich bin am 6. Mai 1902 geboren. Erst seit ein paar Jahren weiß ich, dass das schon lange her ist. Die Stadt, in der ich geboren bin, heißt Saarbrücken, liegt an der Saar und hat im Lauf der letzten Jahrhunderte mehrere Male die Nationalität gewechselt. Die Geschichte warf sie, ähnlich wie Elsass-Lothringen, alle paar Generationen zwischen Frankreich und Deutschland hin und her, woraus sich meine etwas leichtfertige Einstellung zu nationalen und politischen Problemen erklärt. Meine Eltern gehörten zu einem Familientrust, der ganz Deutschland mit seinen Geschäftshäusern übersäte, und ein Vorfahre mütterlicherseits muss einmal genau so clever in den USA gewesen sein, er hieß Bamberger, brachte es verdächtigerweise bis zum Staatsgouverneur von Utah. Heute gibt es in Utah noch die Bamberger-Eisenbahngesellschaft, und ein Liberty-Schiff heißt auch Bamberger. Diese Linie hat zwei uralte taube Tanten hervorgebracht, die in New York leben und jeden neuangekommenen Emigranten einmal – und das will heißen nur einmal – zum Dinner empfangen und ihm fünfzig Dollar unter den Teller legen. Ich war nicht dort. Mein Vater heißt Oppenheimer.

Am Tag, an dem ich mich entschied, Schauspieler zu werden, das war im Jahre 1919, verbot mir mein Vater, seinen Namen zu tragen. Mein Schauspieler-Lehrer, Oberregisseur Fritz Holl am Stuttgarter Landestheater, nahm einen Bleistift und ein Stück Papier und sagte: »Vor allen Dingen muss man jetzt dafür sorgen, dass man die Wäschezeichen nicht umzuändern braucht. Sie müssen deshalb die Initialen behalten.«

Und so schrieb er auf das Stück Papier statt »Max Oppenheimer« »Max Ophüls«. Viele Jahre später meldete sich in Wien ein Herr bei mir, ein Richter mit langem weißem Bart und Brille aus Düsseldorf. Er behauptete, ich gehöre zu dem Wikingerzweig seiner Familie Ophüls, und sogar mein Aussehen konnte ihn nicht vom Gegenteil überzeugen. Und viele, viele Jahre später, als ich einen Film in Italien machte, ließen sich zwei amerikanische Damen bei mir melden, Verwandte des heutigen Bürgermeisters von San Francisco, Ophüls, aber die waren noch jung und trugen keine Brille, und ihre Unterhaltung mit mir war infolgedessen sehr kurz.

Meine Heimatstadt Saarbrücken ist eine Industriestadt, 120 000 Einwohner, die Mehrzahl sind Grubenarbeiter. Ich bin mit ihnen aufgewachsen. Meine besten Freunde waren Söhne von Bohrern, Hauern oder Steigern, und sie sind wahrscheinlich, wenn sie noch am Leben sind, Bohrer, Hauer oder Steiger geworden. Die so kleine Stadt hat viele welthistorische Stunden mit viel aristokratischem Gleichmut ertragen. Ich war zwölf Jahre, die Stadt war deutsch, da brach der Weltkrieg aus. Wir freuten uns. Es gab einen Tag schulfrei. Alle Einwohner kamen sich wichtig vor. Die Stadt wurde im Aufmarsch gegen Frankreich das Hauptquartier der kronprinzlichen Armee. Wir Schüler liefen alle auf die Bahnhofstraße, das ist die Geschäftsstraße, und warteten in der Sommerhitze, bis der Kronprinz auf einem Rotschimmel eingeritten kam. Der Kronprinz sah aus wie der Mann beim Boxen im Hollywood-Stadion, der öfters mit dem Eimer in den Ring kommt. Ich glaube, er ist ein Manager. Er heißt von S. und ist ein Baron. Er ist vielleicht ein uneheliches

Kind vom Kronprinzen, denn die Stahlindustriefamilie im Saargebiet sind die Barone von S., und wir Jungens wussten alle, dass der Kronprinz die Frau von S. verehrte und mit ihr oft spazieren ritt. Der Beginn des Weltkrieges erschien uns überhaupt wie eine Serie von galanten Abenteuern des Kronprinzen, der von einer unermüdlichen Potenz behaftet schien. Jeden Morgen erzählten wir uns in der Klasse eine neue Episode von ihm. Wir jüdischen Schüler waren besonders stolz darauf, als wir erfuhren, die Tochter vom koscheren Metzger Wolf sei von dem Kronprinzen angelächelt worden, als er im Schritt mit dem Rotschimmel über den Marktplatz ritt. Es soll sich ungefähr Folgendes zugetragen haben: Der Kronprinz hält an, er ruft durch die offene Tür [sehr preziös]: »Gefällt Ihnen mein Schimmel, Fräulein Wolf?« »Ja, Kaiserliche Hoheit.« Der Kronprinz: »Sie sollen ihn haben.« Er sprengt davon. Eine Stunde später reitet ein Wachtmeister von den Totenkopfhusaren den Schimmel in die jüdische Metzgerei. Am Nachmittag begibt sich Fräulein Wolf ins Hotel zum Rheinischen Hof, um sich für das fürstliche Geschenk zu bedanken und es abzulehnen. Sie erklärt seiner Kaiserlichen Hoheit, dass in ihrer Familie niemand reiten könne, und selbst wenn das der Fall wäre, würde das in der Stadt zu viel unbescheidenes Aufsehen erregen. Der Kronprinz: »Da soll Ihr Vater doch Würste aus dem Tier machen.« Was mit dem Schimmel geschah, hat man nie erfahren. Er verschwand von der Bildfläche. Der Kronprinz ritt die nächsten Wochen ostentativ einen Rappen. Fräulein Wolf ist noch öfters in den Rheinischen Hof gegangen, um sich zu bedanken. Ihr Bruder aber wurde zur Potsdamer Garde eingezogen, was sonst nur sehr selten einem nichtarischen Bürgersohn passierte, und er ist dann als Leutnant im Jahre 1916 gefallen.

Wenige Wochen später rückte der Kronprinz nach Frankreich vor. Zur Abschiedsfeier für ihn und seine Stabsoffiziere spielte das Stadttheater *Wilhelm Tell* von Friedrich von Schiller. *Tell* ist ein dynamischer Klassiker, voll von temperamentgeladenen Versen, deren große Worte wie zum Beispiel »Befreiung«, »ewige Rechte des Volkes«, »Vaterland«, »Blut und Ehre« sich für alle politischen Festbegebenheiten eignen.

Mit dem Kronprinzen verschwand der erste Glanz des Krieges, und langsam wurde es düsterer in der Stadt. Bald kamen französische Flugzeuge und begannen, Tag und Nacht zu bombardieren. Wenn Bombardements nachts waren, so freute uns Kinder das immer, denn es gab eine Verordnung, wonach wir um soundsoviel Stunden später am Morgen in die Schule zu kommen brauchten, je später das Bombardement nach Mitternacht einsetzte, und ich liebte es sehr, morgens lange zu schlafen. Ich glaube, ich war noch nicht dreizehn Jahre, als ich zum ersten Mal in direkten Kontakt mit dem Krieg kam. Wir Jungen waren, was uns sehr aufregte, in Rettungskolonnen eingeteilt. Aus einem brennenden Lazarettzug, der wohl irrtümlicherweise von Fliegerbomben getroffen worden war, zogen wir Verwundete, sie wurden auf Bahren gebettet, und wir erhielten den Auftrag, sie so schnell als uns unsere Füße trugen, in die Krankenhäuser zu transportieren. Mit meinem Freund Otto Hardt, der auch noch ein Kind war, trug ich einen Mann zum katholischen Krankenhaus. Der Mann stöhnte zuerst sehr. Nachdem wir eine Weile mit ihm gelaufen waren, wurde er in der Richard-Wagner-Straße leiser.

»Es geht ihm schon besser«, sagte Otto froh. Wir kamen in den Korridor des Hospitals, das überfüllt war. Eine Schwester schlug das Laken zurück. »Ihr Idioten, warum bringt ihr uns denn krepierte Leute«, schrie sie uns an. Mein Freund Otto zog mich zur Seite. »Man soll ihr nicht bös drum sein. Sie hat halt so viel zu tun.«

Um das Jahr 1917 herum war aus Saarbrücken das Zentrum der Deserteure und der heimlichen Anti-Kriegsbewegung geworden. Statt der Fahnen und der Musikkapellen sah man schwerbewaffnete Unteroffiziere durch die Straßen rennen. Sie trugen auf der Brust ein großes Messingschild, auf dem das Wort »Feldpolizei« stand. Sie schossen auf offener Straße hinter Soldaten her, die sich schnell irgendwo verkrochen. Oft durfte man nach Dunkelheit nicht mehr auf die Straße. Belagerungszustand war erklärt.

Die Kirchenglocken, die in den ersten Jahren des Krieges beinahe jede Woche einen neuen Sieg verkündeten, läuteten immer seltener. Es gab immer weniger zu essen, fast gar nichts mehr. Zu meinem Geburtstag im Jahre 1918 war mein Wunsch ein Laib Brot für mich allein. In den Arbeiterfamilien zirkulierten handgeschriebene und handkopierte Schriften, die vom Internationalismus und vom Kommunismus erzählten.

Das Ende des Krieges sah so aus: Schon seit drei Tagen zogen durch die Bahnhofstraße hungernde, unrasierte deutsche Heereskolonnen. Die Soldaten hatten den Kopf gesenkt. Die Seile, mit denen die Pferde an die Deichseln gebunden waren, waren aus Papier und rissen oft. Es war gegen Nachmittag, als ein bayerisches Artillerie-Regiment einzog. Da hörte man die Stimmen der Zeitungsverkäufer. Ein Junge reichte einem Kanonier das Extrablatt hinauf auf seinen Gaul. Der Kanonier zieht die Zügel an, stoppt. Dann steigt er ab und sagt zu mir: »Willste 'ne Kanone?« Er geht quer über die Straße in das Hutgeschäft Korn & Sohn, kommt nach zwei Minuten raus und hat statt eines Helmes einen Filzhut auf dem Kopf.

Infolgedessen dankte der Kaiser ab, die große Stunde des deutschen Volkes hatte geschlagen, die deutsche Republik wurde ausgerufen, und zur Feier der heiligen Stunde spielte man im Stadttheater *Wilhelm Tell*. Wir aber, die Schüler der Kaiserlich-Königlichen Oberrealschule, wurden in der Aula versammelt. Vor uns stand der Direktor, Professor Meinardus, und hielt uns eine Rede. Er sagte, dass er uns verlassen müsse, die Regierung habe ihn ins Innere Deutschlands abberufen, in den nächsten Tagen übernehme der Erbfeind unsere Stadt. »Ihr aber, meine Oberrealschüler, werdet ihm nicht entgegenziehen. Hinter verschlossenen Fensterläden sehe ich euch zu Hause sitzen, die Hand in der Tasche zur Faust geballt. Und nie soll sich diese Hand dem Feind öffnen. Und ihr werdet größer werden und heranwachsen, dann soll eure Faust zum Schwert greifen und den Feind wieder hinausjagen aus unserem Land.« Wir sangen zum letzten Mal »Deutschland, Deutschland über alles«, dann wurden wir hinausgeführt zum Soldatenfriedhof, wo von den Jahren 1870/71 und von 1914/18 viele tausend Tote lagen. Fünf Minuten entfernt von diesem Friedhof war die damalige deutsch-französische Grenze. Wir mussten uns in Reih und Glied aufstellen und fünf Minuten schweigend zur Grenze schauen. Viele Jungen um mich herum weinten. Und ich muss gestehen, dass auch ich, obwohl mein Verstand versuchte, gegen diese Gemütserregung anzugehen, sehr erschüttert war. Vierundzwanzig Stunden später zogen die Franzosen in die Bahnhofstraße. Sie hatten ein sehr gutes Regiment ausgewählt. Die Uniformen waren alle neu, das Lederzeug knackte, alle Soldaten waren frisch rasiert, die *clairons* klangen hell und froh. Wir Jungen waren nicht zu Hause geblieben. Aber wir trauten uns auch nicht ganz offen auf den Bürgersteig. Wir standen in Torgängen und in Ecken. Wir wollten uns wahrscheinlich nicht die Sensation entgehen lassen, dabei zu sein. Ich glaube nicht, dass es etwas anderes war, was uns herauslockte an diesem Nachmittag. Es war sicherlich keine politische Opposition gegen den Direktor Meinardus. Wir waren ganz einfach nur sechzehn Jahre alt. Zuerst dachte ich, Otto Hardt und ich wären nur allein. Dann aber sahen wir in der Nähe der Brücke auch andere Schulkameraden, halb versteckt wie wir. Jetzt bleibt das Regiment auf eine sehr elegante Degenbewegung seines jungen Hauptmanns mitten in der Straße stehen. Die Musik spielt nicht mehr. Eine dampfende Feldküche fährt bis zum Capitaine. Der lässt die Deckel öffnen, Soldaten kommen mit großen Schöpflöffeln und Metalltellern. Ein zweiter Wagen wird herangefahren, mit Brot und Schokolade. Der Capitaine geht als Erster hin und nimmt einen Teller mit Suppe in die linke Hand und ein großes Stück Brot mit Schokolade in die rechte, nähert sich damit einer armen Frau und bietet es ihr mit sehr viel Würde und Höflichkeit an. Die Frau greift zu. Von dieser Sekunde an kommen mehr und mehr Menschen von den Bürgersteigen, aus den Wohnungen, auf die Mitte der Straße. Sie gruppieren sich um die Feldküche, und wahrscheinlich haben sie seit vielen Monaten zum erstenmal wieder normal gegessen. Ich weiß, dass auch wir k.u.k. Oberrealschüler die Hand nicht zur Faust geballt in der Tasche behielten. Und ich kann mich noch heute an den Genuss des ersten Stücks Schokolade und der ersten französischen Zigarette erinnern.

Wir gerieten dann durch den Vertrag von Versailles unter den Schutz der *Société des Nations* und wurden das erste »Land des Friedens« in Europa. Als der Kommissar des Völkerbundes seine Regierung antrat, spielte das Stadttheater zur Verherrlichung der neuen Ära *Wilhelm Tell.*

Alle historischen Ereignisse haben aber in meinem Leben nur eine sekundäre Rolle gespielt. Die Erinnerungen daran haben sich verwischt. Aber was in dieser Zeit in unserem kleinen Stadttheater vor sich gegangen ist, ist mir heute noch plastisch klar bis ins kleinste Detail. Ich sehe jeden Schauspieler, jeden Sänger, jeden Choristen, jeden Statisten noch vor mir. Ich höre noch ihre Stimme. Ich kann sie noch heute alle kopieren.

Mein ganzes Taschengeld habe ich für Galerieplätze an die Kasse getragen. Alle klassische und seinerzeit moderne, heute schon »veraltete« Dramatik, alle klassische und moderne Musik habe ich in mich hineingefressen. Mit Otto Hardt und Richard Hertzog formte sich ein sehr preußisch organisierter Kulturklub von drei Mitgliedern, und wir ließen keine Neuaufführung aus. Ich nehme an, wir haben pro Jahr ungefähr achtzig bis hundert Aufführungen gesehen. Wir waren imstande, den Rhythmus der Worte in den Shakespeare-Dialogen zu pfeifen, und konnten raten, welche Szene damit gemeint war. In der Nähe von unserem

Stammplatz war die Männertoilette, und es roch immer ein bisschen. Noch viele Jahre später war ein derartiger Geruch für mich verbunden mit Tränen, Lachen und Applaus. Der Wunsch, Schauspieler zu werden, hatte ein sehr einfaches Motiv: Ich sah mit Neid nach der Vorstellung die vielen jungen Mädchen aus der höheren Töchterschule vor der Bühnentür mit verliebten Augen auf die Schauspieler warten. Und je mehr Mädchen erschienen, die für uns Schüler unerreichbar waren, um so mehr reifte auch mein Wunsch.

Der Beruf des Schauspielers wurde damals in Europa gesellschaftlich nicht sehr hoch geachtet. Gute Eltern taten deshalb alles, um ihre Kinder vor diesem Abrutsch zu bewahren, und ich musste also alle erlaubten und unerlaubten Wege gehen, um zu meinem Ziel zu gelangen. Diese ersten Schritte zur »Bühne« waren mit sehr viel konventioneller Dramatik verbunden: Familienkräche, man rennt von zu Hause weg, dann kommt man wieder, dann werden Kompromisse gefunden, die Familie sagt: »Du kannst ja eine Fabrik übernehmen und Kunst nebenbei machen«, dann will man sich umbringen, dann gibt's wieder eine Zwischenlösung – und so landete ich vorerst mal bei der Presse als Theaterkritiker, war siebzehn Jahre alt, und stellte mich auf eigene Füße, indem ich mein Leben mit einer Jugendsünde verdiente, die manche Leute bis ins hohe Alter nicht aufgeben: Ich kritisierte das, was ich selbst nicht tun konnte … Lang hat das Vergnügen an diesem Beruf nicht gedauert. Es gefiel mir nicht, dass das, was mich vorher freute, nun nichts anderes mehr sein sollte als ein Stoff zur Beurteilung. Ich habe sicherlich nicht mehr als zehn Theaterkritiken zustande gebracht. Es war für mich schrecklich, etwas Negatives zu sagen, und ich bin ein paarmal nachts aufgestanden und habe die Worte ausgebessert an den Stellen, an denen ich mit irgendetwas nicht einverstanden war, habe es freundlicher gesagt oder weniger bestimmt. Oder manchmal habe ich meine Meinungen einfach umgelogen in ein Kompliment. Von zu viel Verantwortungsgefühl gequält, verlangte ich endlich eine Audienz beim Chefredakteur. Ich schlug ihm ein neues System vor. Ich wollte nur noch Kritiken schreiben, wenn ich sehr begeistert war, und schweigen, wenn mir etwas nicht gefiel. Er war damit nicht einverstanden. Er sagte: »Versuchen Sie es doch mal mit der Politik.«

Er wollte mir Mut machen. Er meinte, ich sei voller Möglichkeiten. Es sei schade, wenn Leute wie ich der Presse verlorengingen. Am nächsten Morgen musste ich eine Treppe höher steigen als ins Redaktionsbüro. Ich wurde vom Chef der politischen Abteilung empfangen. Er hieß Schneider, hatte viele Pickel im Gesicht und nahm nie die Zigarre aus dem Mund, wenn er mit mir sprach. Er hielt mir eine lange Rede und sagte, in jedem Beruf müsse man von unten anfangen, wenn man je darin was leisten wolle, was ich ihm schon nicht glaubte. Dann sagte er: Eine kleine Zeitung in einer kleinen Stadt könne für das Weltgeschehen in der Politik von ungeheurer Bedeutung sein, denn die verantwortlichen Menschen wie Abgeordnete, Minister, Gesandte könnten eines Tages die Erleuchtung in einem kleinen Blättchen finden. Was ich ihm wieder nicht glaubte. Dann sagte er: Ein guter Politiker müsse sich von Kindesbeinen an daran gewöhnen, sein Ohr am Herzen des Volkes zu halten. Darunter konnte ich mir nichts vorstellen. Dann sagte er mir, für den Anfang sei es das Beste, die großen Zeitungen zu lesen mit einer Schere in der rechten Hand und einem Bleistift in der linken. Und in den verschiedenen großen Zeitungen soll man sich dann mit dem Bleistift das anstreichen, was einem gefällt. Mit der Schere in der rechten Hand sollte man sich's ausschneiden. Und dann soll man all die Meinungen aus den großen Zeitungen zusammenfassen zu einem Artikel und ein paar verbindende Sätze selbst hinzufügen. Dann sei man sicher, dass man keine Meinung in der Stadt verletze, und dadurch würden der Zeitung im Inseratenteil keine Kunden verlorengehen. Und ich soll ihm mal so einen Artikel zusammenstellen, die Abrüstung zum Beispiel, bis zum Abend um sechs. Und so – bin ich kein politischer Redakteur geworden. Am Abend um sechs war ich schon ganz woanders.

Ich saß um diese Zeit in der Kellerbar des Apollo-Varietés. Dort hatten die wandernden Akrobaten, die Clowns und die Diseusen ihren Stammtisch. Ich besprach mit einem Zauberer meine neue Zukunft. Er wollte mich als seinen Assistenten unter Vertrag nehmen. Er offerierte mir drei Lehrjahre für die Rolle des Mannes, der alle Tricks verkehrt macht und alles fallen lässt. Dann würde ich aufrücken zum ersten Assistenten, das ist der elegante Mann, der die Tricks beinahe so gut macht wie der Meister und der außerdem in einem Kunstpfeiferakt auftritt. Die Aussichten schienen nicht schlecht, man könne um die ganze Welt reisen, erklärte der Meister, und später, wenn er einmal sterben wird, würde er die großen Originaltricks an mich weitervererben, als selbständige Nummer, unter der Bedingung, dreißig Prozent von allen Einnahmen an seine eventuell noch lebende Witwe abzugeben.

Eine andere Offerte schien mir verlockender. Sie kam von einem Blitzdichter. Er hieß Neumann. Er war gerade dabei, seine eigene kleine Varieté-Bühne in Freiburg im Breisgau zu eröffnen, und sein Engagement in Saarbrücken war seine letzte Tätigkeit als Artist, bevor er sich selbständig machte. Er nahm mich spät in der Nacht mit sich in sein Hotelzimmer und fing an, mit mir zu probieren. Er sagte, wenn ich Talent hätte, würde er mir seinen Akt inklusive Gedankenlesen übertragen, ich könnte mich Neumann jun. nennen und bei ihm in Freiburg anfangen. Ich sagte: »Ich besitze aber keinen Frack«, und wenn ich mich entscheiden würde, den Antrag anzunehmen, dann müsste das wohl ohne das Einverständnis meiner Eltern geschehen, und ich würde kaum Gelegenheit finden, meine Garderobe einzupacken. Er sagte: »… ausgezeichnete Idee. Da leihe ich Ihnen einen Frack aus der Kostümverleihanstalt in Freiburg, am besten einen Biedermeier-Frack, moderne Fräcke sind sehr teuer, wenn sie richtig sitzen sollen.« Seine Augen füllten sich mit Schöpferfreude. »Es könnte sogar ein farbiger Frack sein … das ist noch eine bessere Idee. Ich habe Lila sehr gern. Und dann brauche ich Sie gar nicht Neumann jun. zu nennen. Dann nennen wir Ihren Akt …« [er stützte seinen Kopf nachdenklich in die Hand] »… dann nennen wir Ihren Akt ›Der Mann im lila Frack‹? Mit 'nem Fragezeichen dahinter«, sagte er. »Ja, das wird ausgezeichnet aussehen auf dem Plakat: ›Der Mann im lila Frack?‹« … Ich war überzeugt.

Die Vorbereitungen zu meiner Abreise gingen sehr geheimnisvoll vor sich. Ich nahm mir vor, niemandem in meiner Umgebung was anmerken zu lassen. Ich machte also mein Abitur und hörte mir in den nächsten Wochen geduldig alle

Diskussionen der Familie an über meine Ausbildung zum Advokaten, über die Universität, auf die ich gehen, über die Namen der Professoren, bei denen ich belegen sollte; und dann, zwei Stunden bevor mein geheimnisvoller Zug abgehen sollte, ging ich zu meinem Vater ins Büro – und sah ihn an –, und dann konnte ich nicht anders und erzählte ihm alles. Als ich mit der Aufdeckung meiner jugendlichen Fluchtpläne zu Ende war, ließ mein Vater mich mit meiner ganzen Dramatik ohne jede Reaktion in der Luft hängen. Er stand auf und verließ den Raum. Ich wollte ihm folgen. Die Tür war von außen zugeschlossen. Ich wartete, es muss wohl ein paar Stunden gedauert haben. Dann kam er zurück, offensichtlich gut gelaunt, und sagte: »Es ist alles erledigt.«

Herr Neumann war für mich nicht mehr zu erreichen. Er war abgereist, wie ich lange Zeit später erfuhr, mit einem ziemlich hohen Scheck aus der Hand meines Vaters.

Am nächsten Tag ließ ich mich bei einem Schauspieler melden, der für mich der beste des ganzen Stadttheaters war. Er hieß Paul Gewinner. Er spielte die Bösen, den Mephisto im *Faust*, den Wurm in *Kabale und Liebe*. Er war schon viele Jahre in der Stadt. Ich hatte ihn wohl über hundertmal gesehen. Ich konnte sprechen wie er, ich konnte gehen wie er, ich war entschlossen, ihm vorzusprechen, Monologe, Szenen, Gedichte, alles, was in mir aufgestaut war. »Der Umweg über das Varieté zum Theater war falsch; ich muss direkt zur Bühne, und wenn ich kein eigenes Geld habe zu reisen, dann muss es hier geschehen, in der Heimatstadt, wie groß auch die Deklassierung für die Familie sein mag«, dachte ich mir.

Der Schauspieler empfing mich in seiner möblierten Wohnung. Das kleine Zimmer, Arbeitskabinett, Wohnstube und Essraum in einem, war voll von Photographien, verdorrten Lorbeerkränzen, Schleifen und anderen Trophäen seines Ruhms. Als ich eintrat, sah ich einen Frauenrock noch rasch hinter einer gegenüberliegenden Tür verschwinden. Zwei halb ausgetrunkene Tassen Kaffee standen auf einem arabischen Fußschemel vor dem Sofa, und auf dem Sofa lag Herr Gewinner. Er war notdürftig mit einem Schlafrock bekleidet. Aus der halb offenstehenden Pyjamahose blinkte sein Bauch, der viel dicker war, als ich es mir vom Zuschauerraum aus vorgestellt hatte. »Er muss wohl ein Korsett tragen, wenn er spielt«, dachte ich mir. Ohne sich aufzusetzen, hörte sich der Mephisto meine Pläne an, und ohne sich aufzusetzen war er bereit, mich deklamieren zu hören. »Ich werde mir dazu eine Zigarre anzünden«, sagte er. Sie roch billig. »Das darf dich nicht stören«, dachte ich. Ich dachte auch noch: »Ob wohl die Dame, die da verschwunden ist, nebenan zuhört?« Dann machte ich meine Augen zu und sprang, wie ein Schwimmer vom Sprungbrett, mit viel Mut und Temperament in den Sturm meiner Darbietung. Es war das Liebesgeständnis des jungen Mortimer, als er sich zu Füßen der Maria Stuart wirft. Ich musste wohl Herrn Gewinner überhört haben, denn er rief ein paarmal hintereinander »Halt-halt-halt-halt!« mit einem Ausdruck, wie wenn man sich einem bergabgleitenden Wagen in die Speichen zu werfen versucht. Ich stoppte. Er setzte sich noch immer nicht auf. Er sagte: »Herr Oppenheimer, wenn Se's mit dem Jelde nich machen, mit 'n Talent machen Se's nich.«

Beim Abendessen zu Hause sprach ich kein Wort von meiner verlorenen Schlacht. Auch die Eltern waren, wie immer in den letzten Tagen, sehr still. Schließlich sagte Vater: »Wir haben uns das überlegt. Ich hab mit den Onkels telefoniert, und auch mit dem Großvater. Wir denken, du sollst vorerst Schüler werden bei Professor Reinhardt und seine dramatische Hochschule in Berlin besuchen. Wenn schon…«, lächelte er, »dann soll es genau sein wie im Geschäft. Immer nur die beste Qualität.«

Der Gedanke an eine akademische Ausbildung war mir wie ein Alpdruck. Diesen Beruf mit Hochschule und Professoren und regelmäßigen Stunden zu verbinden, war eine traurige Vorstellung. Man ist zu so viel Lernen und materiellem Wissen gezwungen worden, zu so viel Trockenheit in diesem Familien- und Schuldasein, da darf doch die Freude und die Schönheit, nach der man sich in diesem Beruf sehnt, nicht auch wieder etwas mit Schule zu tun haben …, dachte ich mir. Und doch war ich meinem Vater sehr dankbar für seine Entscheidung, die ihn viel Überwindung gekostet haben musste.

Auf der Reise nach Berlin stieg ich in Stuttgart aus. Stuttgart liebe ich sehr. Es ist zwischen gemütlichen Hügeln gebaut, und die Wälder und die Weinberge reichen bis in die Geschäftsstraßen. Die Häuser sind aus Sandstein und geben in bunten Farben den ganzen Tag über den Schein der Sonne zurück. Es gibt viele Biedermeierhäuser und blinkende Butzenscheiben, zufrieden laufen die Bewohner zwischen dieser ausgeglichenen, ruhigen Schönheit herum, sind trotzdem sehr tüchtig und genießen am Abend ihr Viertele. Mitten in der Stadt, zwischen Parks und Anlagen, erhebt sich am wohlabgemessenen Schlossplatz das königlich württembergische Schloss. Am Tag, an dem ich ausstieg, gab es schon lange keinen König mehr, aber die Schlosswache, bestehend aus Musik und einer Kompanie bunter Soldaten, zog trotz der neuen Republik noch jeden Tag pünktlich zwölf Uhr auf. Ich trug meinen Koffer einen Terrassenweg hinauf zu einer Villa am Hang, von der aus man über die ganze Stadt sehen konnte; dort wohnte mein Onkel Gustav, der früher mit mir zu Hause hässliche Wandteller mit Luftpistolen in Scherben schoß, und ich dachte, er wird nun in der Zeit meiner Entscheidungen der rechte Mann sein, bei dem ich Zuspruch und Ausgeglichenheit finden kann. Er hatte auch schon für mich vorgesorgt. Er empfing mich mit einem Bündel Theaterbilletts in der Hand und sagte: »Solange du hier bist, kannst du jeden Abend ins Theater gehen.«

Die Theater in Stuttgart sind Landestheater, das heißt sie werden nicht von der Stadt, sondern vom ganzen Land subventioniert, und deshalb sind sie repräsentativ und vornehm, und es gibt ein Kleines und ein Großes Haus. Beide Häuser sehen wie wohlgefällige Tempel aus. Friedrich der Große hat über das Theater in Potsdam eine Widmung meißeln lassen: »Dem Vergnügen der Einwohner.« Dieser Spruch könnte auch über den Stuttgarter Theatern stehen. Vor dem Großen Haus liegt eingebettet zwischen hohen alten Kastanienbäumen ein See. Die Schwäne, die auf diesem See herumschwimmen, gehören gewissermaßen zum Theaterpersonal. Jedenfalls sind sie mir an Abenden, an denen eine leichte Spieloper angesetzt war, lustig vorgekommen; und ich fand sie tragisch aussehend, wenn ich zu *Macbeth* ging – schon eine Stunde bevor es anfing. Die Zuschauerräume der beiden Häuser sind in ihren Dimensionen und ihrer Akustik wunderbar ausgeglichen. Das Kleine Haus ist aus dunklem Kirschbaumholz, und das Große Haus grau gehalten, mit einem leichten Silberschein. Wenn Onkel Gustav mich in diese Zuschauerräume brachte, sah er ein bisschen stolz aus, so, wie wenn auch ein Teil von ihnen ihm gehörte. Diese Schwingung im Publikum – dieses Gefühl, eine vertraute Gemeinde zu sein, habe ich in Deutschland sehr oft getroffen. Ich habe es nach langen Jahren wiedergefunden, manchen Abend, in der Hollywood Bowl. Da sitzen auch sehr viele Leute um einen herum, bescheiden, aufnahmewillig, mit viel Liebe zu dem, was sie erwartet und was ihnen gehört. Sicher war Onkel Gustav nicht ganz so idealistisch, wie ich ihn damals sah. Wenn wir uns jeden Abend auf dieselben Logensitze niederließen – er trug einen sehr guten Smoking und sah aus wie ein gutgelaunter Mussolini –, dann zog er eine feine dünne Uhr aus der weißen Weste und flüsterte [dabei gingen langsam die Lampen aus, und das vielversprechende Licht unter den Falten des roten Vorhangs begann aufzuglühen]: »Es ist jetzt sieben Uhr fünfzehn … *Troubadour*, das dauert …« [er machte eine schnelle Kalkulation] »… weck mich wieder um halb zwölf.« Dann, aufrecht im Stuhl sitzend, ohne dass es jemand anders sehen konnte, schloss er die Augen zum Schlaf.

Ich glaube, selbst wenn es in Europa keine Theater-Feuerpolizei gegeben hätte, die aus Sicherheitsgründen die Einrichtung eines eisernen Vorhangs obligatorisch gemacht hätte, ja selbst wenn es kein Feuer gäbe, wäre der eiserne Vorhang doch erfunden worden. Jeden Abend am Ende der Vorstellung, bevor die Türen geschlossen werden, senkt er sich hydraulisch herab. Er liegt vor den Stoffvorhängen, zwischen

Orchester und Rampe, und schließt den Zuschauerraum feuersicher ab. Das ist seine technische Aufgabe. Und wenn er unten ist, dann ist es Nacht, und alles Leben ist schlafen gegangen im Theater. Aber zwei-, dreimal im Jahr kommt es vor, dass sogar dann noch immer ein paar begeisterte Besucher zwischen den Stühlen stehen, und sie hören nicht auf zu klatschen. Und sie gehen nicht nach Hause, obwohl die Programmverkäufer schon längst nach Hause gegangen sind, obwohl die Schauspieler sich schon abschminken, obwohl die Lichter im Zuschauerraum schon nicht mehr brennen. Sie hören nicht auf zu klatschen. Bis sich endlich noch einmal eine kleine Tür in dem riesenhaften eisernen Vorhang öffnet und die Hauptdarsteller, schon ohne Perücke und im Straßenanzug, sich ein letztes Mal zeigen. Ein allerletztes Mal, ein aller-allerletztes Mal. Dann schreibt der Inspizient in sein Reportbuch mit rotem Bleistift: »EISERNER«. Und ich glaube, deshalb ist der eiserne Vorhang erfunden worden.

Ich stand nach den *Räubern* unter denen, die noch nicht nach Hause gehen konnten. Und dann sah ich, wie die Schauspieler, die sich immer noch verbeugten und denen man Blumen zuwarf, alle Dankesbezeigungen an einen einzigen Mann im blauen Anzug weitergaben, der überhaupt nicht gespielt hatte. Es war nicht der Autor, denn Schiller ist schon 1805 gestorben, und selbst wenn er noch gelebt hätte, wäre er wohl kaum in Stuttgart auf die Bühne getreten, denn der Herzog von Württemberg hatte ihn als Revolutionär aus dem Lande verbannt. Der kleine Mann, der mehr durch die Tür stolperte als ging und sich knabenhaft ungelenk und doch mit viel Eleganz verbeugte, war der Regisseur der Aufführung. Die Schauspieler hoben ihn auf die Schultern, sie umarmten ihn. Er nahm das alles mit viel ehrlicher Freude hin. Sie schüttelten ihm die Hände, sie wussten nicht, was tun vor Verehrung und Dankbarkeit. »Was sie ihm auch an Ovationen erwiesen, sie täten es für mich mit …«, dachte ich. Ich hatte in meinem Leben noch nie eine so vollendete Aufführung gesehen. An diesem Abend hatte der Onkel Gustav ein sehr schönes, schwarzäugiges Mädchen namens Gretel eingeladen. Er hatte ihr ein Bukett gelber Rosen in die Loge mitgebracht. Ich nahm sie ihr weg und warf sie hinauf und traf den stolpernden Regisseur damit mitten auf seine Krawatte. Er hieß Fritz Holl … und er wurde mein Lehrer.

Er wurde es, weil unter seiner Leitung alle vier Wochen öffentliches Probesprechen stattfand für junge Leute, die zur Bühne wollten. Bedingung war: Man durfte seinen Namen nicht nennen, so dass jede Protektion ausgeschlossen war. Am Morgen, an dem ich mich mit Herzklopfen diesem Talentgericht unterwarf, hatte ich die Nummer 8 unter fünfzig. Als alles überstanden war, erklärte Fritz Holl, er wolle die Nummer 8 als seinen persönlichen Schüler nehmen, und wenn ich mittellos sei, so würde es nichts ausmachen; er habe genug Vertrauen in meine Zukunft, um mich kostenlos auszubilden. Erst am nächsten Tag traf ich ihn persönlich. Er fragte mich nach meiner Abkunft, und dabei stellte sich heraus, dass er in Worms am Rhein zur Schule gegangen war, und in der Schule war meine Mutter seine Jugendliebe gewesen. Hatte er die namenlose Nummer 8 an einer Ähnlichkeit erkannt? War jede Protektion ausgeschlossen? Ich hab' es nie erfahren.

Ich weiß nicht, wer im Schauspielunterricht mehr zu beneiden ist: der Schüler oder der Lehrer. Für den Schüler ist der erste Zusammenstoß mit den Geheimnissen, den Ausdrucksmöglichkeiten und Unwirklichkeiten des Spiels so faszinierend, wie ich mir nur das Einleben in religiöse Sphären vorstellen kann. Für den Meister bedeutet es einen großen Genuss, die Jugend umsichtig und mit »Fingerspitzengefühl« in das unbekannte Land der Gestaltungskunst hineinzuführen und ihr die Erfahrung weiterzureichen, die er, mit den grauen, weißen oder gar keinen Haaren, sich angeeignet hat. Um sich herum baut er Verehrung auf, ein Gefühl, das ihm manche mit der Jugend verlorengegangene Empfindung ersetzt. Ich glaube, ich möchte bald ein Meister werden – in vielleicht dreißig bis vierzig Jahren. Dem Schüler kann es passieren, dass er sich von der blinden Begeisterung der Anfangszeit nie erholt; er wird dann ein »Verzückter«. Er gehört dann bis ins hohe Alter zu den »fanatischen Schauspielern«. Das sind die Leute, denen der »Ernst« und die »Weihe« und die »Hingabe« aus den Augen schauen, auch wenn sie auf der Bühne nur ein Glas Wasser bestellen, und die einen sehr nervös machen, wenn sie einen im Büro besuchen. Es kommt sehr auf den Lehrer an, diese Begeisterung vom Beginn an so einzudämmen, dass sie das eventuelle Talent nicht überwuchert. Ich bewundere noch heute die Klugheit meines Lehrers und seinen Sinn für Gleichgewicht. Er machte mir das Leben so hart und überbürdete mich so sehr mit den Anforderungen des Handwerks, dass es mir unmöglich gewesen wäre, mich in leichter Schwärmerei zu verlieren. Das viele Lernen hinderte mich daran. Ich hatte gedacht, es sei einfach, ein A zu sprechen oder ein O. Ich hatte unrecht. Wochen und Monate verbrachte ich damit, A, E, I, O, U, Ä, Ö, Ü, Ai, Eu, Au so zu formen, dass die Töne von der Bühne bis zur Galerie reichten. Ich musste lernen, stundenlang laut zu sprechen, ohne heiser zu werden. Ich musste lernen, zu flüstern und trotzdem bis in die hintersten Parterresitze gehört zu werden. Ich musste lernen, richtig zu atmen, und ich musste lernen, wenn ich schon richtig geatmet hatte, mit meinem Atem so lange wie möglich auszukommen. Zuerst über drei Zeilen, dann über fünf Zeilen, dann über eine halbe Seite. Ich dachte, es wird wohl zehn Jahre dauern, bis es über eine ganze Seite reicht. Ich musste lernen zu stehen. Ich musste lernen zu gehen. Ich musste lernen zu fallen – auf dem Rücken eine Treppe hinunter. Ich musste lernen, ohnmächtig zu werden und nach vorne auf die Schnauze zu purzeln. Ich lernte fechten. Ich lernte tanzen. Ich lernte Kostüme tragen von den nackten Germanen übers Mittelalter bis zum Robot-Menschen, und wenn noch Zeit übrigblieb, hörte ich dazu noch Kunstgeschichte an der Technischen Hochschule. Meine Ausbildung war härter und konzentrierter als an irgendeinem Konservatorium. Und noch heute, auch als Regisseur, bin ich meinem Lehrer dankbar dafür, und ich schaue auf ihn zurück wie ein Generalstabsoffizier auf seine jungen Soldatenjahre, in denen er gedrillt wurde. Gewehrreinigen gehört zum Handwerk. Es gibt keinen großen Pianisten ohne Fingerübungen. Ich glaube nicht, dass jemand, der alles das gelernt hat, schon ein Schauspieler ist; aber ich glaube kaum, dass es einen wirklich großen Schauspieler gibt, der das Handwerkliche unseres Berufes nicht lernen musste. Viel Zeit habe ich später als Regisseur verloren [mehr beim Film als beim Theater], um Darstellern das beizubringen, was eigentlich nur handwerkliche Grundlage war. Ich glaube, dass der Schauspieler, wenn er Empfindungen übermitteln soll, auf sich selbst spielen muss wie auf einem Instrument. Das Erlernen der Technik ist nicht ohne Gefahr. Man kann zum Virtuosen werden, und darüber kann das Wichtigste absterben, das Gefühl für Echtheit. Dass mir das nie passiert ist, verdanke ich meinem Lehrer. Er war in der Ausbalancierung der beiden wesentlichen Kräfte, Technik und Echtheit, ein wachsamer und sicherer Führer. Ich hoffe, er lebt noch; und ich hoffe, ich kann es ihm einmal sagen.

Am Stadttheater in Aachen habe ich ein Beispiel dieser Vollkommenheit erlebt, die jeder Bühnenmensch sich erarbeiten müsste. Albert Bassermann kam als Gast. Wir, die Ensemble-Spieler der Gruppe, versammelten uns am Morgen zu einer kurzen Verständigungsprobe mit ihm, *Kollege Crampton* von Gerhart Hauptmann. Bassermann spielte den alten Schulprofessor. Er deutete die Szenen nur kurz an und zeigte uns immer mit ein paar Stichworten, wo wir zu stehen hatten und was ungefähr am Abend vor sich gehen würde. Wir waren scheu und ehrfürchtig und nahmen alle Anweisungen, so flüchtig sie auch gegeben waren, mit viel Aufmerksamkeit entgegen. Ich, damals wohl zwanzig, spielte den uralten Schuldiener. Bassermann, nachdem er sich höflich vorgestellt hatte: »Gestatten Sie, Albert Bassermann«, »Gestatten Sie, Ophüls« … erklärte mir: »Es kommt dann der Moment, wo ich vor der ganzen Klasse erfahre, dass ich wegen Trunksucht aus dem Dienst entlassen werde. Ich nehme diesen Moment sehr schwer, junger Mann«, sagte er zu mir. »Zuerst sieht das Publikum mein Gesicht, verstehen Sie, und dann drehe ich mich rum, verstehen Sie, ich stehe dann mit dem Rücken zum Publikum und fange an zu schluchzen. Das wirkt sehr. Dann werde ich Ihnen ein Zeichen geben, und Sie, mit Ihrem Gesicht zum Publikum, drücken mich an Ihre Brust und klopfen mit Ihrem rechten Arm auf meine rechte Schulter. Merken Sie sich das.« Der Abend kam … der Moment kam … Ich werde nie Bassermanns von echten Tränen überströmten Professor Crampton vergessen. Mich würgten meine Worte in der Kehle vor Rührung. Dann drehte er sich um, dann nahm ich ihn in den Arm, dann kam eine endlose Pause, in der er nur noch schluchzte, wirklich schluchzte, tief aus dem Herzen heraus. Und dann sagte er leise zu mir: »Bitte klopfen.«

Das ist Vollkommenheit … Mir wird schwach, wenn ich an den Schauspielernachwuchs in Hollywood denke.

Eines Nachmittags standen die Stuttgarter Schwäne im Teich unter der Erregung einer herannahenden Sensation. Ich bin überzeugt, sie wussten, was geschehen würde. Sie sahen mich am Ufer entlanggehen mit dynamischen Schritten, wie ich sie wahrscheinlich nur selten später im Leben zustande gebracht habe. Die Kanzlei des Intendanten Kehm hatte mich am Nachmittag angerufen und mir mitgeteilt, dass ich am selben Abend meine erste Rolle spielen sollte. Ich stob am Weiher entlang und bremste erst unter der Laterne; dort war das abendliche Programm angeschlagen: *Der lebende Leichnam* von Tolstoj. Unter ungefähr vierzig Mitwirkenden fand ich mit Herzklopfen meinen Namen. »Zweiter Offizier … Max Ophüls.« Ein Chorist, der seit Menschenaltern die Rolle spielte, war plötzlich krank geworden, und mein Lehrer hatte die Gelegenheit für einen günstigen Start gesehen. Der Zweite Offizier hatte sogar zu reden. Sein Dialog hieß: »Oh, dieser Rhythmus!« Auf dem

Weg von der Wohnung zum Theater hatte ich wohl zweitausendmal »Oh, dieser Rhythmus … Oh, dieser Rhythmus!« gesagt. Jetzt steckte man mich in eine tiefblaue russische Uniform mit Gold. Man zeichnete mir in mein Kindergesicht einen mondänen Schnurrbart, man klemmte mir in mein rechtes Auge ein Monokel. Das Monokel hielt nicht, weil ich Fischaugen habe. Der Friseur fluchte und klebte es mir mit Leim fest. Es klingelte. Man schob mich auf die Szene … Ein russisches Zigeuner-Nachtlokal. Die Bühne sah rot aus. Im Wirbel des Umbaus gruppierten sich orgienhafte Chöre ins flackernde Kerzenlicht, halbnackte Mädchen legten sich schnell dorthin, wo die ausschweifende Leidenschaft und der Inspizient sie hinschickte. Ehe ich recht wusste, wo ich war, fand ich eine auf meinem rechten Knie. Sie schlang ihren Arm um meinen Uniformkragen, der mich sehr drückte; ihren Kopf preßte sie gegen die blechernen Orden auf meiner Brust. Sie flüsterte mir noch zu, dass sie Elise hieß, dann ging der Vorhang hoch. Man hatte mich instruiert, ich solle mit großen Augen in die ungewisse Ferne schauen und auf ein Stichwort: »… welche Musik!«, sagen: »Oh, welcher Rhythmus!« Gitarren setzten ein, Mandolinen und Chöre; Violinen spielten – ich sah noch knapp den distinguierten Darsteller des Fedja seinen Kopf in den Schoß einer schwarzhaarigen Boheme-Schönheit wühlen; dann trug mich der allgemeine Stimmungstaumel dieser Lasterhöhle hinweg. Das Nächste, woran ich mich erinnere, war die Stimme eines anderen. Sie sagte: »Oh, welcher Rhythmus!« Elise flüsterte mir in die Orden hinein: »Mensch, das hättest doch eigentlich *du* sagen sollen!« Und damit fiel der Vorhang. Im fahlen Kulissenlicht hinter der Szene wurde mir dann klar, dass ich gepatzt hatte.

Als ich mich dann abschminkte, fand ich in den Blicken der Komparsen und der Choristen nur Mitleid. Die Schauspieler guckten mich sowieso nicht an. Am nächsten Tag erhielt ich von der Kanzlei der Generalintendanz einen Brief: »Als Resultat Ihres Auftretens vom … teilen wir Ihnen mit, dass wir das Vergnügen haben, Sie von der nächsten Woche an als Volontär in unser Ensemble aufzunehmen.«

Ich hatte das dunkle Gefühl, dass meine plötzliche Karriere unter dem Segen und dem Einfluss meines Lehrers zustande gekommen war. Ich rief ihn an. Er sagte: »Wollen Sie mich heute Abend zum Theater begleiten?« Dann gingen wir schweigend zu Fuß von seiner Wohnung – immer unter Bäumen, er hatte sich seinen Weg durch kleine Nebenstraßen so zurechtgelegt, dass er immer unter Bäumen ging – zuerst schweigend zu seiner Bank – er ging immer zweimal in der Woche zur Bank, um zu sehen, ob sein Konto angewachsen war –, dann schweigend zum Zigarrenladen – er ging jeden Tag zum gleichen Zigarrenladen und kaufte zwei Zigarren, immer die gleichen –, und zwischen den Zigarren und der Bühnentür sprach er zum ersten Mal, und sagte, sehr taktvoll: »Sie waren wunderbar, Max.« Dann erzählte er mir, es sei noch nicht offiziell, aber seit einer Woche sei er vom Regisseur zum Oberregisseur avanciert, und als Oberregisseur habe er das Recht, Volontäre zu »engagieren«. Ein Volontär hat nach deutschem Theatergesetz kein Recht auf Bezahlung.

Und von nun an stand ich jeden Abend sechs Monate lang im Hintergrund. Der Volontär ruft mit dem Volke Heil, wenn ein Königssohn geboren wird. Er streut mit dem Volke Rosen, wenn das Liebespaar vor den Priester tritt, um

zu heiraten. Er verhüllt mit dem Volke in Trauer sein Antlitz
und weint, wenn der Tod den Helden abruft aus dem Leben. Das alles spielte sich vor mir ab, mit Musik und ohne
Musik, in allen Stilen und Generationen der Weltliteratur.
Und ich sah davon immer nur die Rücken. Es war eine harte
Zeit, denn die Ambitionen wuchsen. Am Tage studierte ich
die Rollen, die am Abend irgendein Rücken vor mir spielte.
Und während ich niederkniete mit dem Volke in Huldigung,
dachte ich immer: »Ich könnte es doch viel besser als der
Rücken.« Und als es Sommer wurde, brach ich durch. In
einem großen Bier-Etablissement gastierte eine Truppe einer
österreichischen Gesellschaft, »Theodor Brandt und seine
Schauspieler«. Ohne dass es mein Lehrer wusste, ging ich zu
Theodor Brandt und frug, ob er keinen jungen Nachwuchs
brauchte. Er frug mich: »Was sind Sie denn?« Ich: »Jugendlicher Held.« Theodor Brandt: »Ich glaube, Sie sind ein Komiker; aber immerhin, sprechen Sie mal vor.« Es war am
Morgen, im leeren, halbdunklen Theatersaal. Ich sprang auf
die Bühne und startete den jungen Gyges, eine Sagengestalt
der griechischen Mythologie, alles in Hexametern, und von
Friedrich Hebbel. Lange Zeit darf man nicht atmen. Als ich
meinen Monolog der Verzückung beendet hatte, sagte Theodor Brandt: »Ich habe recht gehabt.« Dann rief er seine Frau
Betty, eine dicke Sechzigerin mit gefärbtem blondem Haar
und einer versoffenen Stimme, und sagte: »Was meinst du?«
Betty zog ihre Augen zusammen wie ein alter Zirkuslöwe
und meinte: »Er soll den Rabbiner spielen.« Mir schwam-
men alle Felle weg; ich wandte schüchtern ein: »Für einen
Rabbiner bin ich doch zu jung!« Betty tröstete mich: »Der
Rabbiner ist kein Rabbiner … er heißt nur Rabbiner; er ist

ein jüdischer Geschäftsreisender in einem amerikanischen Konfektionshaus, Potash and Perlmutter.«

Acht Tage später stürmte ich überelegant, eifrig und verbindlich von meiner Geschäftsreise kommend in das Büro der Firma, legte mein Order-Buch triumphierend auf den Schreibtisch. Herr Potash sah die Papiere durch, verfinsterte sein Angesicht, als er meine Spesenliste sah, und begrüßte mich mit dem Satz: »Sagen Sie mal, Rabbiner – was haben Sie gegessen auf Ihrer Tour? Haben Sie Goldfische gegessen?« Ich machte darauf ein so wirklich enttäuschtes und erschrockenes Gesicht, wie mir zumute war, und auf meine Reaktion brüllte das Publikum vor Lachen, und was ich von da an auch tat, immer lachten die Leute über mich. Ich konnte mir gar nicht erklären, warum; weil ich es so ernst meinte – denn ich war doch ein jugendlicher Held. Es ist mir dann erst viel später aufgegangen, dass es keine Helden gibt und keine Komiker; dass es nur komische Helden gibt, und heldische Komiker.

Mein Lehrer sprach nicht mehr mit mir. Er fand meinen Sprung in die Sommerkomödie ein Vergehen gegen die Kunst.

Aber eines Abends saß in der ersten Reihe ein Mann. Er konnte sich überhaupt nicht mehr halten vor Lachen. In der Pause kam er zu mir hinter die Bühne in meine Garderobe und sagte: »Ich heiße Löwenberg. Ich lade Sie zum Essen ein.«

Im Schlossgarten, bei Musik, erklärte mir Herr Löwenberg, wer er sei. »Ich bin eigentlich Weinreisender«, sagte er. »Aber ich bin nicht nur Weinreisender. Ich fahre an den ganzen deutschen Theatern herum und verkaufe Wein an die Schauspieler, die schon ein bissel Geld verdienen; auch an die, die noch nicht viel Geld verdienen, zum Beispiel, wenn ich Ihnen eine Kiste verkaufen wollte, ein oder zwei Dutzend Flaschen, können Sie sie abbezahlen in ein oder zwei Jahren. Aber durch meine Reisen komme ich viel herum, und manchmal fragen mich die Direktoren, welche Schauspieler mir besonders gut gefallen haben. Und da kann ich dann für die Karriere von einem Schauspieler sehr viel tun. Wenn dann durch meine Empfehlung – Vermittlung kann man's nicht nennen – der Schauspieler irgendwo angestellt wird, dann nehme ich dafür keine Prozente, Sie kaufen dann einfach Ihren Wein bei mir. Das ist alles.« Eine Woche später erhielt ich von der Intendanz des Stadttheaters in Aachen einen Brief: »Eine uns befreundete Persönlichkeit, die nicht genannt sein möchte, hat Sie uns empfohlen. Wir sind interessiert, mit Ihnen in Vertragsverhandlungen einzutreten, und wären bereit, damit Sie sich uns vorstellen, Ihnen die Reise von Stuttgart nach Aachen zu bezahlen.« [Die Fahrkarte kostete einen abenteuerlichen Millionenbetrag, aber in Dollarwährung wird das wohl in der damaligen Inflationszeit nicht mehr als fünfzig Mark gewesen sein.] Ich fuhr nach Aachen. Der Intendant hieß Francesco Sioli und sah auch so aus. Wieder war es Morgen, wieder war der Theatersaal leer und dunkel, und der Intendant sagte: »Spielen Sie mir doch mal diese komische Rolle vor, die Sie in Stuttgart gespielt haben.« Ich sprang auf die Bühne, und als ich fertig war, sagte der Intendant: »Sie sind kein Komiker. Ich sehe Sie mehr als jugendlichen Helden. Na, es wird sich schon herausstellen.« Und so wurde ich Schauspieler am Stadttheater in Aachen und musste nicht mehr im Hintergrund stehen.

»Wenn Sie Schauspieler sind, das ändert natürlich alles. Dann können Sie sofort einziehen. Auch über den Preis lässt sich reden. Zwei Dollar im Monat, ein Schlafzimmer und ein gutes Zimmer, oder ist das zu viel? Und wenn Sie nicht verheiratet sind, das ist sogar noch besser. Ich habe Damenverkehr bei mir ganz gerne – besonders Damen vom Theater. Sie verstehen, ich wollte nämlich selbst Schauspieler werden, als ich jung war.«

So sprach Herr Hermann Krankowski. Er war von Beruf Setzer. Die Wohnung lag über den Druckereisälen der katholischen Zeitung *Der Volksfreund*. Herr Krankowski arbeitete da seit mindestens fünfundzwanzig Jahren. Seit fünfundzwanzig Jahren setzte er tugendhafte und religiöse Artikel, meist nachts, während Frau Krankowski schlief. Unzählige Morgen habe ich fahl durch die Fensterscheiben aufdämmern sehen mit ihm – während Frau Krankowski schlief. Er hatte ein lustiges Zwinkern in den Augen, für das in den Artikeln des *Volksfreunds* kein Raum war. Manchmal, um Frau Krankowski nicht zu wecken, zog die ganze junge Schauspielergruppe mit Herrn Krankowski in die Küche. Piano-piano sangen wir dort Operettenlieder zur Gitarre, und es wurde getanzt, Herr Krankowski saß dabei auf dem Kohlenkasten; sein Zwicker glänzte, er wiegte sich im Takt hin und her, trank Kornschnaps und schlief dann beseligt ein – und immer im rechten Augenblick. Später, gegen sieben, wenn es schon keine »Theaterdamen« in der Wohnung mehr gab und die katholischen Kirchenglocken über den *Volksfreund* zur Frühmesse läuteten, rüttelte ich ihn wach. Auf Zehenspitzen schlich er die Treppe hinunter in den Hof, und dann, wie wenn er gerade aus dem Setzersaal von der

Nachtarbeit käme, stellte er sich unter das Fenster der Frau Krankowski und pfiff auf beiden Fingern. »Guten Morgen, Emma!«, rief er. »Das war mal wieder eine lange Arbeit heute.« Frau Krankowski zeigte ahnungsloses hausfrauliches Mitleid, aber als ich nach zwei Jahren auszog, bedankte sie sich bei mir für die »amüsanten Nächte, mit denen Sie meinem Hermann so viel Freude gemacht haben«.

Im Schauspieler-Idiom gibt es den Ausdruck: »Eine Rolle hinlegen«. Auf der Bühne in Aachen habe ich ein paar Rollen »hingelegt«, die liegen jetzt noch dort; und so leicht kehrt sie keiner weg von der Bühne. Dort liegen im hellen Durcheinander meine Liebhaber und Komiker und Helden, und sogar Operettenbuffos. Ihre Geburt ging nicht immer friedlich vor sich. In der damaligen Zeit war das Bühnenschaffen in einen heftigen Krieg der Stile verwickelt. Durch ganz Mitteleuropa bekämpften sich vendettagleich zwei »Darstellungsauffassungen«, der Naturalismus und der Expressionismus. Der Expressionismus, rückschauend gesehen wie eine fieberhafte Pubertätskrankheit, wollte, wie alle Moden, seine Zeit ausdrücken. Die Zeit gebärdete sich revolutionär. Alle bürgerliche Überlieferung galt es niederzureißen. Der Weg sollte freigemacht werden für eine neue Zukunft, eine von den vielen Zukünften, die man während der ganzen Vergangenheit der Menschheit versprach. So standen wir schwitzend mit geballten Fäusten vor blauen Dreiecken in orangefarbenen Scheinwerfern, knickten den Körper in der Hüfte schief, warfen den Kopf eckig in die Höhe, stampften über die Bühne, wie fünfundzwanzig Jahre später Orson Welles, wurden auf rollenden Bändern nach vorne und rückwärts geschoben. Eine überdimensionale rote Kugel stellte einen Bahnhof dar, ein Quadrat aus Eisenschienen konnte ein Gebirge sein, und wenn es plötzlich ganz dunkel wurde und aus der Versenkung Beckenschläge und Pauken hörbar wurden, behauptete irgendjemand, es sei Ostern. Diese bekennerisch verkrampfte Bewegung lag in den Händen unseres jungen Oberregisseurs. Die verstaubte altväterliche Tradition wurde vom schon alternden Intendanten verwaltet. Wenn da jemand einen Spazierstock trug, dann war das ein Spazierstock. Um sich als Schauspieler zwischen den Dreiecken und den Spazierstöcken durchzumogeln, ohne es mit der einen oder der anderen Richtung zu verderben, verlangte eine diplomatische Geschicklichkeit und Überzeugungslosigkeit, die mir später bei politischen oder sozialen Wirren sehr zustatten kam. Ich war ein perfekter Kollaborateur nach beiden Seiten. Freitags bellte ich als Erneuerer meine Da-da-Dialoge in *Gas* von Georg Kaiser, und samstags spielte ich den Gefängniswärter Frosch in der *Fledermaus*, der im Suff in den Schrank geht statt durch die Tür.

In der Stadt, auf den Straßen, die man als junger Schauspieler nur durch Schleier sieht, denn man schwebt eigentlich ein paar Zentimeter über dem Pflaster von der Wohnung bis zur Bühnentür – sah es ähnlich aus wie im Theater. Nur bösartiger. Durch den Dunst der Erinnerung sehe ich französische Kavalleristen mit gezogenem Degen in die Bevölkerung reiten, höre ich Clairons schneidend und gefährlich, klingen die Hupen der Polizeiautomobile und die grellen, aufgeregten Glocken der Feuerwehr. Das störte einen, wenn man gerade eine Rolle im Kopf hatte. Man erkundigte sich bei der Bevölkerung, die für einen nur »Publikum unterwegs« bedeutete, und bekam erklärt, das sei die Separatistenregierung gegen die Besatzung oder die Besatzung gegen die Kommunisten oder die Sozialisten gegen die Separatisten oder die Schmetterlingssammler gegen die Briefmarkensammler. Manchmal wurde es so ernst, dass die Abendvorstellung ausfiel. Das nannten die Leute Belagerungszustand. In all dem Wirrwarr wurden langsam die Zigaretten teurer, und das Bier stieg im Preis. Man hatte gehofft, nach dem Kriege gebe es wieder zu essen. Jetzt sah man, dass das, was es immer noch nicht zu essen gab, nur viel mehr Geld kostete. Wir aßen in einer Stammkneipe. Sie hieß: »Hinter dem Herrgottsarsch«. Sie wurde so genannt, weil vor dem Wirtshaus eine große Christusstatue stand, mit der Rückseite zur Eingangstür. Dort habe ich manche Monate zum Abendessen nur Brötchen mit Senf bekommen und sehr dünnes Bier getrunken. Aber noch heute, wenn ich sehr guter Laune bin, esse ich Brötchen mit viel Senf und verziehe dazu keine Miene. Denn der Senf schmeckt noch wie Butter, und es erinnert mich an die poetischen lustigen Komödiantengespräche, an all den Zauber unseres Berufes, der besonders dann in der Stube herumging, wenn die Alten sprachen, die noch von Dorf zu Dorf gezogen waren in ihrer Jugend und die noch mit dem großen Soundso und der noch größeren Soundso gespielt hatten. Um uns herum saßen die von der Kunst magnetisch angezogenen »Halbbürger« der Stadt, die eigentlich um diese Zeit ins Bett gehörten, und die wahrscheinlich zu Hause ihren Frauen vorlogen, sie wären Kegeln gewesen; und zwischen uns saßen die Schauspieler-Bräute, die uns leise ins Ohr flüsterten, sie wollten mit uns fliehen – und dann später doch einen Apotheker heirateten. Das waren lange, weiße Nächte.

Besonders schön war es, im Winter gegen Morgen nach Haus zu gehen, weil die klassischen Dialoge und Monologe, die wir beim Nachhausegehen zitierten und diskutierten, im Schnee so klar klangen und doch so gedämpft. Einen gab es zwischen uns, der war ein missratener Konditorssohn der Stadt Aachen. Er wurde Paule genannt. Er versuchte schon seit zehn Jahren, es zu etwas zu bringen. Die bloße Tatsache jedoch, dass sein Vater Konditor war, ließ ihn in den Augen der Truppe als unpoetischen Menschen erscheinen, und er durfte nur sagen: »Die Pferde sind gesattelt«, oder Tabletts mit Visitenkarten auf die Szene bringen. In diesen Schneenächten aber umarmte er die Laternenpfähle und kniete in Schwärmer-Versen vor ihnen nieder: »Ich zählte zwanzig Jahre, Königin, in strengen Pflichten war ich auf- gewachsen, in finsterm Hass des Papsttums aufgesäucht, als mich die unbezwingliche Bejierde hinaustrieb auf das feste Land …« Wir ließen ihn dann allein.

Die Schönheiten unseres Berufs, die Romantik der Anfän- gerjahre haben mich in Aachen nicht einen einzigen Tag im Stich gelassen. Auch nicht, wenn es hart zuging. Eines Abends spielten wir die *Nibelungen* von Hebbel. Es war im zweiten Teil. Wir Burgunder kamen von unserem siegreichen Erobe- rungsfeldzug gegen Etzel zurück. Ich spielte den Königssohn Giselher. Mit langer blonder Perücke, einen schweren Helm mit Widderhörnern, der jeden Moment herunterzufallen drohte, auf dem Kopf; mit Spieß und Schild bewaffnet, die ich kaum schleppen konnte, die schmale Brust und die dün- nen Beine auswattiert, so stürmte ich neben meinem Bruder Gernot aus der rechten Kulissengasse in den Schlosshof un- serer Väter. Wir wurden freudestrahlend vom dicken Koch, dem Ersten Komiker, erwartet. Er schloss uns nach zehn Jahren Trennung freudeglucksend in die Arme und drehte sich mit uns zwei- bis dreimal im Kreis herum. Das war seine eigene Idee. An diesem Abend fiel er dabei platt aufs Gesicht. Das Publikum freute sich riesig und klatschte überraschend in die Szene hinein. Es klatschte ungewöhnlich lange, und als der Applaus zu Ende war, stand der Koch immer noch nicht auf. Wir hoben ihn hoch. Er war tot. Ich flüsterte dem Gernot irgend etwas Erschrockenes zu. Der machte ein Zeichen; der Vorhang fiel. Das Publikum dachte, es sei Aktschluss, und klatschte noch immer.

Ein paar Tage später begruben wir den Herrn Hoffmann. Es war morgens, viel zu früh für Schauspieler. Im Nebel sahen die Gesichter der Schauspieler blau aus, und die Schminke vom Abend vorher schien noch nicht ganz abgewischt. Wir froren. Die Witwe, schon eine alte Frau, weinte sehr. Neben mir stand der Zweite Komiker, der im Gegensatz zum Ersten traditionsgemäß spindeldürr war. Der Bonvivant näherte sich dem Zweiten Komiker und sagte zu ihm: »Ich glaube, du musst eine Rede halten. Man kann doch nicht so ohne irgendetwas …« Der Sarg ging schon in die Tiefe. Der Zweite Komiker: »Aber ich kann so was nicht … solche Gelegenheiten … ich bin kein Redner …« Der Bonvivant: »Du musst. Die Leute warten. Es wird dir schon was einfallen.« Pause. Der Zweite Komiker, nach langem Nachdenken: »Ja – jetzt fällt mir was ein!« Er stapfte auf seinen langen Operettenbeinen hinüber zum Grab, zog den Zylinder, reichte der Witwe die Hand und sagte: »Wer hätte das gedacht?« Das war alles.

Ganz langsam drang durch das Durcheinander meiner Entwicklung doch ein politischer Gedanke. Er hatte mit meiner Heimat zu tun. Die Aussöhnungsbestrebungen zwischen Deutschland und Frankreich ließen mich nicht locker. Im Elsass war eine deutsch-französische Literatur entstanden: Zweisprachige Gedichte, Ivan Goll, René Schickele, Rainer Maria Rilke. Es gab ein Buch, das hieß: *Menschheitsdämmerung*. In meiner Freizeit begann ich mit diesen Gedichten in Versammlungen aufzutreten. Die Literatur, die das Andenken an die ersten Friedenskämpfer wachhielt, interessierte mich mehr und mehr. Ich las Briefe von Karl Liebknecht und Rosa Luxemburg vor. Ich trat in Versammlungen der *Deutschen Friedensgesellschaft* auf und auf deutsch-französischen Arbeiterkongressen. Ich reiste im Lande herum, ich machte Vertragstourneen durch Gefängnisse und Zuchthäuser. Ich trug bei solchen Versammlungen ein Hemd aus schwarzer Seide, das mir sehr gefiel und wahrscheinlich meine Zuhörer sehr deprimierte. In Reimen schienen mir das vereinigte Europa und der Weltfriede bereits sehr nahe. Das praktische Resultat bekümmerte mich wenig. Die Wirkung auf das Publikum war mir viel wichtiger.

Wirkung war überhaupt alles. Jetzt standen wirklich Mädchen an der Bühnentür, und die Leute in der Straßenbahn kannten einen schon, und sonntags im Stadtpark, wenn das städtische Orchester spielte, konnte man unter den Kastanienbäumen auf der Promenade seinen eigenen Namen flüstern hören, jedenfalls schien es einem so. Man bekam sogar schon zehn Prozent Künstler-Rabatt in den Geschäften, ohne danach zu fragen. Nach zwei Jahren gab es kein Weiterwachsen der Popularität mehr, der Zenit war erreicht.

Aachen mit seinen 80 000 Einwohnern war nicht mehr groß genug. Ich besaß ein Buch mit dem Titel *Der Deutsche Bühnen-Almanach*. Darin waren sämtliche Theater, ungefähr 350 in ganz Deutschland, verzeichnet, dazu ihre Spielpläne, wie viel Sitze der Zuschauerraum fasst, die Einwohnerzahl. Ich wurde rastlos. Ich fing also karrierehungrig an zu blättern in den Städten über 100 000. Ich blätterte ganze Nächte durch. 100 000 … 150 000 … 160 000 …

Und so hatte ich mich eines Tages in einen Zug nach Dortmund in Westfalen geblättert. [200 000 Einwohner, Zentrum der Stahl- und Kohlenindustrie des Ruhrgebiets. Zweck der Reise: wieder mal vorsprechen.] Der Zug war ungewöhnlich. In diesen Tagen war die Ruhr besetzt, und in der ganzen Gegend wurden alle Transporte von der deutschen Widerstandsbewegung gegen die Alliierten sabotiert. Mich hätte jedoch keine Streikbewegung, ganz gleich aus welchen Motiven, von einer Reise zum Vorsprechen abhalten können. So saß ich in einem »alliierten« Zug. Er bestand aus vier Wagen I. Klasse und einem Speisewagen. Er fuhr im Schritt, auf der Lokomotive stand ein Maschinengewehr, vor der Lokomotive nur eine Draisine mit schussbereiten französischen Soldaten. Die vielen Abteile waren leer. Irgendwo hinter heruntergelassenen Vorhängen saßen ein paar englische Secret-Service-Leute, die mit belgischen Offizieren Karten spielten. Im Speisewagen trank ein französischer General allein und viel. Erst nach acht Stunden waren wir in Köln. Normal hätten wir nach einer Stunde da sein müssen. Der Riesenbahnhof in Köln war völlig verödet. Nachmittags ging ich in den Speisewagen. Das viel zu reichhaltige Essen wollte mir nicht schmecken. Irgendetwas lag in der Luft, was mich nicht schlucken ließ. Der französische General lud mich ein, an seinem Tisch Platz zu nehmen. Er sah aus, wie wenn er jeden Augenblick in die Luft gesprengt würde. Ich dachte, »es ist nicht angenehm, ein Eroberer zu sein«. Mir selbst wurde immer mulmiger, wie ich so mutig durch meine politische Gewissenlosigkeit und durch gefährliches Gebiet reiste. Hinter Düsseldorf, es war schon dunkel, stiegen ein paar rheinische Bauern ein. Sie sagten, ihnen sei alles egal, sie müssten Futter einkaufen für ihr Vieh. Das beruhigte mein Gewissen. Plötzlich, auf freier Strecke, hielt der Zug. Ein französisch-deutscher Dolmetscher kam und erklärte, das sei das Ende. Wenn ich zu Fuß dem Gleis nachginge, würde ich nach ungefähr zwei Kilometern auf unbesetztes Gebiet kommen, dort verkehrten deutsche Züge, und von da aus könnte ich weiter nach Dortmund fahren. Ich stieg aus. Die Bauern auch. Ich schleppte meinen Koffer über die spitzen Steine, die zwischen den Schienen waren, und ein riesenlanger Senegalneger mit aufgepflanztem Bajonett begleitete uns, um uns gegen fanatische Patrioten zu schützen. Die Nacht war so schwarz wie der Senegalneger. Wir wanderten und wanderten – es geschah nichts. So kamen wir zu einer kleinen Bahnstation, Herne hieß der Ort. Dort stand ein Personenzug unter Volldampf. Der Morgen graute. Ich stieg in ein überfülltes Coupé, nahm meine Rollenbücher vor, und fing an zu studieren. Der Zug fuhr aber nicht ab. Er blieb verdächtig lange stehen. Ich hörte draußen Stimmengewirr, Schritte, die näher kamen … durch den Zug … dann flog meine Coupé-Tür auf, zwei oder drei deutsche Freischärlersoldaten standen vor mir, einer schrie mich an:

»Hände hoch – aussteigen!« Ich fand mich dann auf dem Bahnsteig, umgeben von der Patrouille und von Zivilisten, die mich lynchen wollten. Die Soldaten hielten sie fern mit der tröstenden Versicherung: »Den überlasst uns, wir werden schon mit ihm fertig!« Ein Major in kurzem Pelzmantel mit Monokel und Reitpeitsche zwängte sich durch die Menge. »Sind Sie Ernst Toller?«, fragte er mich. Ich hätte gerne ja gesagt, denn obwohl Ernst Toller in diesen Tagen ein von den Freikorps gejagter Mensch war und ein hoher Kopfpreis auf ihn gesetzt war, bewunderte ich seine Gedichte, die er im Gefängnis geschrieben hatte, und seine ekstatischen, menschheitsliebenden Stücke. Eines davon, *Die Wandlung*, hatte ich, als ich sechzehn war, einmal in meiner Heimatstadt auswendig von Anfang bis zum Schluss vorgetragen, in einer Veranstaltung für die revolutionäre Jugend des Saarlandes, und auf dem Programm hatte gestanden: »Personen über 21 Jahren ist der Eintritt verboten.« Meine Antwort an den Major war also: »Leider nein.« Er sagte: »Geben Sie mir Ihren Pass.« Inzwischen packte mich schon ein Unteroffizier beim Kragen. Der Major, von heute aus wie als Einblendung gesehen, wahrscheinlich ein sehr humorvoller und anständiger Mensch, herrschte ihn an: »Sind Sie verrückt geworden?« Ich hatte ihm inzwischen meinen roten Saarpass ausgehändigt, den er sich nicht ansah, sondern an dem er roch. Obwohl ich nur ein knappes Salär bezog, liebte ich Lavendelwasser. »Das riecht ja schon sehr französisch«, sagte er. »Natürlich Schauspieler … aber das kann jeder sagen. Sie können auch ein alliierter Spitzel sein. Haben Sie irgendwelche Beweise?« Ich sagte: »Herr Major, sorgen Sie, dass der Zug abfährt. Wenn ich zu spät nach Dortmund komme und nicht mehr vorsprechen kann, dann werde ich Ihr Freikorps auf Schadenersatz verklagen.« Er schmunzelte. »Sie scheinen ja wirklich Schauspieler zu sein.« Ich: »Und wenn Sie's nicht glauben, ich spreche Ihnen sofort hier vor.« Er: »'n Klassiker?« Ich: »Den Ferdinand aus *Kabale und Liebe*?« Er: »Los!« Ich sprang in meine Lieblingsstelle: » ... Lass auch Hindernisse wie Gebirge zwischen uns treten, ich will sie für Treppen nehmen und drüber hin in Luisens Arme fliegen.« Der Major: »Kennen Sie auch die Szene mit Lady Milford?« Ich: »Sie meinen: ›Umgürte dich mit dem ganzen Stolz deines Englands, ich verwerfe dich, ein deutscher Jüngling!‹« Der Major: »Sie gehen in Ordnung. Fahren Sie – mit Gott.«

In Dortmund wurde ich Regisseur, und es kam so: Ich hatte schon eine Reihe komischer und halbkomischer Rollen gespielt, als mir im *Götz von Berlichingen* der Graf von Weislingen zugeteilt wurde, ein sehr aristokratischer, dekadenter, macchiavellihafter Fürst, der im Lauf des Stückes, an seinen eigenen Intrigen zugrunde gehend, im Kampf gegen das freie Bauerntum des Mittelalters einen einsamen Tod stirbt – Symbol des untergehenden Feudalismus. Schon auf den Proben fand ich mich nicht ganz die ideale Besetzung, jedoch schminkte ich mit Verzweiflung in mein rundes, unfürstliches Kindergesicht die vielen Falten, die ich mir im Kino bei Conrad Veidt abgesehen hatte, und hob mich in den Schuhen mit Holz- und in den Schultern mit Stoffeinlagen zu adliger Größe. Seit einigen Monaten schon hatten historische Klassiker in mir irritierende Störungen hervorgerufen. Manchmal, in welthistorischen Momenten, wenn ich Frieden erklärte oder meine Gefolgschaften zu Schlachten aufrief, passierten mir visionäre Zwischenfälle. Der Glaube bekam plötzlich einen Riss, ich blickte in das Gesicht des Kaisers von Rom und sah ihn schon abgeschminkt hinterm Bier sitzen. Und wenn eine Halbgöttin ihren Giftbecher austrank, wusste ich plötzlich, es ist Luft, was sie schluckt, und sie wird noch eine halbe Stunde später aufstoßen müssen. Es passierte mir dann, dass ich von diesen slapstickhaften Visionen verfolgt mitten in der ernstesten Szene blitzartig von Lachanfällen heimgesucht wurde. Auch die Sprechweise meiner Kollegen um mich herum schien mir in solchen Stücken wie auf Stelzen zu gehen. Die Worte schienen mir hohl und klangen oft, wie wenn einer in einem Museum anfängt zu singen. Ich kämpfte gegen diese Krise an, mit einer geradezu fanatischen Sucht zur Echtheit. Ich brach den Rhythmus der Verse und sprach völlig isoliert vom Ensemble meine Monologe so, wie wenn man ein Billett auf der Straßenbahn verlangt. Ich unterspielte, bis ich nicht mehr spielte. Und so starb ich eines Abends als Weislingen. Es war vor einem ausverkauften Haus. Ich hatte das Gefühl einer großen Gestaltung. Ich spürte auch deutlich die Teilnahme des Publikums, während ich um Atem rang und um meine letzten Worte. Ein Raunen der Ergriffenheit kam aus dem schwarzen Loch. Es trug mich wie einen Schwimmer die Welle. Ich legte mich vertrauensvoll hinein und starb den schönsten Tod. Doch als der Vorhang fiel und keine Hand sich zum Applaus rührte, wusste ich plötzlich: Das Raunen war Lachen gewesen. Und das Gelächter hielt noch an, als der Zuschauerraum schon hell wurde.

Am nächsten Morgen wurde ich zum Intendanten zitiert. Er hieß Herr Schäffer, und er sagte mir, meine Stellung sei gefährdet. Man hätte mich nicht nur für lustige, sondern auch für tragische Rollen engagiert, und ich sei im Drama eine glatte Katastrophe. Vor ihm lagen Zeitungsbesprechungen, die er mir erst gar nicht vorlas. »Die Gage, die wir Ihnen zahlen, ist infolgedessen zu hoch. Sie leisten nur die Hälfte von dem, wozu Sie eigentlich verpflichtet sind. Ich kann Ihr Salär vor dem Stadtparlament nicht verantworten; deshalb mache ich Ihnen einen Kompromissvorschlag: Entweder Sie demissionieren, oder Sie arbeiten für die Hälfte des Geldes, oder Sie werden Regisseur. Sie sehen so aus, wie wenn Sie das könnten. Ich habe das im Instinkt.« Meine Antwort war schnell und eindeutig: Ich war tief gekränkt. »Ich arbeite nicht für ein reduziertes Gehalt, und vor allen Dingen bin ich Schauspieler, und bin nicht zum Theater gegangen, um Regisseur zu werden.« »Es ist kein so ein schlechter Beruf«, sagte er. »Ich gebe Ihnen achtundvierzig Stunden – überlegen Sie es sich.« Ich liebte damals eine Sängerin. Sie meinte: »Mach's. Verlass mich nicht.« Der Intendant Schäffer schloss am nächsten Morgen die Debatte: »Und damit Sie nichts verderben können, geb ich Ihnen als erstes Stück eine Komödie mit nur zwei Personen zu inszenieren – da kann nicht viel passieren … *Tageszeiten der Liebe*, von Dario Niccodemi.«

Am Tag der Stellproben lief ich von morgens um sechs Uhr bis um zehn, die Stunde des Probenbeginns, sinnlos in der Stadt herum, solches Lampenfieber hatte ich. Ich lief durch eine hektische Stadt, durch Tausende von streikenden Gruben- und Metallarbeitern, durch einen Regen von Flugblättern, die aus französischen Flugzeugen niederfielen und die Poincarésche Besetzung ankündigten; an hastig gedruckten Plakaten entlang, die zu Sabotageakten aufforderten; an Menschenschlangen vorbei, die vor den Bäckerläden auf Brot warteten, das eine Million Mark pro Stück kostete. Und ich dachte dabei nur an meine Probe. »Das Einzige ist, die Schauspieler so spielen zu lassen, wie *ich* die Rollen spielen würde, wenn ich sie spielen *dürfte*. Da kann ich durch die Schauspieler beweisen, dass ich die Rolle eigentlich hätte spielen *sollen*, und dann wird man einsehen, dass ich ein viel besserer Schauspieler bin, als man annahm ...«, dachte ich verzweifelt.

Diese prinzipielle Einstellung zu meinem neuen Beruf hat mich nie verlassen. Viel hat sie mir nicht genützt. Ich bin immer noch Regisseur.

Bei den Proben, wenn Erklärungen nichts mehr nützen, springe ich auf die Szene und spiele sie selbst. Männer, Frauen, Kinder, Großmütter, von nichts lasse ich mich abschrecken, und von keiner Sprache. Die Schauspieler sagen dann oft: »Warum spielen Sie die Rolle nicht selbst?« Von ihrer Aufmunterung habe ich mich manchmal hinreißen lassen, und wann immer ich gespielt habe, hat mir meine Frau gesagt: »Ich glaube, du bist ein guter Regisseur.«

Ich habe zirka zweihundert Stücke inszeniert und habe in dieser Zeit mit vielen guten Schriftstellern zu tun gehabt. Mit Goethe, Shakespeare, Molière, Schiller, Tolstoj – auch mit lebenden. Mit Pagnol, Gerhart Hauptmann, Ben Hecht, Romain Rolland und vielen anderen. Ich habe versucht, der Übermittler ihrer Gedanken an die Schauspieler und ans Publikum zu sein. Außer ein paar ganz anfänglichen Jugendsünden habe ich dabei immer darauf gesehen, mich als Regisseur so weit wie möglich in den Hintergrund zu stellen. Ich habe mir hierfür immer einen Satz zum Vorbild genommen, den

Toscanini einmal bei einer Probe in der Pariser Oper gesagt haben soll: »Meine Herren, es ist doch so einfach. Sie brauchen nur das zu spielen, was geschrieben steht.«

Tragische und komische, klassische und moderne Stücke habe ich inszeniert. Opern, Operetten und politische Zeitstücke, Possen, alles durcheinander. Von einer Art zur andern zu wechseln und nicht festgelegt zu werden auf einen Stil oder eine Spezialität, war meine einzige Ambition. Deutsche, russische, französische, italienische, amerikanische, englische, indische, chinesische Bühnenliteratur war mein Arbeitsbereich, eine internationale Welt des Geistes und der Kunst – die einzige Internationale, an die ich glaube.

Viele Stücke habe ich vergessen. Von den Werken, an die ich mich erinnere, sind mir die meisten Details entfallen. Ich glaube, sie sind durch mich hindurchgegangen wie durch ein Sieb, zurückgeblieben ist ein Sich-Auskennen in dramatischen Situationen jeder Art. Ich finde mich in ihnen wahrscheinlich mindestens so gut zurecht wie im richtigen Leben. Und weil ich mehr Zeit mit dem *gespielten* Dasein verbracht habe als mit dem *wirklichen*, kommen mir die tatsächlichen Momente meiner Existenz und der Existenzen um mich herum oft nur vor wie nicht ganz gelungene Kopien des gespielten Daseins.

Eines Tages wurde die Dame, die mich einst gebeten hatte, sie nicht zu verlassen, an die Vereinigten Theater in Elberfeld-Barmen engagiert, als Sängerin – ich infolgedessen als Regisseur.

Dort gab es viel Abwechslung, denn der Leiter dieser Bühne, ein Doktor der Philosophie mit sehr lebenslustigen

Augen hinter sehr dicken Brillengläsern, war in Düsseldorf am Rhein verliebt. Er musste deswegen jede Woche von neuem plötzlich wegfahren und gab mir gerne die schönsten Meisterwerke der Weltliteratur ab, wenn er dafür in Düsseldorf am Rhein mit seiner Liebe Tennis spielen konnte.

Zwischen Elberfeld und Barmen, hoch über den Schornsteinen der Seiden- und Stahlfabriken, fährt eine Schwebebahn durch die Luft. Man hat das Gefühl, in einer fliegenden Straßenbahn zu sitzen. Die Schaffner behaupten stolz, es sei eine amerikanische Erfindung. Und immer wenn ich von meinem Hotelzimmer zur Probe nach Barmen flog oder von der Vorstellung in Barmen zurückflog zur Nachtprobe in Elberfeld, dann dachte ich mir: Hoffentlich hält die Liebe des Intendanten noch lange an, bis zur *Fledermaus* oder bis über *Viel Lärm um nichts* hinaus, bis zur *Heiligen Johanna* und noch weiter … und die Liebe hielt über ein ganzes Repertoire, beinahe zwei Jahre.

Ich verdanke der Düsseldorfer Dame die Erweiterung meines Betätigungsfeldes, das für einen jungen Regisseur nie weit genug sein kann. Ich verdanke es auch dem Vertrauen, das die Männer in den verantwortlichen Stellen zu einem so jungen Anfänger hatten, der mindestens so viel Fehler aufzuweisen hatte wie Talent. Wann immer ich zurückblicke, finde ich meinen beruflichen Lebensweg voll von Menschen, denen ich etwas verdanke. Da verdanke ich zum Beispiel einem alten Schauspieler in Elberfeld eine Erkenntnis. Der Mann hieß Peter Sigl, und er spielte einen Kammerdiener in Georg Kaisers *Kolportage*. Mir ging damals nichts schnell genug, ich jagte meine Schauspieler nur so über die Szene. Sie trugen alle einen unsichtbaren Propeller im Hintern und schossen atemlos wie Raketen durch die Kulissen und ihre Texte. Der alte Mann, der Erschöpfung nahe, hielt plötzlich inne, drehte sich zum leeren Zuschauerraum, wo ich hinter meiner Regielampe saß, und sagte: »Junger Mann, Hast ist noch keine Schnelligkeit, und Schnelligkeit ist noch keine Kraft.« Ich brach ab. Wir gingen nach Hause, zum viel zu späten Mittagessen. Und als ich am nächsten Morgen zurückkam, bestand ich darauf, dass alles noch viel schneller gehen müsste. Aber der Satz des alten Sigl ging mir nicht aus dem Kopf. Er fing an, in meinem künstlerischen Gewissen zu klopfen wie ein hohler Zahn. Er hat mir viel geholfen und mich später zu mancher Einsicht gebracht. Und ich schreibe ihn hier nieder, damit ich ihn nie wieder vergesse.

Der Bereitwilligkeit, dem Nachwuchs manche Jugendsünden zu verzeihen, verdanke ich manchen gelungenen Sprung über manche gefährliche Klippe. In Elberfeld mussten wir Regisseure unsere Bühnenbilder und Pläne selbst entwerfen. Ich kam mit den Dimensionen nie ganz richtig in Gang – schon in der Schule beim Zeichnen nicht. So trat ich eines Tages ins Intendantenzimmer und zeigte meine Skizzen für eine Operette vor. Der Intendant zog hinter den dicken Brillengläsern die Augen ganz dicht zusammen und sagte: »Das finde ich sehr interessant, was Sie da vorhaben. Nur im zweiten Akt – warum da der Dichter in seinem Junggesellenschlafzimmer einen Schreibtisch stehen hat? Muss denn das sein?« Ich sagte, ein bisschen eingeschüchtert: »Herr Intendant, das soll kein Schreibtisch sein, das ist ein Stiefelknecht.« Der Intendant lächelte nur. Er hieß Doktor Paul Legband.

Es blieb mir fast immer nur wenig Zeit, meine neue Arbeit vorzubereiten. In den meisten Fällen brachte einem der

Kanzleidiener am Abend der Premiere das Buch zu einer neuen Inszenierung. Dann mussten nur wenige Tage und Nächte ausreichen, um sich eine Vision aufzubauen. Die einzige Hilfe in solchen Fällen war ein planvolles Regiebuch, so dass man nicht nur auf momentane Eingebung für die Proben angewiesen war. Ich legte die kleinste Kleinigkeit so weit wie möglich schon zu Hause am Schreibtisch fest. Neulich fiel mir mal wieder ein Regiebuch aus diesen Zeiten in die Hände. Es sieht aus wie ein Eisenbahn-Fahrplan. In die Worte sind Ziffern und Nummern eingeschrieben, in rote Kreise und farbige Dreiecke und Rechtecke, da steht A-1, der Schauspieler X, nimmt die Zigarette mit der linken Hand aus dem F, B-2 geht hinüber, setzt sich in C. A-3: er schlägt die Beine übereinander, A-4: er seufzt. 18: Hinter dem Fenster geht ein roter Scheinwerfer an; es schwirren einem die Parabeln und geheimnisvollen Codenummern nur so vor den Augen. Diese viel zu programmatische Ausarbeitung im vorhinein ließ mich bald nach mehr Freiheit sehnen, mit der sich die Phantasie ungebundener entwickeln konnte. Ich wollte mehr Proben, mehr Vorbereitung, und so formte sich in mir gegen meine natürliche Faulheit die Ambition, Karriere zu machen. Ich wollte an ein Theater mit Zeit, ein Theater mit Geld.

Ich fing also wieder an, im Bühnenalmanach zu blättern. Aber bevor ich die Seiten noch richtig aufgeschlagen hatte, kam eines Tages ein Telegramm, das mich bat, vorläufig kein Engagement für das nächste Jahr anzunehmen, und mich einlud, nach Wien zu kommen ... zu Vertragsverhandlungen mit dem Burgtheater. So saß ich eines Morgens im österreichischen Kultusministerium einer liebenswürdigen Exzellenz mit Silberhaar und sehr vielen Titeln gegenüber. Der Herr sah aus wie in einer Operette von Strauß. Sein Büro in Mahagoni und kardinalrotem Leder wirkte wie ein Arbeitskabinett von Watteau gemalt. Durch die Fenster schauten die Konturen der habsburgischen Schlösser wie auf einem Gobelin. Das Vogelgezwitscher klang, wie wenn die Flötisten Mozart üben. Ich kam mir überhaupt vor, als ob ich nicht in eine Stadt gereist wäre, sondern in ein Kapitel von Schnitzler oder in einen Akt von Raimund. Alles war unwirklich. Ich habe auch in Wien geheiratet.

Die Exzellenz erklärte mir demonstrierend, wie man eine österreichische Zigarre anzündet. Eine Virginia, eine Zigarre der Hofräte. Sie ist lang, sehr lang und sehr schlank, und durch sie hindurch läuft ein dünner Strohhalm. Man nimmt die Zigarre zwischen Zeigefinger und Daumen der linken Hand, zieht mit der rechten Hand den Strohhalm heraus. Dann legt man die Zigarre über den Rand eines Aschenbechers, zündet mit der linken Hand den Strohhalm in der rechten Hand an, und wenn der Strohhalm brennt, streichelt man mit seiner Flamme kreisrund immer um die Spitze der Zigarre herum, bis der Strohhalm zu Ende gebrannt ist und an der Spitze der Zigarre ein weißer Aschenkopf entsteht. Eine Virginia wird nicht angezündet, eine Virginia wird »angeheizt«. Währenddessen sprach die Exzellenz über den Niedergang des österreichischen Theaters im Einzelnen, über den Tod des Theaters auf der ganzen Welt überhaupt, über die barbarische Zerstörung, die Film und Radio der Bühne zugefügt hätten und noch zufügen würden. Und dann ließ er mich wissen, mit dem kultiviert-melancholischen Lächeln des Präsidenten einer Beerdigungsgesellschaft, das österreichische Kultusministerium habe meine Inszenierungen gesehen und bewundert, es sei eh alles zwecklos, aber der österreichische Staat wolle mich trotzdem engagieren. Er schob mir ein bereits fertiggedrucktes langjähriges und sehr hoch bezahltes Vertragsprojekt zu, bat mich, ein paar Tage in Wien zu bleiben und es durchzustudieren, inzwischen sei ich der Gast seines Ressorts, mit Hotel und Auto und Logen in der Oper und im Burgtheater, und wenn mir das alles zusagen würde, »dann wäre die österreichische Regierung sehr geehrt … es sei zwar eh alles sinnlos …«

Am Morgen nach der Unterzeichnung fuhr ich zurück nach Deutschland, meine Übersiedlung zu arrangieren. Wo ich die Nacht vor der Abfahrt verbracht habe, weiß ich nicht mehr. Das Letzte, was ich sah, waren viele kleine Luftballons und Damen und Herren, die für mein Geld mit brennenden Zigaretten die Ballons zerknallten. Am Morgen weckte mich der Diener im Grand-Hotel und sagte, es sei höchste Zeit, wenn ich meinen Zug noch erwischen wollte. Ich sauste in einem rappligen Taxi durch die Wiener Stadtkulisse, kam zum Bahnhof. Der Zug war weg. Der Taxichauffeur meinte, wenn er sehr schnell fahre, könne er den Zug noch in Mödling einholen. Das ist eine kleine Vorstadt. Der Morgen war so neblig wie mein Denkvermögen. Als ich nach meiner Brieftasche griff, um den Chauffeur zu bezahlen, winkte er ab: Es sei dazu kaum noch Zeit, er wüsste, um wen und was es sich handle, und setze sich mit dem Portier vom Grand-Hotel in Verbindung … Dann schob er mich in die nächste Waggontür. Der Zug war schon im Abfahren. Ich stand im Speisewagen. Der Zugführer lächelte, als sich herausstellte, dass ich kein Billett hatte. Er wurde ein bisschen strenger, als ich auch kein Geld hatte, um mir eins zu kaufen. Vom Tisch gegenüber erhob sich ein Herr. Er sagte, er heiße Hans Hermann und sei Chirurg in Leipzig. Es sei ihm ein Vergnügen, mir vorzuschießen, wie viel Geld mir immer fehle. Danach trank ich noch einen Kaffee und schlief ein, bis ich in Elberfeld wieder aufwachte.

Meinen Sprung zum Burgtheater habe ich nie ganz begriffen. Während meiner ganzen Wiener Zeit habe ich mich nie ganz richtig von einem gewissen Aufzugs-Gefühl erholen können. Man ist immer noch ein bisschen taumelig, wenn man hoch oben ankommt. Aber dieser Burgtheater-Aufzug trägt einen nicht nur in die Höhe, er schmeißt einen auch ein paar hundert Jahre zurück. Denn das Burgtheater ist ein altes Theater, mit einer Vergangenheit von Jahrhunderten, überladen von der kalten Pracht einer Tradition, die so leicht nicht mit sich reden lässt. Alles ist historisch, alles ist echt, alles ist alt.

Da gibt es zum Beispiel folgende Anekdote: Seit den achtziger Jahren des neunzehnten Jahrhunderts spielt das Burgtheater regelmäßig alle paar Wochen eine Komödie, die zu den Juwelen des ererbten Familienschmuckes der deutschen Literatur zählt: *Die Journalisten* von Gustav Freytag. Es ist ein Spiel, ein meisterhaftes, um das Leben einer Provinzzeitung. Zum Stab der lebenslustigen Redakteure gehört ein blutjunger Schriftsteller namens Bellmaus. Die Rolle muss ungefähr achtzehn Jahre alt sein, und sie wird natürlich am Burgtheater von einem Herrn zwischen fünfzig und sechzig gespielt, der mit viel Verve und Elastizität und einer blonden Perücke über seinen grauen Haaren einen Abend lang über die Bühne hüpft. Es ist eine Bombenrolle, von der alle Schauspieler träumen. Während einer der Vorstellungen sitzt ein junger Anfänger von vielleicht fünfundzwanzig Jahren in der Schauspielerloge und schaut neidisch auf die Szene. Er beißt sich die Nägel. In der Pause legt ein älterer Kollege von vielleicht fünfundvierzig Jahren ihm die Hand begütigend auf die Schulter und sagt: »Junger Freund, würden Sie so liebenswürdig sein und sich ein bisschen ruhiger verhalten – vielleicht machen Sie nicht immer mit Ihren Händen so herum – mich macht das nämlich sehr nervös –, verstehen Sie? Für mich ist das nämlich ein sehr wichtiger Abend, heute … Ich bin nämlich sehr an der Rolle des Bellmaus interessiert und rechne damit, sie eines Tages zu spielen.«

Ich war damals fünfundzwanzig Jahre. In der bisherigen Geschichte des Burgtheaters hatte es noch nie einen so jungen Regisseur gegeben. Meistens werden Schauspieler nach fünfzig Jahren treuer Dienste zum Ehrenmitglied ernannt, und mit dieser Würde verbunden ist dann die Position eines Regisseurs.

Ein solcher war zum Beispiel der Herr von D. Einst leitete er eine Probe. Mit frischen weißen Glacéhandschuhen saß er im Ehrenmitgliedersessel. Die Probe beginnt. Eine tiefe Glocke lässt sechs feierliche Schläge ertönen. Das bedeutet nach Hausgesetz, dass jede Privatunterhaltung verboten ist. Nur die Texte des Stückes dürfen gesprochen werden. Der Regisseur allein hat das Recht zu unterbrechen. Viel unterbricht ein solcher Ehren-Regisseur nicht. Er zeigt nur, ein würdiger alter Herr, mit der Handschuhhand an, wo ein anderer alter Herr herkommen soll und ein anderer alter Herr hingehen soll. Er stützt sein Haupt gedankenschwer. Er liest die Dialoge im ledereingebundenen Regiebuch mit, andächtig und bedeutend. In die feierliche Atmosphäre summt plötzlich eine Fliege hinein und setzt sich auf die Stirn des Herrn von D. Ohne sie anzusehen scheucht er sie weg mit der Handschuhhand. Nach einer Weile kommt die Fliege wieder und setzt sich dem Herrn von D. auf die Glatze. Er scheucht sie wieder weg, aber er blickt immer noch nicht auf. Erst als sie nach ein paar Minuten noch einmal zurückkommt und sich ihm auf die Nase setzt, hebt er ein Auge, knipst sie mit dem Handschuhfinger weg, schaut ihr indigniert nach und sagt: »Wohl wahnsinnig geworden!«

Seit das Burgtheater besteht, ist noch nie am Ende eines Aktes oder eines Stückes ein Vorhang gezogen worden. Der Applaus ist eine Anerkennung. Der Schauspieler nimmt sie stolz entgegen, ohne sich zu verbeugen. Seit das Burgtheater besteht, ist noch nie ein Name größer gedruckt worden als der andere. Die Reihenfolge der Namen richtet sich nach der Reihenfolge der Auftritte. Das Programm überschreitet nie, bei keiner Gelegenheit, eine traditionelle, bescheidene Größe. Plakate gibt es nicht, und – kein Startum. Der Heiligenschein des Ruhmes ist kein Scheinwerfer. Er leuchtet diskret. Das Burgtheater hat Würde.

Ich hatte große Mühe, mit ihr Schritt zu halten. Mein Temperament stellte mir manchmal ein Bein. Eines Tages inszenierte ich ein Lustspiel, und ein Ehrenschauspieler hatte einen »Abgang«. Das Stubenmädchen sollte dem alten Grafen durchs Fenster nachsehen, sich zum Publikum umdrehen und sagen: »Esel!« Ich hatte das Gefühl, die Pointe saß nicht richtig. Ich wollte sie ausbessern; überlegte, wie; da kam der Schauspieler durch die Kulissentür zurück und

sagte: »Ich glaube, wir müssen an der Szene was ändern.«
Ich war sehr froh, dass er genauso empfand wie ich, und
machte einen Vorschlag: »Wissen Sie, vielleicht sitzt der
›Esel‹ nicht genug – sagen wir doch lieber ›Trottel‹. Das
ist stärker.« Der ehrwürdige Greis schaute mich gläsern an,
schöpfte tief Atem, drehte sich um – und ward nicht mehr
gesehn. Später erklärte man mir, dass es nach dem Hausgesetz des Burgtheaters unmöglich ist, über Ehrenmitglieder
auf der Bühne abfällige Bemerkungen zu machen.

Ein anderer Zwischenfall ging besser aus: Wieder in einem Lustspiel [ich war damals Spezialist für Lustspiele]
protestierte mitten während einer Generalprobe eine junge
Schauspielerin gegen ein Kostüm, das ich für sie hatte entwerfen lassen. Sie meinte, es sei zu schwerfällig. Sie fühle
sich nicht wohl, sie könne darin nicht spielen – wenn ich
darauf bestünde, so gebe sie lieber die Rolle ab, und so weiter. »Würdig« bat ich sie, in diesem Kostüm die Probe zu
Ende zu spielen und später gemeinschaftlich eine Verstän-
digung zu suchen. Die Schauspielerin musste wohl verstanden haben, dass der junge Regisseur einsam und verloren in
dem musealen Tempel der Tradition in dieser Sekunde um
seine Autorität kämpfte. [Der Zuschauerraum war voll von
»Kompetenz« – Kritiker, Hofräte, Intendant und ein, zwei,
drei Dramaturgen.] Sie willigte ein. Ich konnte sehen, wie
schwer ihr das fiel. Sie hielt durch, »mit Würde«. Aber in
der lustigen Szene, wenn sie lachte, liefen ihr die Tränen aus
den Augen. Nachmittags trafen wir uns im Kostüm-Fundus.
Das ist ein Gebäude von vielen Etagen, vollgepfropft von
wahren Schönheiten. Da hängen die historischen Kostüme,
wirkliche Ableger der Geschichte. Schon seit Generationen,

wann immer ein Prinz, ein Kaiser, eine Königin, ein Feldherr verstarb, vermachten sie ihre schönsten Uniformen und Kostüme dem Burgtheater. Was heutzutage kopiert wird, wird direkt vom Original kopiert. Da hängen die Gewänder der Dogen von Venedig, da gibt es noch das echte Stoffmaterial aus der damaligen Zeit, da blinken in Schatullen die Juwelen der Konkubinen. Da stehen unter Glas der Strohhut, der Spazierstock, das Frack-Cape, alles bis zum letzten Detail, was die großen Schauspieler, nun schon lange gestorben, in ihrer letzten Rolle getragen haben. Man hält den Atem an. Die Luft ist voll von »großem« Staub, durch den die Wiener Sonnenstrahlen spielen. Hier traf ich mich mit der kleinen Schauspielerin. Ganz allein. Als wir wieder auf die Straße traten, war es schon dunkel. Unsere Entscheidung war getroffen: Wir wollten heiraten – und taten es drei Monate später.

Ich habe mich in Wien nie richtig einleben können. Das Schicksal hatte mich in eine wunderschöne, vergoldete vierspännige Rokoko-Karosse gesetzt, und ich wollte eigentlich Motorrad fahren. Einmal hatte ich in einer meiner Inszenierungen einen italienischen Prinzen kreiert. Ein bedeutender Kritiker hatte ungefähr folgendermaßen über mich geschrieben: »Als Schauspieler erinnert er in tragischen Momenten an den großen Eisenbach.« Ich wusste nicht, wer der große Eisenbach war. Ich frug den Oberkellner im Caféhaus, und er klärte mich auf. Der große Eisenbach war ein berühmter jüdischer Volkskomiker, der eine Generation vor mir gelebt hatte. Ich fand die Kritik gut und war stolz darauf. Ich weiß heute, dass ich instinktiv recht hatte, denn ich glaube an die Doppelseitigkeit der dramatischen Empfindung. Damals war mir das noch nicht so klar. Die Kollegen schauten auf mich, wie wenn ich beerdigt worden wäre. Sie waren große Schauspieler. Ich habe viel von ihnen gelernt, oft, wenn ich mir in meinem Regiebuch Gestaltungen ausgedacht hatte und sie dann sah und hörte, überraschten mich diese Schauspieler mit einer Phantasie, die meine weit zurückließ. Ich machte dann erst gar nicht den Mund auf und strich schnell alles durch, was ich in meinem Gehirn notiert hatte. Aber die Phantasie dieser Schauspieler war nicht meine Phantasie. Meine war durch Maschinenstädte gegangen, ihre blühte aus dem sterbenden Wien. Ich war fasziniert von dieser melancholischen Schönheit, wo immer ich sie traf – auf den Bällen, in den Straßen, in den Caféhäusern, in Unterhaltungen … Wenn ich ein Maler gewesen wäre, hätte ich sie zusammenfassen wollen in ein Bild … Aber dann hatte ich wegreisen wollen – und zwar ganz schnell.

Ich tat es, kam nach Frankfurt und in eine bessere Position. Mir war vom dortigen Neuen Theater der Posten des Oberregisseurs angeboten worden. Heute, weit über dem Atlantischen Ozean, wenn Preston Sturges guter Laune ist, nennt er mich noch »Herr Oberregisseur«, manchmal sagt er nur »Herr Ober«. Trotzdem habe ich ihn noch nie mit weniger als »Herr Generalintendant« angeredet. Jetzt ist das nur noch ein Spiel mit Titeln, aber damals bedeutete das für mich etwas sehr Wesentliches. In der Hierarchie des deutschen Theaterlebens hatte der »Oberregisseur« Vollmachten, die dem »Ersten Regisseur« und dem »Zweiten Regisseur« nicht zukamen. Der Oberregisseur stellte, zusammen mit dem Leiter des Theaters, das Repertoire für eine Spielzeit auf, er engagierte die Mitglieder des Ensembles, er überwachte die Inszenierungen des Ersten Regisseurs und der anderen Regisseure; und wenn er Lust hatte, ein Buch an den Kopf geschmissen zu bekommen, konnte er auch mit seinen eigenen Ideen in die Inszenierungen seiner Kollegen eingreifen. Er hatte bei der Verteilung der Inszenierungen die erste Wahl – und nach jahrelanger Praxis in dieser Position wurde er reif für den Intendantenposten. Die deutsche Theaterorganisation von damals, vergleichbar nur mit der russischen Theaterorganisation von heute, hat viele derartige, scheinbar festgefahrene Amtsblüten zustande gebracht. Dadurch, dass die Städte, Provinzen, Länder und das Reich ihre Theater verwalteten und diese in die Nation eingegliedert waren wie Universitäten oder Badeanstalten, drang die amtliche Organisation bis in die kleinste Stelle. Der Charakterschauspieler, der den Othello spielte, war genauso gut ein städtischer oder staatlicher Angestellter wie der Flötist im Orchester oder die Klosettfrau. Die Schauspieler wurden zu Darstellungsbeamten. Aber das System hatte auch seine Vorteile. In einem Land von sechzig Millionen spielten allabendlich vierhundert Bühnen. Die Theater, vom Zuschuss der Steuerzahler getragen, waren nicht darauf angewiesen, Profite zu machen. Sie konnten sich Kunst, Experimente und Irrtümer erlauben. Die produzierenden Kräfte mussten nicht unbedingt an die Kasse denken und an die direkte Wirkung, die dafür Garantie leistet. Das Theater lief nicht der Masse nach. Der Geschmacksterror des Proletariats hat in Deutschland nicht stattgefunden. Auf der anderen Seite weiß ich nicht, ob dieses Publikum immer ein Publikum war. Die großen Abonnenten-Organisationen schickten ihre Mitglieder ins Theater wie die Religionsgemeinschaften ihre Anhänger in die Kirche. Wie man sich die Hände wäscht vor dem Essen, so ging der anständige Mensch mindestens einmal pro Woche ins Theater. In dieser stumpfen Pflichterfüllung und Ehrfurcht zur Kultur hat er wohl manches in sich hineingefressen und dazu applaudiert, was er gar nicht wollte; und wir, die wir es ihm auftischten, buchten seine Zustimmung als Erfolg. Sollte, was für mich bis heute unerforschlich geblieben ist, die deutsche, österreichische, mitteleuropäische und die heutige russische Theaterorganisation nichts anderes sein als eine Gewohnheit der Masse, so ist sie sicherlich eine der angenehmsten und der Begeisterung für Kriege oder Demagogen wahrscheinlich vorzuziehen.

Das Theater in Frankfurt am Main stand zum großen Teil außerhalb dieser Organisation, denn sein Kapital gründete sich auf Privatinitiative. Sein Publikum auch. Es bestand hauptsächlich aus den internationalen Geldaristokraten dieser reichen Handelsstadt; Leute, die sich mit dem Kunst- und Kulturprogramm der städtischen Theater allein nicht zufriedengaben und noch eine spezielle Bühne mit mondänem Einschlag brauchten. Ich habe dort die jeweiligen Erfolge der Elitetheater von Paris und London und vom Broadway inszeniert. Wir spielten vor dem verwöhntesten Publikum, das mir je begegnet ist. Die Herrschaften saßen nicht in Stühlen, sondern in Klubsesseln. Sie waren überall herumgekommen, und was sie sahen, das hatten sie alles schon gesehen, oder sie flogen am nächsten Tag in irgendeine Metropole und behaupteten, sie würden es dort sicherlich besser sehen. Trotzdem habe ich dort eine meiner besten Produktionen zustande gebracht: meinen Sohn. Seit er geboren wurde, hat meine Frau, die eine sehr gute Schauspielerin war, nie mehr gespielt. Sie fand Muttersein unterhaltender. Außerdem war uns damals auch der Gedanke ein bisschen genant, dass ein Kind später seine Mutter Theater spielen sieht. Für mich war die Geburt des Kindes sehr leicht. Ich kam eines Nachmittags von der Probe zum Mittagessen. Da lag auf meinem Teller ein Zettel, von meiner Frau geschrieben: »Ich bin in die Klinik. Der Arzt sagt, es dauert noch einige Tage.« Am Abend ging ich aus, am nächsten Morgen bei Tagesgrauen nach Hause. Da steckte eine Visitenkarte des Chirurgen an der Tür: »Ich würde mich an Ihrer Stelle wenigstens einmal erkundigen, ob es ein Bub ist oder ein Mädel. Herzliche Grüße Prof. Marcel Traugott.« Mein Junge heißt nach ihm – Marcel.

In Frankfurt habe ich einmal sehr schlagend erlebt, worauf es in unserem Beruf ankommt. Ich bin dort an einem Abend an die Grenze zwischen Spiel und Wirklichkeit gestoßen. Ich hatte »Stallwache«. Das bedeutet, der Regisseur kontrolliert, nachdem er schon lange das Stück inszeniert hat, die Wiederholungen der Aufführung. Man hängt im Zuschauerraum herum oder hinter den Kulissen und passt auf, ob alles richtig abläuft. Es war Winter. Wir spielten eine französische Komödie – ich habe vergessen, was es war. Ich erinnere mich nur, dass der letzte Akt – wie meistens – in einem Hotelschlafzimmer spielte. Der Inspizient, Herr Guthke, seit einem Menschenalter engagiert und ein Spezialist für Pferdegetrappel [er konnte es mit seinen Händen machen und brauchte keine Kokosnüsse], trat in diesem letzten Akt für einen Moment als Gepäckträger auf. Gewöhnlich legte er sein Buch zur Seite, stülpte sich eine Gepäckträgermütze auf den Kopf, ging durch die rechte Kulissentür in der ersten Gasse, trug das Gepäck in die Mitte des Zimmers, setzte es vor dem Bett ab und ging zur linken Kulissentür wieder hinaus. An jenem Abend aber kam er zu mir, kurz bevor der Vorhang zum dritten Akt aufging, und sagte, er fühle sich nicht wohl, seine Kinder hätten Scharlach, vielleicht hätte er sich auch angesteckt – erzählte mir eine lange Krankengeschichte [ich mag keine Krankengeschichten]. Ich schickte ihn nach Hause. Er sagte: »Es ist ja ganz einfach – lassen Sie sich doch einen Dienstmann vom Bahnhof kommen.« Der Bahnhof war zwei Minuten vom Theater. Jemand lief schnell hin, holte einen der ältesten Gepäckträger. Ich erklärte ihm die Situation. Er sagte: »Das ist gar nichts. Natürlich, ich mach es.« Es waren noch ungefähr zehn Minuten bis zu seinem Auftritt. Der Gepäckträger fing an, von einem Bein aufs andere zu trippeln. Ich nahm an, es sei Ungeduld. Aber ich sah, wie er blasser und blasser wurde. Als ihm dann der Requisiteur das Gepäck über die Schulter hängte und ihm die Mütze aufstülpte, drehte er sich plötzlich schlotternd zu mir um und sagte: »Mein Herr, ich kann's nicht. Ich habe vielleicht schon zwanzigtausendmal in meinem Leben Gepäck getragen, aber das – das kann ich nicht.« Ich versuchte ihm klarzumachen, es seien doch nur fünf Meter von einer Tür bis zur andern. Er stammelte: »… Aber keine richtige Tür … und kein richtiges Gepäck …« Es blieb nichts anderes übrig. Ich nahm ihm das Gepäck ab und stülpte mir die Mütze auf. Noch heute muss ich oft an den Dienstmann denken, wenn ich Dokumentarfilme sehe. Die Leute, die sie herstellen, stelle ich mir vor, können nur richtiges Gepäck tragen.

In Frankfurt ist einmal eine andere, ähnliche Geschichte passiert. Sie hat nichts mit mir zu tun, aber sie gehört zum

Hausrat meines Denkens. Sie passierte dem jungen Wolfgang Goethe. Sie ist beinah unbekannt. Nur in wenigen Ausgaben von *Dichtung und Wahrheit* ist sie enthalten. Goethe war noch ein Kind, ich glaube, sechs oder sieben Jahre alt. Jedes Jahr zu irgendeinem fürchterlichen Festtag, es mag Weihnachten oder Ostern gewesen sein, kamen Verwandte, Tanten und Kusinen zu Besuch, und die viel zu reichlichen Kinder mussten irgend etwas vorführen. So fragte man auch den jungen Goethe, was er zeigen könne; und er, weil er schon hie und da einmal bei einer wandernden französischen Komödiantentruppe durch die Zuschauertür hatte gucken können, hatte plötzlich eine Vision. Goethe beschreibt das sehr erregend. Er sah das ganze Leben eines Menschen vor sich, wie er als Kind ist, bis er ein alter Mann wird, und er spürte, das kann man darstellen. Da nahm er ein paar Stühle und stellte sie in die Mitte des Zimmers, und dann nahm er alle kleinen Vettern und Kusinen und stellte sie vor und zwischen die Stühle, die sollten das Leben und die Menschen um dieses Menschenleben sein. Und er sah Situationen, und er hörte sprechen, und er wollte, dass das ausgedrückt wird von den anderen Kindern und von ihm. Aber er fand keine Sprache. Und da standen diese dummen Verwandtenkinder und glotzten ihn verständnislos an, und er sah lauter Visionen des Lebens um sie, konnte sich aber nicht helfen. Und da fing er an zu weinen und war nicht mehr zu trösten, viele Stunden lang. Später noch, im hohen Alter, wenn Goethe beim Schreiben einer Szene steckenblieb, oder mit einem Gedicht, hatte er dieselbe panische Angst wie damals als Kind. Für mich ist das eine ergreifende Geschichte vom Ringen um den künstlerischen Ausdruck.

Als ich so alt war wie Goethe, oder wahrscheinlich noch jünger – vier Jahre etwa –, hatte ich auch mein Frankfurter Kindererlebnis, allerdings etwas weniger differenziert. Ich besuchte damals meinen Großvater. Er lebte dort als Präsident der Kaufhäuser, die unserer Familie gehörten. Wir summten an einem schönen Sommermorgen mit einem elektrischen Auto über den Asphalt am Opernhaus entlang, und mein Großvater, der dort immer sonntags seine Loge hatte, las mir die Inschrift über dem Eingang vor: »Dem Wahren, Schönen, Guten.« Ich verstand es nicht ganz, ich überlegte. Dann fragte ich den alten Mann: »Sag mir, ist da nicht was verkehrt? Muss es nicht heißen: ›den guten, schönen Waren‹?«

In Frankfurt habe ich auch den Weg zum Radio gefunden. Ich fing als literarischer Kolumnist an, fand einen eigenen Stil von Zwischen-Vorlesungen von Gedichten, dramatischen Szenen, Romanen, zeitgenössischer und klassischer Literatur, verbunden mit eigenen Improvisationen, Parodien, Betrachtungen, und dieses Potpourri vermengte ich manchmal mit Reportagen von Vorstellungen oder sogar manchmal Sportveranstaltungen. Ich habe Sechs-Tage-Rennen angesagt und dazu Gedichte von Klabund gesprochen. Bald nach meinen ersten Versuchen flog ich, wann immer ich Zeit hatte, in andere Städte, und so gibt es kaum einen Sender, von Königsberg bis in die Schweiz, wo ich nicht »meinem Affen Zucker gegeben habe«, wie die Schauspieler sagen.

In Frankfurt wurde ich in einen Prozess verwickelt. Mir wurde die Inszenierung eines Stückes zugeteilt: *Die gläserne Frau*, von Wilhelm von Scholz, dem Präsidenten der Preußischen Dichterakademie. Es behandelt eine Liebesgeschichte, die sich unter dem Zwang von Trance und Hypnose abspielt. Das Stück gefiel mir nicht sehr. Die wissenschaftlich-medizinischen Voraussetzungen der dramatischen Situation waren für mich zu außergewöhnlich, um sie nachfühlen zu können. Ich bat also darum, mich von der Inszenierungsaufgabe zu dispensieren. Mein Direktor – ich weiß nicht genau, weswegen, vielleicht aus Prestigegründen dem Dichterfürsten gegenüber – bestand auf meiner Regieverpflichtung. Wenn ich mich weigerte, zu inszenieren, würde er mich auf Schadenersatz verklagen. Ich war fest davon überzeugt, dass, wenn mir auch in diesem Fall kein geschriebenes Recht zu Hilfe kommen konnte, doch kein Gericht auf der Welt einen Regisseur zwingen würde, etwas zu schaffen, wozu er keinen Glauben aufbringt. Die Instanzen traten zusammen – ein Oberlandesgerichtsrat, Vertreter der Theaterdirektoren, Vertreter der Autoren, Schauspieler und Regisseure. Die Tagung dauerte acht Stunden. Ich sprach über die »Würde« unseres Berufes, über die Gefahr, dass wir Regisseure uns zu »Handwerkern« degradieren, zu »Arrangeuren«, wenn wir nicht überzeugt sind vom Autor, dem wir dienen … Der Oberlandesgerichtsrat weinte. Das spornte mich an. Meine Rede flammte höher und heftiger und ging wie ein Rennpferd durchs Ziel. Ich gewann. Erst später erfuhr ich, dass der Oberlandesgerichtsrat an einer akuten tränenden Augenkrankheit litt.

Mein Direktor gab sich nicht zufrieden. Er wandte sich an die höchste Instanz, an das Reichsgericht in Leipzig. Dort verlor er wieder, und endgültig.

Hinter der Bühne gab es ein kleines, sehr würdiges Konversationszimmer für die Schauspieler. Dort hingen die Bilder aller früher engagierten Künstler, die gestorben oder aus dem Ensemble ehrenvoll ausgeschieden waren. Als ich ein paar Tage nach dem Sieg in Leipzig zur Probe kam, fand ich dort mein Bild hängen, eingerahmt in teurem Eichenholz. Der Direktor hatte sich's was kosten lassen.

Und dann ging ich nach Breslau. Ich eröffnete die Spielzeit mit *Hokuspokus* von Curt Goetz, einer meiner Lieblingskomödien. Die weibliche Hauptrolle spielte eine besonders schöne, besonders talentierte junge Schauspielerin. Nach ein paar Tagen Probe ließ mich mein neuer Intendant zu sich bitten, um sich Informationen über sie einzuholen. »Nein, nein – privat!«, sagte er. »Rein menschlich!« Ich sagte: »Ich halte sie für eine Kreuzung zwischen einer Nutte und einer Lehrerin.« Er sagte: »Danke schön – ich habe mich gestern mit ihr verlobt.« Auf diesen Zwischenfall hin wurden wir unzertrennliche Freunde, und unsere Freundschaft hat seine Ehe überdauert. Wir sind glänzend miteinander ausgekommen, drei Jahre lang. Er hieß Paul Barnay und gehörte zu der großen Barnay-Familie, die die deutschen Barrymores der neunziger Jahre waren. Er tat alles, um mich zu fördern. Er hat mich sogar ermutigt zu schreiben. Auf seine Anregung hin habe ich ein Kinderstück geschrieben, das in ganz Mitteleuropa gespielt und in verschiedene Sprachen übersetzt worden ist; ich habe drei musikalische Revuen geschrieben, Songs mit Texten versehen; manche davon wurden populäre Platten. Einer meiner Songs drang sogar bis nach Russland, und ich habe Nachrichten, dass man ihn jetzt wieder in Deutschland verlegt. Er war 1929 geschrieben und sagte den Zweiten Weltkrieg voraus. Es war ein Marschlied. Es entstand zu der Zeit, als ein kaum bekannter Fliegerhauptmann

namens Göring in einer kleinen Parteizeitung behauptete:
»Eines Tages werden wir die Macht übernehmen, und dann
rollen Köpfe in den Sand.« Es hieß:

Sie kennen doch Murmeln.
Man nennt sie auch Klicker,
dies ist ein dünner,
und das ist ein dicker,
und der ist aus Eisen
und dieser aus Glas,
man stößt sie hin und her
zum Spaß.
Man wirft sie gegen die Wand,
die runden Köpfe roll'n in den Sand,
das kostet nicht viel,
ist nur ein Kinderspiel,
ein Kinderspiel, gespielt in jedem Land.

Das ist auch der Menschen Los auf Erden,
wir seh'n nicht, wohin wir gestoßen werden.
Man wirft uns rücksichtslos ins Spiel,
wir kullern daneben
und nur selten ins Ziel.
Und wenn wir auch in den Pott rein roll'n,
wir fallen so, wie es die Herren woll'n;
denn wir sind nur Murmeln,
wir sind wie die Klicker,
ob du ein Dünner bist
oder ein Dicker,
ob du aus Eisen bist

oder aus Glas.
Man stößt uns hin und her
zum Spaß.
Man wirft uns gegen die Wand,
und unsre Köpfe roll'n in den Sand.
Das kostet nicht viel,
ist nur ein Kinderspiel,
ein Kinderspiel, beliebt in jedem Land.

Und so kann's eines Tages noch passieren,
da wird man uns wieder mal kommandieren,
zu irgendeinem schönen Zweck
roll'n wir wieder mitten rein in den Dreck.
Und sie schreien Hurra und versprechen viel,
wir packen ein und zieh'n in den Krieg.

Wir sind ja nur Murmeln,
wir sind ja nur Klicker,
ob du ein Dünner bist
oder ein Dicker,
ob du aus Eisen bist
oder aus Glas.
Man stößt uns hin und her
zum Spaß.
Man wirft uns gegen die Wand,
und unsre Köpfe roll'n in den Sand.
Das ist nur ein Spiel,
ist nur ein Kinderspiel,
das kostet nicht viel –
nur die Toten in jedem Land.

Breslau war die politischste Zeit, die ich je als Regisseur hatte. Unsere Theater spielten in dieser immensen Industriestadt für eine feste Abonnementsorganisation der Gewerkschaften von 60 000 Mitgliedern. Demnach bestand unser Spielplan zum großen Teil aus zeitgenössischer Dramatik. Das deutsche Proletariat führte damals, vom Ausland ziemlich alleingelassen, einen verzweifelten Kampf gegen die dumpfe Gefahr des wachsenden Nationalsozialismus. Die besten Schriftsteller meiner Generation widmeten ihre Stücke dieser Idee. So habe ich zum Beispiel Friedrich Wolfs *Matrosen von Cattaro* uraufgeführt, die Jahre später New York erreichten, und so habe ich Bert Brecht inszeniert, Feuchtwanger, Peter Martin Lampel, Gerhard Menzel. Die Zuschauerräume waren mit Spannung geladen wie mit Dynamit. Ich war noch jung genug, um mich daran zu freuen und mich wenig darum zu kümmern, ob solche Spannungen aus den Szenen entstanden oder nur aus den Leitartikeln einer vorahnend nervösen Presse. Manchmal sandte diese krisenhafte Zeit ihr Wetterleuchten bis in die Aktschlüsse. In den *Matrosen von Cattaro* zum Beispiel, das die Revolte der österreichischen Matrosen im Jahre 1918 verherrlicht, applaudierten die Leute, wenn der Rebellenführer für den Frieden der Völker sprach, die österreichische Flagge vom Mast nahm und die rote Fahne aufzog. Eines Abends begann eine Gruppe junger Studenten zu protestieren, als die rote Fahne hochging. »Runter mit dem Fetzen!«, riefen sie im Chor. Eh man sich's versah, war der Zuschauerraum in ein Schlachtfeld verwandelt. Die Polizei musste einschreiten. Es gab Verwundete.

Wenn ich mich an diese Tage erinnere, erinnere ich mich hauptsächlich an Verwirrung. Verwirrung, die einem Herzklopfen machte. Verwirrung, die mich noch heute, trotz der Wolken, die über ihr lagen, lächeln macht. Unsere Bühnenarbeiter waren alle Kommunisten. An einem Winterabend – in Breslau kann es sehr kalt sein, und der Schnee liegt sehr hoch – standen sie mit zorngeröteten Gesichtern, die Fäuste in den Hosentaschen geballt, hinter den Gittern des Bühnenhofs und schauten hinaus auf die Straße. Die Vorstellung konnte nicht anfangen, denn draußen zog, kilometerlang, der Fackelzug des ersten deutschen Stahlhelmtags entlang. Der *Stahlhelm* war der Verband der deutschen Kriegsteilnehmer aus dem Ersten Weltkrieg, sein Ziel war Rache für Versailles. Er stand unter der Führung der deutschen Militärkaste und war von den Alliierten verboten. Er hatte an diesem Abend zum erstenmal alle seine Tausende von Anhängern dem Verbot zum Trotz zusammengerufen. Da zogen sie vorbei, in ihren alten Uniformen, medaillengeschmückt, im dröhnenden Paradeschritt; die Helme und Waffen blitzten im Fackelschein, Hunderte von Fahnen rauschten im Wind, und gerade vor unserem Theater geriet der Aufmarsch, der schon über acht Stunden gedauert hatte, ins Stocken. Vor den Gittern und den Proletariergesichtern stoppte die Ehrenfahnen-Kompanie. Ein Hornsignal zerriss die Luft, und eine schneidende Kommandostimme gellte: »Standarrrrten – setzt ab!« Da drehte sich ein Kommunist, er hieß Karle, zu seinen Kameraden um und sagte nichtachtend: »Standarten – bei Fuß!«

Für eine Inszenierung von *Eros im Zuchthaus* brauchte ich Material und fuhr in ein schlesisches Männergefängnis in Jauer. Ich wollte eigentlich nur die bauliche Anlage, die Einrichtung, kennenlernen; ich dachte, ein paar Stunden zu bleiben, und blieb ein paar Tage. Ich stieß auf eine mir bis dahin unbekannte Welt. Während der Besichtigung der Zellen kam ich ins Gespräch mit ihren Insassen. Ich lernte einen Wilddieb kennen, der im Zorn einen Förster totgeschlagen hatte. Er war ein riesenhafter Mann mit einem Bart, sein Kopf stieß beinahe an die Decke. Er war zu lebenslänglichem Gefängnis verurteilt. Er sah aus wie der Wald selbst. Nun schnitzte er seit vielen Jahren mit seinen schweren, großen Händen kleine Vögel aus Holz. Ich traf den berühmten, mondänen Hoteleinbrecher, der einmal der Schreck und der Traum aller Berliner Mädchen gewesen war: den Fassadenkletterer »Klettermaxe«. Er hatte sich besonders gut geführt, und zur Belohnung durfte er in der Gefängnisbibliothek Nummern in die Bücher schreiben. Er sah gelblich aus. Es kam keine Luft mehr an ihn heran. Ich traf einen Mann, der vierzehn Jahre Haft hinter sich hatte, eines der besten Führungszeugnisse aufwies, und acht Tage, bevor er entlassen wurde, nicht mehr warten konnte, Feuer in seiner Zelle legte und einen Gefängniswärter schwer verletzte. Es war gegen ihn ein Gerichtsverfahren eingeleitet, und es bestand die Gefahr, dass er weitere zehn Jahre sitzen musste.

Der Mann, der mich durch die Räume und diese Leben führte, wurde einer meiner besten Freunde. Es war der Strafanstalts-Oberlehrer Kleist. Die damalige, sehr fortschrittliche preußische Justizverwaltung hatte psychologisch ausgebildete junge Menschen eingesetzt, die sich in Gefängnissen um die seelische Gesundung der Häftlinge kümmerten. Herr Kleist hatte gerade, als ich seine Bekanntschaft machte, einen Streit gegen den altmodischen Gefängnisdirektor gewonnen: Vier jugendliche Sträflinge hatten in der Gefängniswäscherei gearbeitet und plötzlich eines Tages die Wand zur Gefängnismetzgerei durchbrochen und dort Wurst und Fleisch gestohlen. Ihr Strafmaß sollte daraufhin auf zwei Jahre verlängert werden. Herr Kleist hatte herausgefunden, dass in einem Rohr, das von der Wursterei in die Wäscherei führte, ein Loch war und die Gefangenen wochenlang während ihrer Arbeit den Wurstgeruch einatmen mussten. Er hatte nach monatelangen Interventionen beim Justizminister erreicht, dass das Loch im Rohr zugelötet wurde und die Gefangenen unbestraft blieben. Ich schrieb ein Gedicht über die Löcher in den Schicksalsröhren und bat den lieben Gott, er möge sie zustopfen, damit man weniger Kirchen und Gefängnisse brauchte. Er hat es aber noch nicht getan.

Ich saß mit Kleist drei Tage und drei Nächte zusammen, und in seiner langsamen preußischen, schwerfälligen Art zu erzählen kamen Menschenleben zu mir, wie ich sie nie erahnt hätte. Von diesen Tagen an widmete ich viel meiner Zeit der Aufgabe, Freude in Gefängnisse zu bringen. Ich reiste mit Herrn Kleist herum, ich glaube, ich habe in vielen Gefängnissen Vortragsabende gegeben. Ich habe Raubmördern und Geldschrankknackern die großen Humoristen der Literatur vorgelesen, und sie haben gelacht wie Kinder. Ich habe mehrere Orchester gegründet, und meine Breslauer Schauspieler haben mir dabei sehr geholfen. Bei der politischen Umwälzung von 1933 ist dann der Strafanstalts-Oberlehrer Kleist draufgegangen. Er wurde als Kulturbolschewist erschossen.

Sonnabendabends ging ich mit Paul Barnay immer regelmäßig zum Ringen im Zirkus Busch. Einmal wollte er eine Ausnahme machen. Er hatte Kinoplätze besorgt. Ich wollte nicht, denn außer Chaplin gefiel mir nur wenig im Film, und ich sah in dieser Industrie eine Bedrohung für das Theater und mochte sie nicht, so wie ein Optiker wahrscheinlich die Augenärzte nicht mag, die behaupten, man könne Sehfehler ohne Brillen kurieren. »Ja, aber das ist was Neues«, sagte Barnay. »Es wird gesprochen in diesen Filmen.« Am Abend sah ich die *Vier Teufel* mit Hans Albers und *Atlantik* mit Lederer und Fritz Kortner, von E. A. Dupont inszeniert. Es wurde nicht sehr viel gesprochen, und was gesprochen wurde, konnte man kaum verstehen; und wenn man's verstand, war der Dialog von einer solchen Qualität, dass man's besser nicht verstanden hätte. Der Haupteindruck waren Geräusche. Man hörte die Schritte der Schauspieler; die Türen auf- und zugehen; und als Hans Albers jemandem eine Zigarette anbot und lange und deutlich die Streichhölzer an der Schachtel rieb, fing das Publikum an zu applaudieren, denn das Geräusch war so wunderbar deutlich. Ein Clown in einer Garderobe wusch sich die Hände. Das Wasser, das aus den Kranen tropfte, klang mir wie der Niagarafall. Der Bühnenbildner unseres Theaters drehte sich zu mir um mit leuchtenden, zukunftsgeladenen Augen: »Wenn das einmal besser wird«, flüsterte er mir zu, »das lässt sich gar nicht absehen.« Ich aber wandte in meinen Gedanken seinen Optimismus weniger auf Geräusche als auf Dialoge, und ich sah in der Leinwand nicht mehr den Feind des Theaters, sondern die Fortsetzung des Theaters. Und von diesem Abend an wollte ich zum Film – und nach Berlin.

Ein paar Wochen später stand ich morgens auf der Probe zu Shakespeares *Wie es euch gefällt*. Ein paar Berliner Schauspieler, die gerade auf einer Tournee durch Deutschland waren, mit *Cyankali* von Friedrich Wolf, saßen irgendwo im Dunkel des Zuschauerraums, und in der Pause kamen sie zu mir. Sie gehörten zum Direktorium der *Gruppe junger Schauspieler*, und sie sagten, sie hätten mich bei der Arbeit beobachtet, und sie fragten mich, ob ich nicht bei ihnen in Berlin ein Stück als Gast inszenieren wollte. Ich nahm an.

Ich stand mitten auf dem Potsdamer Platz. Die Schauspieler hatten mich am Bahnhof abgeholt. Sie trugen mein Gepäck und begleiteten mich zum Taxi. Ich blieb eine Weile stehen, bevor ich einstieg. Ein Mann fiel mir plötzlich ein: Rudolf Nelson. Er war Schlagerkomponist und reiste damals mit seinen eigenen Songs und einer kleinen Revuetruppe durch Deutschland. Das letzte Mal hatte ich ihn in Frankfurt gesehen. Er saß am Flügel, dick, schläfrig, seine kleinen Wurstfinger schoben sich über die Tasten, man konnte gar nicht sehen, ob er sie überhaupt bewegte. Er spielte wie ein Gott und näselte einen Refrain, wozu vier blonde, halbnackte Mädchen die Beine schmissen:

»... Berliner Pflaster, Berliner Pflaster,
Du bist gefährlich, aber schön.
Hier heißt et siejen oder unterjehn,
Hier heißt et siejen oder unterjehn.«

Die Zeilen summten mir durch den Schädel, und ich konnte sie nicht loswerden. Um mich herum brauste der Großstadtlärm, flackerten die Lichtreklamen, hasteten die Menschen; über mir fuhr die Hochbahn, unter mir donnerte die Untergrundbahn.

»Bist ein kleiner Provinzjunge«, dachte ich mir. »Zeig den Leuten um dich herum nicht, wie sehr dich das erstaunt. Zeig ihnen auch nicht, dass du Angst hast.« Ja, ich hatte Angst – aber auch Verlangen. Der Trubel um mich herum kam mir vor wie eine Herausforderung: Siegen oder untergehn … »Dein Name soll von den hohen Dächern leuchten – muss – und zwar sehr bald – oder ich reise wieder ab. Nur einer von den Vielen, den Vielzuvielen hier –, nein – siegen, ja – aber auf keinen Fall – hast immer noch dein gutes Breslau hinter dir, dort warten sie auf dich – auf keinen Fall untergehn.«

Im Taxi erfuhr ich in begeisterten, durcheinander-gesprochenen Worten, dass die Truppe vierundzwanzig Stunden vor meiner Ankunft Pleite gemacht hatte – wir fuhren durchs Brandenburger Tor. Man habe kein Geld, mich in einem Hotel unterzubringen – macht nichts – siegen oder untergehn – [Ich schlief dann vier Wochen hinter einem Krämerladen in einer Kleinbürgerwohnung auf dem Sofa bei einem Kollegen.] Es sei auch kein Theater da – erzählten sie mir im Taxi – macht nichts – siegen oder untergehn – [Wir probierten einen Monat lang in Theaterräumen, die nichts kosteten, denn wir probierten nur nachts von eins bis um acht in der Frühe, wenn die Theater sowieso leer-standen.] Es seien auch keine Kulissen da, sagten sie – [wir malten sie selbst] – keine Kostüme – [wir schneiderten sie selbst] – kein Orchester – kein Geld für Reklame – macht nichts, siegen oder … Und sechs Wochen später leuchtete mein Name auf den Dachgiebeln von Berlin.

Am Morgen nach der Premiere wachte ich auf und war berühmt. Die Berliner Presse, die in ihrer Grausamkeit und Begeisterungsfähigkeit sich nur mit der New Yorker vergleichen lässt, hatte mich nach vorn geschmissen. Den ganzen Tag läutete das Telefon neue Angebote durch. Das beste war eine amerikanische Komödie mit der Starbesetzung des Jahres an den Barnowsky-Bühnen. *Die königliche Familie* von Edna Ferber, zum erstenmal in Europa. Wie so oft, lief mein Glück wieder gegen meine Pläne. *Die Königliche Familie* etablierte mich als Spezialisten für Komödien. Sie reihte mich in die Berliner Privatbühnen ein, die den Broadway-Theatern so ähnlich sind, und ich kam nicht mehr davon los. Ich wurde eine Art Gewähr für Kassenerfolge. Das faszinierte mich. Den Film vergaß ich dabei ganz. Auch für meinen Glauben an Ensemble-Aufbau und Kunstvertiefung, wie ich es in der Provinz und in Wien gelernt hatte, blieb mir keine Zeit. Ich verfiel dem Risiko, das mit den damaligen Produktionen verbunden war. Zu einem Manager gerufen zu werden, der ächzte und weinte, weil er vor dem Zusammenbruch stand – obwohl er kein Geld hatte, die teuersten Stars für ihn zu engagieren –, in nervösen sechs oder acht Wochen ein Stück zustande zu bringen, das für viele Existenzen entweder eine Rettungsaktion oder Ruin bedeutete – das reizte mich. Diese Bühnenluft war Spielerluft, und die Spieler fanden sich zusammen zu Spielerzeiten und an Spielerorten. In Nachtbars lasen einem die Autoren ein neues Stück vor. Im Wartesaal des Bahnhofs Friedrichstraße, der am längsten offen war, schrieb ich meine Regiebücher. Geschäftliche Verhandlungen fanden prinzipiell erst nach Mitternacht statt. Den verlorengegangenen Schlaf von damals versuche ich manchmal heute noch einzuholen. Es gab einen Zahnarzt, der fuhr tagsüber in einem weißen offenen Mercedes durch die Straßen, und nachts plombierte er die Mädchen in einer teppichüberladenen, vielgeräumigen Wohnung, wo er offen Haus hielt für Politiker, Musiker, Tänzerinnen, Devisenschieber, Päderasten, Ehepaare und solche, die es nicht werden wollten. Dort zeichnete mir mein Bühnenmaler, der im Nebenberuf eine Bar hatte, auf dem Boden liegend Entwürfe zu meiner nächsten Inszenierung. Neben uns rollte das verbotene Roulette; über unseren Köpfen wurden allerhand Drogen verschoben. Wenn die Polizei kam, tauchte von irgendwoher ein Cello auf, eine Flöte, jemand saß plötzlich am Flügel, wir alle in Sesseln und hörten einem harmlosen Hauskonzert zu. Frank Wedekind nannte einen Gedichtband *Mit allen Hunden gehetzt, in allen Wassern gewaschen*. Das damalige Berlin lebte seine Verse.

Aus den Physiognomien dieses sehr charmanten Chaos tritt in meiner Erinnerung das für mich unsterbliche Gesicht von Conrad Veidt hervor. »In allen Wassern gewaschen, mit allen Hunden gehetzt …«: bei ihm ging im eleganten Trubel seiner Laster nie die Menschlichkeit verloren. Vielleicht verdanke ich es *ihm*, dass ich, jung und aus der Provinz gekommen, nicht einfach untergegangen bin wie jemand, der nicht schwimmen kann. Er saß im »Eden« in einem unaufgeräumten Hotelzimmer; er wusste wohl kaum noch, wo in Berlin seine Wohnung war und ob er überhaupt eine besaß. Es war Tag, aber er hatte schon seit mehreren Nächten den Frack nicht mehr ausgezogen – da erzählte er mir, dass er, die Personifikation alles Fürstlichen, aus einer Berliner Arbeiterfamilie stamme. »Weißte, Max«, sagte er, »wat det schönste Jefühl war von viel Jeld un Macht? Det war, wie meine Mutter krank wurde, un se lag in der Klinik. Un ick sagte zu dem Professor: ›Jeben Se ihr det feinste Zimmer.‹

Und immer, wenn er zu meiner Mutter reinkam, hat sich der Professor extra 'n frischen weißen Mantel anjezogen … wie wenn se 'ne Dame jewesen wäre, 'ne janz jroße Leidy …«

Viele, viele Jahre später traf ich Conny wieder in Hollywood. Ich frug ihn: »Wie ist Amerika?« Er sagte: »'ne Sommerfrische, Max.« Ich sagte: »Wie ist Hollywood?« Er sagte: »Max – 'n Dorf!« Er hatte ganz Berlin, eine Vergangenheit, deren Trubel man noch von sehr weit hörte, immer noch im Gesicht.

Je mehr ich versuche, mein Leben zu übersehen, um so mehr entdecke ich, dass es sich viel weniger aus sich selbst geformt hat, als durch die vielen Leben, denen ich begegnet bin und die mich an sich teilnehmen ließen. Ich sollte eigentlich keine von den Persönlichkeiten vergessen, denen ich meine verdanke. Da gab es Adele Sandrock. Sie war schon an die achtzig, als sie in der *Königlichen Familie* die Urgroßmutter spielte. Von der ersten Probe an erschien sie mit völlig gelerntem Text, während zwei Monate Proben kann ich mich nicht erinnern, dass sie sich einmal versprochen hätte. Sie war einer der größten, aneiferndsten Perfektionisten, die mir je begegnet sind. Sie hatte sich die ganze Rolle mit der Hand abgeschrieben, damit sie sich ihr photographisch einprägte, und nachts lag sie unter ihrem Kopfkissen, »damit sie sich«, wie sie mir erklärte, »von rückwärts durch den Schädel im Schlaf ins Gehirn einsaugt …« Sie war immer als Erste bei den Proben da und ging als Letzte nach Hause. Einstmals eine Tragödin, mit Pathos und rollendem R, behielt sie diesen Sprech-Stil des vergangenen Jahrhunderts bei und weigerte sich, ihn zu ändern. »Wenn das für euch junge Leute heutzutage komisch ist«, donnerte sie, »dann zahlt mir Geld dafür, dass es euch amüsiert.« Wenn die Proben zu Ende waren, fuhr sie in die Filmateliers und drehte dort bis zum späten Abend. Nach Mitternacht trat sie in Kabaretts auf. Einmal aß ich mit ihr in der Kantine. Ich wollte mich setzen, tat es aber nicht, als ich entdeckte, dass sie stand, weil sie das Mittagessen als eine unliebsame Unterbrechung empfand. »Wie halten Sie das nur alles durch?«, fragte ich sie. Sie kniff die Augen zusammen wie ein Tiger: »Junger Mann, ich bin ein alter Baum«, sagte sie. »Wenn man mich nicht fortwährend begießt, gehe ich ein. Die Arbeit ist mein Beguss.«

Männer schaute sie an wie Beutestücke. Es lag bei *ihr*, ob sie einen noch in ihre museenhafte Trophäensammlung einreihen wollte oder nicht. Sie lebte mit ihrer Schwester Frieda zusammen, die fünfundsechzig war. Ich wollte einmal eine Szene mit ihr privat besprechen. Sie sagte: »Dann kommen Sie doch zu mir. Kommen Sie aber nach zehn Uhr abends …« Sie schaute hinüber zu ihrer Schwester und flüsterte: »Dann liegt das Kind schon im Bett.« Sie war unberechenbar in ihren beruflichen Niederträchtigkeiten. Mit ihr spielte Rosa Valetti, dreißig Jahre jünger, eine Rivalin auf dem weiblichen Komiker-Terrain. Es ging gegen Weihnachten. Während die Sandrock nichts zu tun hatte, saß sie hinter den Kulissen und strickte: »Pulswärmer, junger Mann … Pullover, für uns alle.« »Kriegt die Valetti auch einen?«, fragte ich. »Nein!«, rollte sie. »Die bekommt nichts. Die Valetti, junger Mann, ist eine Hure.« – Aber sie war auch fair. Einmal, auf einer Probe, versprach sich die Valetti mehrmals. Der Direktor Barnowsky bat mich zu unterbrechen und sagte nervös: »Was ist denn das, Herrschaften – die Valetti irrt sich ja immer.« Bevor die Valetti sich noch verteidigen konnte, trat Adele an die Rampe, kniff die Tigeraugen zusammen und sagte unheildrohend leise: »Wenn die sich irrt, ist sie immer noch besser wie alle anderen Schauspieler, von denen Sie glauben, dass sie gut sind.« Der Direktor, auch schon ein sehr ergrauter und immer etwas zu eleganter Herr, der aus sehr vermögenden Kreisen kam und in kritischen Momenten mit vornehmer Zurückhaltung protzte, sagte sehr geschniegelt: »Darf ich Sie bitten, mich nicht zu unterbrechen, Frau Sandrock.« Sie trat noch einen Schritt vor, einen sehr gewichtigen, und sagte hinunter in den dunklen Zuschauerraum: »Lausejunge!« Der Direktor: »Na, das geht aber dann doch zu weit.« Die Sandrock, nach großer Pause, mit königlicher Kälte: »Knöpfchenfabrikant!« Drehte sich um, verschwand, schickte am Nachmittag ein Attest ihres Hausarztes, infolge ihrer Zuckerkrankheit sehe sie sich leider gezwungen, die Rolle abzugeben.

Für den Theaterkonzern war das ruinös. Der gesamte Etat – obwohl auch Leute wie Felix Bressart spielten und Adolf Wohlbrück, der für Berlin debütierte – war auf die Sandrock gesetzt. Barnowsky beauftragte mich, die Versöhnung herzustellen. Ich saß am Spätnachmittag der Sandrock gegenüber. Sie lag im halbdunklen Boudoir in einem mächtigen Renaissance-Bett und sah aus wie der Kaiser Franz Joseph. Bevor ich noch meine sorgfältig durchdachte Strategie entwickeln konnte, schnitt sie mir das Wort ab: »Ich werde nicht spielen. Aber richten Sie Ihrem Herrn Direktor aus, wenn ich gespielt hätte, dann hätte ich es nur Ihretwegen getan.« Ich sagte: »Ich danke Ihnen sehr«, und ein bisschen eitel fügte ich hinzu: »Hat es Ihnen also gefallen, mit mir zu arbeiten, gnädige Frau?« Sie gab mir den Tigerblick: »Was heißt zusammen arbeiten? Sie haben mich nicht *gestört*. Und das, junger Mann, ist schon sehr, sehr viel.« Dann rief sie »das Kind« herein. »Willst du dem jungen Mann zeigen, was ich alles vorbereitet habe?« Ein Vorhang wurde zur Seite gezogen; da lagen im Abenddämmerschein alle Kostüme, die sie sich selbst besorgt, zum Teil selbst geschneidert oder seit vielen Jahren für die Rolle aufgehoben hatte. Da lagen auf Sesseln und Gold-Taburetts alle Requisiten bis hin zum Fächer, zur kleinen Geldtasche, zum Taschentuch, zu den Handschuhen. Da lag der Schmuck, die Uhr, da stand der Krückstock, und eingraviert in den silbernen Griff – wo kein Zuschauer der Welt sie erspähen kann – die Initialen der Rolle. Ich stand einfach nur noch da – wahrscheinlich sehr lange. Ich war froh, dass sie mich nicht sehen konnte, denn ich glaube, ich hatte Tränen in den Augen. Ich hörte plötzlich in meiner Andacht hinter mir ihre Stimme: »Also dann morgen früh um zehn – und seien Sie pünktlich.«

In diesen Tagen brach im Verlauf der Weltwirtschaftskrise die Berliner Amstelbank zusammen, ein holländisches Unternehmen, in das alle prominenten Schauspieler ihr Vermögen investiert hatten. Fritzi Massary, Operetten-Salondame von großen Allüren, die Frau von Max Pallenberg, traf bei einer Probe die Sandrock und erzählte ihr nervös von der Katastrophe. Sie war am Ende mit ihren Nerven und weinte: »Adele, sag mir, was soll ich nur machen – was soll ich nur machen!« Die Sandrock: »Dasselbe was ich tue, jeden Morgen!« »Was denn, Adele ... Was denn, sag's mir doch!« Die Sandrock [rollend]: »Von vorne anfangen!«

Adele Sandrock ist anhänglich geblieben bis zu ihrem Tod. Sie hat mir noch in die Emigration nach Frankreich oder nach Italien, wo immer ich mich gerade aufhielt, in deutscher Schrift auf offener Postkarte zum Geburtstag gratuliert. Ich weiß nicht, wie sie ihn erfahren hat.

Die Höhe der Schauspielkunst beginnt nach meinem Glauben da, wo das Wort keine Rolle mehr spielt. Schriftsteller sind wahrscheinlich sehr schockiert über eine solche Feststellung. Ich meine nicht, dass ein Dialog in der Art, wie er geschrieben ist, vernachlässigt werden dürfte; dass man Worte willkürlich ändern oder auslassen darf. Ich meine, dass die inneren Vorgänge, die hinter den Worten stecken, manchmal stärker als die Worte sein können – und manchmal schwächer; dass sie manchmal im Gegensatz zum Wort stehen können, dass der Dialog nachschleift hinter dem Gefühl. Ich meine, dass das Erleben lange vor dem Wort beginnt und lange nach dem Wort fortdauert. Beispiel: Ein Mann fährt mit einer ganz frischen Geliebten in ein Abenteuer. Der Mann ist romantisch und galant und findet die schönsten Liebesworte in der Unterhaltung. Wenn der Zuschauer hinter seinen Worten spürt, dass, obwohl er in der Sekunde ganz an sie glaubt, das Erlebnis nur vergänglich sein wird, dann beginnt da die Höhe der Schauspielkunst. Werner Krauß hat einmal, ich glaube in Shaws *Kaiser von Amerika*, zwei seiner Sekretäre empfangen und ihnen voll nervöser Initiative, in ungeheurem Tempo und unter dem Druck einer enormen Spannkraft, sein Tagesprogramm diktiert. Von dem zweiten Satz an merkte man, dass sich unter all dieser Aktivität eine schreckenerregende persönliche Langeweile verbarg. Ich bin mit einem solchen Gipfel an Schauspielkunst in der Person von Rosa Valetti zusammengestoßen. Sie hatte sie besonders ausgeprägt im Komischen. Das, was wirklich in ihr vorging, war so stark, dass die Worte hinterhertrotteten, wie man ein Hündchen an der Leine nach sich zieht. Über die Ungeschicklichkeit, wie sie mit ihrem Ausdruck nicht fertig wurde, musste man lachen – oder konnte man auch weinen.

In einer meiner Inszenierungen trat sie in das Zimmer eines Mannes, den sie nicht leiden mochte, uneins mit sich, ob sie ihn nicht doch leiden *sollte.* Deshalb hatte sie sich entschlossen, hinzugehen und ihn zu besuchen. Sie wollte eigentlich sehr höflich »Guten Morgen« sagen; sie sah ihn an, *konnte* nicht »Guten Morgen« sagen, vergaß, dass sie »Guten Morgen« sagen *wollte* … und als sie dann doch – endlich – »Guten Morgen« sagte, sagte sie es viel zu höflich, aber erst einen Satz später fiel ihr ein, was ihr passiert war. Sie drehte sich noch mal um nach dem »Guten Morgen« – zu spät. Es war weggewitscht. Sie spielte dann die ganze Szene zu Ende, viele Seiten Dialog, und man hatte immer das Gefühl, sie wollte immer nur das eine »Guten Morgen« noch einmal am Schwanz erwischen und reparieren. Ich habe an ihr eine Art Regie führen gelernt, die für mich den größten Genuss bedeutet. Ich brauchte mit ihr nie eine Geste, nie eine Betonung, keine Pause, nichts Äußerlich-Handwerkliches festzulegen. Wir kratzten immer nur das an die Oberfläche, was hinter den Szenen in unseren Nerven vorging.

Solche Perfektion ist an die Erlebnisfähigkeit des Schauspielers gebunden. Und ich glaube, nur Erlebnisfähigkeit sollte der Gradmesser für Talente sein. Die Erlebnisfähigkeit der Rosa Valetti war hauptsächlich unvorherzusehender Widerspruch zu dem, was um sie herum bestand. Sehr oft wurde das auf der Bühne in politisch-revolutionären Stücken gebraucht oder missbraucht. So schrieb Ernst Toller ein Stück gegen den Kapitalismus: *Hoppla, wir leben!* Bevor es anfing, trat Rosa Valetti vor den Vorhang und sang – damals wird sie wohl fünfzig gewesen sein – mit versoffener Stimme, in ihrem roten Haar, ein Lied mit dem Refrain: »Hoppla, wir leben!« Von der aufpeitschenden Erregung ihrer drei Strophen, die im ganzen fünf Minuten dauerten, lebten dann noch das Stück und alle Schauspieler vier Stunden lang den ganzen Abend. Sie wusste dabei sicherlich nicht, was sie sang. Sie hatte nur das Gefühl, sie müsste etwas zertöppern. Es hätte genauso gut ein Kristallservice zu Hause in ihrer Wohnung wie eine Weltordnung sein können. Sie arbeitete in einem Kabarett, dessen Namen ich nimmer weiß, für das auch ich Chansons schrieb. Ein Chanson von einem meiner Freunde beschäftigte sich mit der damaligen deutschen Flaggenfrage. Es war die Zeit, in der die Flagge der deutschen Republik immer mehr in den Hintergrund gedrückt wurde von der alten kaiserlichen Flagge Schwarz-Weiß-Rot. Das Lied behauptete, dass, so lange die beiden Flaggen Schwarz-Rot-Gold und Schwarz-Weiß-Rot miteinander kämpften und nicht die *eine* gemeinsame Farbe, nämlich *Rot,* vorherrsche, dass solange Deutschland nicht in Ordnung wäre. Der Refrain hieß: »Da sitzt doch was nicht richtig … da sitzt doch was nicht richtig!« Die Valetti sang dieses Chanson monatelang vor ausverkauftem Haus jeden Abend. Sie hat niemals, und ich habe sie vielleicht fünfzigmal gehört, den Text richtig gesungen. Sie hat Gold und Weiß und Schwarz und Rot immer verkehrt und sinnlos durcheinandergemixt, und trotzdem sind die Leute auf die Stühle gesprungen, war die Straße schwarz von Menschen und hat die Polizei ein paarmal wegen staatsgefährlicher Umtriebe eingreifen müssen.

Ihr Temperament war natürlich auch in ihrem Privatleben dasselbe. Sie führte einen Haushalt mit ihrem früheren Gatten, von dem sie geschieden war; einem jetzigen Freund, den sie nicht heiraten wollte; einer siebzehnjährigen Tochter, über deren bürgerliche Lebensformen sie mit grotesker, eiserner mütterlicher Strenge wachte. Sie hielt offenes Haus für jedermann, der im Berliner Theaterleben eine Rolle spielte, war aber eigentlich absolut dagegen. Im Bauernzimmer saßen Leute, die sie nicht kannten und die sie nicht kannte, und aßen Gulasch zu spät zu Mittag. Im Spielzimmer nebenan trank jemand zu früh Champagner. Auf dem Gang zwischen Küche und Salon standen zwei unbekannte Gestalten und nahmen völlig zeitlos ihr Frühstück ein. Der Freund und der geschiedene Mann im Bücherzimmer, in dem es immer nach Karlsbader Kaffee roch, waren über die Erziehung der Tochter, von der man schon seit zwei Tagen nichts mehr gehört hatte, in Streit geraten. Eine lesbische Dame schrie vom Klavier aus dazwischen, die Tochter sei weder des Freundes noch des geschiedenen Mannes Kind – ihr wirklicher Vater sei längst in Wien gestorben. Die Valetti kam aus ihrem Schlafzimmer, suchte nach Tee gegen einen Gallenanfall, weil jemand im Büro von Max Reinhardt über das Telefon ihre langjährige Köchin beleidigt hatte. Im Schaukelstuhl saß ihr Bruder, Hermann Vallentin, ein berühmter Berliner Komiker, tief beleidigt, weil ihr Name in den neuesten Zeitungsausgaben größer gedruckt war als seiner; er wippte hin und her und sagte kampfbereit: »Ich hab mit dir ernsthaft zu sprechen.« Sie blickte über das ganze Gewimmel von Menschen und Problemen hinweg, schlug einen Augenblick die Hand vor die Augen und seufzte: »Mein Gott – wenn's nur schon acht wäre – wenn der Vorhang aufgeht, ist man wenigstens allein.«

Ein oder zwei Jahre später zeigte ich im Atrium-Kino zum erstenmal ein paar Freunden meinen rohgeschnittenen Film *Liebelei*. Als es hell wurde, kam die Valetti, schlug ihre Arme um mich und weinte bitterlich. Ich tröstete: »Aber Rosel, so tragisch kann's doch gar nicht gewesen sein!« »Ich wein' ja nur, weil es so schön war und weil es mit all den schönen Sachen jetzt zu Ende gehen wird in Deutschland. So was kommt nie, nie mehr wieder …« Acht Tage später brannte der Reichstag.

Im Jahre 1934 traf ich auf einer Reise nach Moskau in Wien die Valetti wieder. »Hier ist alles viel zu nett«, sagte sie. »Und die Menschen essen zuviel süße Sachen. An so was geh ich drauf.« Sie stand in Abwehr zu der Liebenswürdigkeit des Wiener Publikums. Schließlich gelang es ihr doch, eine Bresche in diese Verbindlichkeit zu schlagen. In einem Stück von Sudermann hatte sie Erfolg, der krachte wie Blitz und Donner. In der zweiten Vorstellung, in ihrer großen Szene, traf sie ein Herzschlag. Das Stück hieß: *Es lebe das Leben!*

Wenn man zu Ingrid Bergman Bettie Davis, Elisabeth Bergner und Irene Dunne addiert, erhält man als Endsumme ungefähr [aber nicht ganz] das Talent der damals in Deutschland führenden Schauspielerin Käthe Dorsch. Sie saß an einem frischen Frühlingsmorgen im Theater. Ich entdeckte sie erst, als die Probe zu Ende ging und es wieder hell wurde im Zuschauerraum. Wenn ich gewusst hätte, dass sie anwesend war, hätte ich wahrscheinlich vor Lampenfieber nicht arbeiten können. Sie wurde mir vorgestellt. Sie sagte, sie sei nur gekommen, um Rosa Valetti abzuholen. Die beiden Frauen gingen zum Ausgang. In der Tür flüsterten sie ein paar Momente miteinander, dann kam die Dorsch zu mir zurück: »Ich mache einen Film«, sagte sie. »Wenn Sie ihn inszenieren wollten, wäre ich froh.« Da fiel mir plötzlich wieder ein, warum ich eigentlich nach Berlin gekommen war. Ich hatte meine ursprüngliche Absicht seit Monaten vergessen gehabt, so sehr hatte mich das Bühnenleben in seine Fänge bekommen.

Ich wurde also im Büro des Herrn empfangen, der den Käthe-Dorsch-Film produzierte. Er hieß Fellner, war ein hünenhafter süddeutscher jüdischer Onkel, fing an zu reden und hörte nicht mehr auf: »Eichenlich will isch nur immer ganz große Geschichte mache. Wissen Se, wenn's mir nach geht, da muss die Erd' zusammestoße mit'm Mond … nehme Se Zigarre? Ach, Sie rauchen nischt Zigarre? Än richtiger Regisseur muss Zigarre rauche. – Und alle Mensche sterbe, und man sieht dausend Luftschiffe herumflieche, weil, es muss natürlich eine ganz moderne Geschicht sein … Sage Sie mal, schrein Sie eichenlich, wenn Sie Ihre Schauspieler kommandiere? Ich hab Regisseure, die schreien, die hab ich furchtbar gern. Aber mein Compagnon, der Herr Schomloh, der hat immer Angsd. Und deshalb machemer nit die Sach mit der Welt – deshalb machemer e Film ausm Lewe vonneme Dienstmädchen. Er had Angsd, der Schomloh. Awer wisse Se, wenn die Dorsch des Dienstmädche spielt, da kann des genau so großartich werde, wie wenn die Erd' mit der Sonn' – oder hawich Mond gesacht? – Fräulein Weber, verbinde Sie mich mal mit London! – Unser Geschäft ist international – Weltgeschäfte, anners geht's nich.

– Ich hab auch so angefange. Ich war in Manchester un hab für meine Vatter Anzugstoff eikaufe müsse. Abends – ich war noch e kleiner Bub – hab ich inne Kaffe gesesse, un da hawe zwei Necher gesunge. Un wie ich in Hamburch widder angekomme bin, bin ich in e Kaffe gegange un hab zu dem Eichentümer gesacht: ›Sie müsse Necher hier singe lasse. Ich kann Ihne Necher bringe‹ – aber net zwei – ich hab gesagt: *fünfzehn* Necher. Ich hätt *zwei* gesagt, wenn ich der Schomloh gewesen wär. Un er hat *ja* gesagt. Da bin ich wieder nach Manchester zurückgefahre – mei Vatter hat inzwischen immer auf de Stoff gewart – hab ich zu denne zwei Necher gesagt: ›Ihr habt doch sicher Freund, die auch singe könne.‹ Un damals hab ich den Herrn Schomloh kennegelernt. Un wie ich ihn gefragt hab, ob er mir das Geld leihe kann, hat er gefragt: ›Ist fünfzehn Necher net ein bissel viel?‹ Er hat scho damals Angsd gehabt. Un sehn Se, wenn ich jetzt rüber gehe würd und würd 'm sage, ich will, dass ein Mann, der noch nie 'n Film gemacht hat – ich persönlich möcht's ja – der soll den Dorsch-Film mache … Mir genügt's ja, wenn die Dorsch sagt, Sie solle ihn mache, dann wird der Schomloh – Awer was soll ich mache – er iss mei Compagnon.« Und damit war mein Kontakt mit der Filmwelt abgebrochen.

Ich hatte inzwischen langsam begriffen, dass mein Leben besser verlief, wenn ich keine Pläne machte, sondern die Tür eine Spalte weit offen ließ für das Schicksal, und ich kümmerte mich nicht mehr um Film.

Es schien mir auch zu kompliziert. Ich hörte, man müsse

schrecklich viel lernen, Kamera und Schneiden und differen-
zierte Technik – alles sei ganz anders, man müsse von unten
mit viel Geduld sich heraufarbeiten. Jedoch das Mädchen
hieß Ina, sie war zart und blond und war Komparsin bei der
UFA; und ich wartete auf sie [und sie ließ mich manchmal
weiß Gott lange warten] in der Studiokantine. Dort, während einer Pause zu Nachtaufnahmen, geschah es: Ein etwas
angetrunkener Herr, der mit dem Rücken zu mir an der
Theke saß, sagte zu einem anderen angetrunkenen Herrn:
»Verflucht noch mal, ich weiß nicht, wie ich das schaffen soll.
Er braucht jemand, weil er halt Russe ist, der den Schauspielern die Sätze immer erst mal deutsch vorkaut, weil er doch
keene Ahnung hat, der Kerl, von Deutsch. Aber der Mann,
der det macht, der muss 'n Regisseur sein, sonst hören die
Schauspieler gar nicht erst hin. Unn en guter Regisseur, der
scheißt dir was, der macht doch so was nich.« Ina meinte, wir
könnten dann auch immer jeden Tag zusammen zu Mittag
essen. Und so übernahm ich die Dialogregie in einem Film
von Anatole Litvak: *Nie wieder Liebe.*

Ich fuhr am ersten Drehtag über die Avus in meinem klei-
nen roten *DKW*-Rennwagen, den Peter Lorre »das entfes-
selte Bidet« nannte, und ich versuchte mich an den ersten
Film zu erinnern, den ich in meinem Leben gesehen hatte.
Ich fand ihn sehr weit zurück, tief hinten versteckt in der
Rumpelkammer meiner Eindrücke.

1906! Ich war vier Jahre alt und ging mit meiner Großmutter in Worms am Rhein auf dem Jahrmarkt in ein Zelt,
vor dem eine dicke Frau großen Lärm machte. Drinnen im
Zelt war es dunkel, und ich sah etwas, was genauso lang
dauerte, wie man braucht, es zu erzählen: Ein dicker Mann

mit wilden Augen war sehr aufgeregt. Er zappelte mit den Armen in der Luft, er schlug sich gegen die Brust. Er rannte auf mich zu, wie wenn er mir was tun wollte. Ich hielt mich an meiner Großmutter fest. Er tat aber nichts. Er hielt inne. Er schaute nach unten. Er sah auf einem Schreibtisch ein riesengroßes Tintenglas. Es war sicher ein Liter Tinte drin. Er nahm eine Gänsefeder aus dem Tintenglas und warf sie weg. Er packte mit beiden Händen das Glas. Er soff es aus. Er lief von unten her langsam blau an. Er erschrak fürchterlich. Wie sein Gesicht ganz blau war, wurde es hell im Zelt – und der Film war zu Ende. Ich hatte währenddessen mich gefürchtet, geweint und gelacht. Nach den wissenschaftlich anerkannten dramaturgischen Regeln von Friedrich Schiller, niedergelegt in der Denkschrift *Die Schaubühne als eine moralische Anstalt betrachtet* war das alles, was eine dramatische Schöpfung an Gefühlen im Zuschauer auslösen kann.

Mein »entfesseltes Bidet« rollte durch die feierlichen Barrieren der UFA-Portale … »Da strenge ich mich nun so an seit bald zehn Jahren, dafür stehen hier die Hallen, die Türme, die Laboratorien, die ganze Riesenfabrik, um dasselbe zu erreichen, was der Mann mit der Tinte in Worms am Rhein zustande gebracht hat …«, dachte ich. Im Hauptverwaltungsgebäude nahm mich ein Ingenieur unter seine Fittiche und zeigte mir im Auftrag der Generaldirektion einen ganzen Tag lang den Betrieb. Er fuhr und spazierte mit mir durch lauter Technik, die mein Hirn mit unbarmherziger Präzision in unzählige Erstauntheiten zerschnitt. Sie machten mich seh-krank. Nur *ein* überragendes Bild dieses ersten Tages ist mir klargeblieben. Wir starteten im großen Glashaus, morgens um sieben Uhr dreißig. Ich sah, wie eine bis zur Unlebendigkeit schöne Frau in einem schönen Abendkleid eine schöne Treppe herunterkam. Die Scheinwerfer gaben ein so schönes Licht, dass verglichen mit ihnen das Sonnenlicht wie ein Bettler neben einem Kriegsgewinnler gewirkt hätte. Die schöne Dame sagte zu jemandem, der nicht da war: »Ich sehe Sie dann also Donnerstagabend um acht, mein Lieber.« Als wir am Abend aus dem Gestrüpp von Kabeln, Eisenbrücken, Mikrophonen und vielen anderen Maschinen wieder zurückkehrten ins Glashaus, kam diese schöne Dame immer noch dieselbe schöne Treppe herunter und sagte immer noch zu jemandem, der nicht da war: »Ich sehe Sie also dann Donnerstagabend um acht, mein Lieber.« … So wird Film gemacht, aha! dachte ich.

Wie ich so etwas mit Leben füllen sollte, war mir vorläufig unvorstellbar. Noch nachts darauf fing ich an. Stundenlang hämmerten und schrien scheinbar sinnlos viele Leute herum, brannten Lichter, wurden ausgemacht, schob man geheimnisvolle übergroße Maschinen hin und her, nagelte sie definitiv auf Riesengerüste, um sie fünf Minuten später unter Geschrei, Geschiebe und Gehämmere wieder definitiv herunterzuholen; immer war nach meinem Dafürhalten noch nichts geschehen; und dann – dann sprang ein zerbrechlicher, puppenhafter weiblicher Weltstar ins Wasser. Eine Stange fiel auf sie zu, sie griff nach der Stange, wurde herausgehoben auf ein Gerüst und sagte: »Hu, ich friere!« Und nicht ein einziges Mal sagte sie es so, dass mir kalt wurde dabei. Ich dachte: »Wozu dieser überdimensionale Betrieb und die überdimensionale Anstrengung dieser vielen Menschen, wenn sie nicht imstande ist zu sagen ›Hu, ich friere!‹« Ich ging also hin zu der Puppe. Sie war schon am Rande der völligen Erschöpfung, so oft war sie gesprungen. Man musste sie aufwärmen mit Kognak und sie in heiße Tücher einschlagen; ich hatte einen großen Respekt vor ihrem Fleiß und ihrer Courage. Wahrscheinlich hörte sie mir deswegen auch zu, als ich ihr sagte, sie solle ihren Satz nicht eher sprechen, bis es ihr wirklich kalt wäre und ihr im Herzen und im Hirn die Zähne klapperten. Und ich sah ihr in die Augen und sagte: »Sehen Sie, ich habe einen Mantel an, mir ist warm … aber innen, in meiner Phantasie, da ist mir jetzt furchtbar kalt, wenn ich sage: ›Hu, ich friere!‹« Und ich sagte es ihr vor, ganz leise. Sie nahm meine Hand, flüsterte dankbar: »Wundervoll!«, sprang zum sechsundsechzigsten Male ins Wasser und sagte: »Hu, ich friere!« – genauso wie vorher.

Trotzdem wurde ich nach ein paar Tagen ins Verwaltungsgebäude gerufen, und dort erklärte mir der Herr von Podehl als Vertreter und im Auftrage des Herrn von Corell, und hinter ihm standen noch zwei andere Adlige, dass die Schauspieler noch selten so lebensecht ihre Dialoge gesprochen hätten, und wenn ich Filmregisseur werden wolle – ich hielt die Luft an –, so wäre die UFA bereit, mir einen Kurzfilm anzuvertrauen.

Ich möchte an diesem Kreuzweg meiner Karriere nicht vorbeigehen, ohne noch einmal meinen Hut zu ziehen vor dem Unternehmungsgeist der deutschen UFA, vor ihrer Bereitschaft, jungen Talenten eine Chance zu gewähren. Viele europäische Kameraleute, Regisseure, Schriftsteller, Musiker, die heute in Hollywood leben, gehen in ihrer Erinnerung am selben Wegstein vorbei und machen die Augen zu. Sie wollen's nicht mehr wissen. Ich ziehe hiermit für sie alle meinen Hut.

Verglichen mit dem Bestand der Metro-Goldwyn-Mayer wird wohl der Vorrat an Stories, den die UFA hatte, mikroskopisch klein sein. Immerhin, ich stand in der Krausestraße vor beinah haushohen Bücherregalen, vollgepfropft mit Manuskripten. Man hatte mir erlaubt, eine Geschichte nach meinem Geschmack herauszusuchen. »Für jeden einzelnen von diesen Papierstößen gibt's einen einzigen besten Regisseur«, dachte ich mir. »Wo ist mein Papierstoß?« Irgendwo im Labyrinth kramte ein anderer junger Mann. Es hieß von ihm, er sei ein hoffnungsvolles Schriftsteller-Talent. Er sah gar nicht wie ein Schriftsteller aus, sondern wie ein Steptänzer, und war sehr gut gelaunt. Er fragte mich, was ich hier tue. Ich sagte es ihm. Er sagte: »Wenn Sie genau wissen, was Sie wollen, dann werden Sie's schon finden.« Er hieß Billy Wilder. Ich fand es. Ich fand auf zwei Seiten ein Dichtwerk. Es war eine Idee von Erich Kästner. Es hieß: *Dann schon lieber Lebertran*. Die Kinder, die abends vor dem Schlafengehen gequält werden, der Gesundheit zuliebe Lebertran einzunehmen, bitten den lieben Gott, einmal die Weltordnung umzuändern. Die Eltern sollen gehorchen, und die Kinder können befehlen. Der liebe Gott schläft schon, und Petrus hört statt seiner den Stoßseufzer. Er dreht an einer der vielen ewigen Schrauben, und für 24 Stunden ist auf der Erde alles umgekehrt wie bisher. Nach einem einzigen Tag Erwachsensein bitten die Kinder den lieben Gott, wieder alles so einzurichten, wie es vorher war – so sehr haben sie die Nase voll.

Ich traf mich mit Kästner im Café. Er brachte einen Herrn mit, der das Drehbuch schreiben sollte. Er hieß Emmerich Preßburger, heute führender Produzent bei *Rank* in London. Nach acht Caféhaus-Nächten war das Buch fertig.

In zwei Wochen stand ich im Atelier. Mein Produktionsleiter hieß von Duday. Er war ehemaliger Kürassier-Oberst. Ich musste zu ihm immer hoch, hoch hinaufblicken, wenn ich mit ihm sprechen wollte. Er war gute drei Köpfe größer als ich. Er hatte die Augen nie ganz offen. Ich habe ihn durch den ganzen Film nicht ein einziges Mal nüchtern gesehen. Meine erste Dekoration war der Himmel. Ich kannte bisher Himmel nur auf einer kleinen Kulisse gemalt. Das war der richtige Himmel. Als ich ihn sah, hatte ich das Gefühl, der, in den ich einst kommen werde, kann nur kleiner sein. Die Engel, von Kästner ausgedacht als Berliner Möbelpacker mit Flügeln, standen da und wollten gedreht werden. Petrus war einer der Urväter des deutschen Rundfunks, der Radio-Kommentator Alfred Braun. Er wollte gedreht werden. Der Erzengel Michael war einer der besten Komiker, die mir je unter die Finger gekommen sind – Paul Kemp. Er wollte gedreht werden. Und der liebe Gott, der das alles drehen und gestalten sollte, war ich selbst. Mir war vor meiner Gottähnlichkeit bange, und mir fiel das Herz in die Hosen. Das tut es heute immer noch am ersten Drehtag. Um mich herum wimmelten zwei Gruppen von Kameraleuten. Der Erste Kameramann hieß Eugen Schüfftan, der Meister und Patriarch der damaligen deutschen Operateure. Ich wusste gar nicht, woher ich das Recht hatte, so viel Können unter meine Führung zu bringen. Während ich meine erste Szene formte, kam Schüfftan zu mir und sagte leise: »Sind Sie gar nicht nervös. Ich kann's Ihnen schon jetzt sagen, Sie sind in Ordnung.« Nachdem ich die ersten beiden Male gedreht hatte, kam er wieder zu mir und sagte, wieder sehr leise, so dass es niemand hören konnte: »Sie müssen sich mal was merken: wenn der Mann, der Kleine da, die Klappe geschlagen hat, dann dürfen Sie nicht mehr mit den Schauspielern reden. Das kommt sonst in den Film.« Ich wusste das, aber in der Aufregung hatte ich es ganz vergessen. »Die zweimal, die wir schon aufgenommen haben«, sagte Schüfftan, »habe ich kein Material laufen lassen, damit die Leute Sie abends in der Vorführung nicht auslachen.« Ich erfuhr Jahre danach, dass Eugen Schüfftan mir zugeteilt war mit der Order, sofort den Film als Regisseur zu übernehmen, für den Fall, dass ich straucheln sollte. Ich erfuhr auch, dass Schüfftan damals seit Jahren auf die Chance gewartet hatte, Regisseur zu werden. Aus Dankbarkeit für das, was er für mich getan hat, ziehe ich auch vor ihm jeden Tag den Hut. Aber nicht in Erinnerung, sondern im Garten, wenn ich ihn sehe, denn er ist mein Nachbar in Hollywood. Dass er nicht in die Gewerkschaft der Kameraleute hier aufgenommen wird und deswegen nicht arbeiten darf, tut mir weh.

»Man soll wirklich keine Pläne machen. Da geht man zum Film, weil einen das Sprechen interessiert, und kaum ist man drin, da passt man nicht mehr drauf auf. Da interessiert einen nur noch das Bild«, dachte ich mir, als ich in meiner ersten Vorführung saß. Mir gefiel meine Wortregie gar nicht. Ich spürte deutlich, dass ich sie vernachlässigte. Der neue Ausdruck, den ich plötzlich in die Hände bekam, die Kamera, schleppte mich nur so weg, wie eine Geliebte einen verheirateten Mann ablenkt von der Ehefrau. Und ich war sehr verliebt. Ich fing an, Dialoge wegzustreichen, weil ich empfand, es war alles schon ausgedrückt durch das Bild. Jemand ging aus einem Raum und sagte: »Ich bin müde …« Ich strich den Satz weg, und die Kamera blieb auf der Tür stehen, die hinter ihm nicht mehr ins Schloss fiel, so müde war er. »Also braucht er es nicht mehr zu sagen«, dachte ich. »Sie sind noch voller Fehler«, meinte einer der höchsten UFA-Direktoren. »Aber das Schönste an Ihnen ist, und wir beobachten das haargenau, wie Sie die Kamera dem Dialog opfern. Nie ist bei Ihnen das Bild die Hauptsache.« Da stand ich vor der Kritik wie der alte Schauspieler nach der Premiere am Wintermorgen im Schnee. Er hat zwei Zeitungen, die *BZ am Mittag* in der linken und das *BT* in der rechten Manteltasche. Die *BZ* beweist in einer vier Spalten langen Kritik, warum er der beste Faust sei, den es je gegeben habe. Das *Berliner Tageblatt* beweist in einem ebenso langen Artikel, warum er der schlechteste Faust sei, den je die deutsche Bühne gesehen hat. »Was denkst du dir denn?«, fragt ihn sein Kollege. »Ich denk gar nix. Ich spiel.« So spielte ich auch.

Meine Beziehung zur Filmtechnik ist wissentlich von so wenig Sachkenntnis getrübt als möglich. Ich habe nur immer das verlangt, was mir als Ausdruck für die Szene als das Beste erschien. Sehr oft haben mir die Techniker zunächst bewiesen, dass mein Anspruch undurchführbar sei. Und dann [generös wie sie sind] haben sie es doch gemacht. Ich glaube, wenn ich das Detail ihrer Mühen verstünde, würde ich es nicht von ihnen verlangen. Die UFA hat alles getan, um mir das Spielen leicht zu machen. Als mein Film fertig war, offerierten sie mir einen Kursus in Architektur, in Kameratechnik, Laboratorium und Schneiden. Ich schaute in alles hinein und gleich wieder weg. Nur Schneiden nahm ich auf, und das gründlich. Ich habe bei Herrn Professor Nick, einem kleinen Weißrussen, der immer sang, und das falsch, monatelang geklebt und geschnitten, Bild und Ton; und es hat mir besonders Spaß gemacht, eine Gruppe von Komparsen, die als Engel im Studio eines Abends nicht zehn Minuten länger bleiben und die Wolken nicht mehr schieben wollten, auf dem Schneidetisch tausendmal hin und her rennen zu lassen. Ich lernte gleich zu Anfang, mich von dem zu trennen, was ich als Regisseur selbst gestaltet hatte. »Das ist das Härteste«, sagte der Professor Nick und sang falsch. »Da gibt's eine eiserne Regel«, fuhr er fort, »was nicht drin ist im Film, kann nicht durchfallen.«

Jedoch, als der Film fertig war und die Zeit herankam, wo er aufgeführt werden sollte, schien noch viel zu viel drin zu sein. Ich wartete vor der Tür zu einem Vorführungsraum, wie ich es als werdender Vater bei der Geburt meines Kindes im Hospital *nicht* getan hatte. Vor der Tür hing ein Schild: »Nicht stören – Eintritt verboten.« Drinnen saßen die Generaldirektoren der UFA. Ich hörte draußen nur das unbarmherzige Summen der Vorführungsmaschine, die man nicht mehr aufhalten kann. »Theater ist doch besser …«, ging es mir durch den Kopf. »Noch bevor der Vorhang hochgeht, kann man den Schauspieler an den Schultern packen, in eine dunkle Ecke ziehen, ihm was einreden, was ausreden, was vormachen, was ändern … aber in der Maschine ist alles unwiderruflich, da fahren deine Fehler unaufhaltsam weiter auf der Leinwand, wie Züge übers Land …«

Ich habe noch nie so lange Gesichter gesehen, als die Tür aufging und die Herren an mir vorbeigingen, wie wenn sie von einem erschütternden Begräbnis kämen. Nur Erich Kästner klopfte mir auf die Schulter. Er führte eine alte Frau am Arm. »Meiner Mutter hat's gefallen«, sagte er. Muttchen strahlte. »Wissen Sie, ich hab nämlich noch nie einen Film gesehn«, sagte sie.

Es gab zwei bedeutende Uraufführungstheater in Berlin, an erster Stelle den UFA-Palast am Zoo, und dann das Capitol. »Er wird halt ins Capitol müssen«, dachte ich. Ein paar Wochen später rief mich Duday an. Seine Kürassier-Oberstenstimme klang eisern. »Ihr Film wird eben gezeigt.« »Wo?«, fragte ich bang. Er nannte mir eines der abgelegensten Quetschentheater am Wedding. Ich ließ mir nichts anmerken und sagte: »Na, das ist ja schön.« Er: »Das ist es auch. Er läuft schon zum zweiten Mal. Das Publikum klatscht durch vom Anfang bis zum Ende. Und heute Abend kommt er schon in den UFA-Palast am Zoo.«

Ich habe aus diesen hektischen Tagen eins gelernt: Ich bin nie bei der Erstaufführung einer meiner Filme dabei. Das bringt Glück.

Es war in einem Landhausgarten am Stölpchensee. Tief unter uns fuhren viele saubere, stolz geputzte kleine Segelboote in gemütlicher Sonntagnachmittagsruhe über die Wellen. Wir saßen, ein Bündel gutgelaunter Freunde, um den Hausherrn, einen der Chefredakteure der *BZ am Mittag*. Er erzählte uns von einem Preisausschreiben, das ganz privat zwischen den Redakteuren der Berliner Zeitung stattgefunden hatte. Es war eine Belohnung ausgesetzt worden für die beste fiktive Schlagzeile. Er hatte gewonnen. Die Überschrift seiner ersten Seite hieß: »Der Thronfolger Franz Ferdinand lebt – Der Weltkrieg war umsonst!« Mitten in das Gelächter schoss mir ein Wasserstrahl in die Kaffeetasse. Ich sprang auf. Der Nachbar, ein dicker, gemütlicher Herr mit Monokel, hatte seinen Rasen gespritzt. Er entschuldigte sich. »Das kann ich nur gutmachen, wenn ich Sie für unsere Gesellschaft einen Film inszenieren lasse.« Ich schloss tags darauf für das deutsche Lichtspiel-Syndikat einen Lustspielfilm ab, mit einem der besten jungen Komiker, den es damals gab, in der Hauptrolle: Heinz Rühmann. Es war eine Militärkomödie. Ich fing mit den Autoren das Drehbuch an. Es gefiel mir von Tag zu Tag weniger. Nach acht Wochen bat ich um meine Demission. »Hätte ich man nur meine Blumen vorsichtiger gespritzt!«, sagte der Präsident. Er fragte mich, ob ich statt dessen einen anderen Film machen wolle, gab mir aber dabei zu verstehen, dass es dann nur ein sehr billiger sein könne, damit so der Schaden, der der Gesellschaft durch meine Unschlüssigkeit entstanden war, wieder wettgemacht werden könne. Ich meinte, am besten wäre es dann wohl, man würde eine Geschichte finden, die in einem leeren Studio spielt, ganz ohne Dekorationen. Und so entstand meine erste abendfüllende Arbeit, eine Filmoperette: *Die verliebte Firma*. Sie spielte mit Gesang und Tanz hinter den Kulissen in den Büros und Laboratorien eines Studios, und ich wurde darin alle meine neuen Eindrücke über meinen neuen Beruf los. Es war der billigste Film, den ich in meinem Leben zustande gebracht habe, und er hat nach mathematischem Kausalgesetz sehr viel Geld eingebracht. Er wurde in einer solchen Eile hergestellt, dass meinem Aufnahmeleiter ein seltsames Versehen passierte. In einer Szene lief eine Komparsin, die eine Sekretärin spielte, zum Fenster und winkte ihren unten im Hof vorbeigehenden Kolleginnen zu. Als der Film fertig geschnitten war, sah man sie oben winken, und unten im Hof winkte sie sich selber zu.

Der Film wurde auch privat zu einer »verliebten Firma«. Der Aufnahmeleiter heiratete ein halbes Jahr später die doppelt gedrehte Komparsin. Der männliche Hauptdarsteller, Gustav Fröhlich, heiratete während der Aufnahmen Gitta Alpar. Der Architekt, Robert Neppach, wurde zum Produktionsleiter befördert und heiratete meine Assistentin, Gretel Walter, die Tochter von Bruno Walter; Anni Ahlers, die Sängerin, verlobte sich mit einem Theater-Impresario, der immer zu Besuch kam und mich störte, weil er herumwimmelte, sie rastlos anstarrte und deswegen über die Kabel stolperte.

In der Emigration haben sich Gretel Walter und Neppach in der Schweiz im Doppelselbstmord erschossen.

Der nächste Film war *Die verkaufte Braut.*

Er wurde hergestellt von der »Vereinigung der Deutschen Lichtspieltheaterbesitzer«. Ihr Präsident bat mich, nach München zu kommen. Er sagte mir, er habe sehr viel Kapital zur Verfügung und er wolle die erste Filmoper der Welt herstellen. Meine Experimentiersucht wurde aufs äußerste angeregt. Wie Preston Sturges zu mir sagte: »You arouse the artist in me.« Der Präsident teilte mir seinen Plan mit: »Wir fangen modern an. Zwei Freunde im Smoking sitzen zu Hause und trinken Wein… Rheinwein, den besten. Aus ihrer Unterhaltung erfährt man, dass sie beide in ein und dieselbe Frau verliebt sind, und der Ältere möchte sich morgen mit ihr verloben. Der Jüngere kriegt einen roten Kopf und sagt: ›Ist das nicht ein bisschen schnell? Wollen wir nicht heute Abend erst noch ein bisschen drüber nachdenken? Vielleicht gehen wir sogar zusammen in die Oper, dort gibt's zufällig die *Verkaufte Braut*… Dann sieht man die beiden in der Oper – und dann photographieren wir halt die ganze Oper«, sagte der Geheimrat. Er schaute mich einen Moment an. Ich muss wohl etwas enttäuscht ausgesehen haben, denn er fügte hinzu: »Wenn Sie's aber anders machen wollen, können Sie's auch anders machen.« Als ich sein Arbeitszimmer verließ, kam ein junger Mensch hinter mir her, der die Unterredung mit angehört hatte. Er hieß Karl Ritter und sollte zum ersten Mal in meinem Film Produzent sein. Er nahm mich beim Arm und sagte: »Sie müssen den Geheimrat verstehn. Er ist ein sehr gemütlicher Mann. Sie werden ihn erst wiedersehen, wenn der Film ganz fertig ist. In der Zwischenzeit möchte er so wenig wie möglich damit zu tun haben.« Karl Ritter aber hatte umso mehr damit zu tun. Ihm verdanke ich, dass der Film so zustande kam, wie er gemacht wurde. Ihm und einem Chanson-Schreiber, den ich sehr oft in der Rosa-Valetti-Wohnung auf dem Sofa liegen sah und dessen Verse ich besonders musikalisch fand. Er hieß Kurt Alexander und ist von diesen Tagen an fünfzehn Jahre lang mein engster Freund gewesen.

Die Aufnahmen fanden in Geiselgasteig bei München statt. Wir bauten im Freien ein tschechisches Dorf in der Architektur des vorigen Jahrhunderts auf und wohnten sogar ein halbes Jahr darin. Alle Chöre, Sologesänge, Orchesteruntermalungen wurden im Freien aufgenommen und gaben auch klanglich dem Film frische Luft. Eine große Sequenz des Films spielte auf einem Jahrmarkt. Ich reiste durch Deutschland und engagierte mir richtige Jahrmarktsleute, die mit ihren Familien nach Geiselgasteig zogen: Feuerschlucker, Akrobaten, Clowns, Zigeuner mit ihren Tanzbären, Wahrsager. Richtige Bauernjungen und Bauernmädchen, die aus den Bergen kamen, wurden zu Komparsen. Amateure spielten große und kleine Rollen. In Bayern hat das Amateurtheater eine jahrhundertealte Tradition. Es gibt nicht nur die weltberühmten Oberammergauer Passionsspiele, man findet unzählige Liebhabertruppen, in denen es ausgesprochene Talente gibt, ausgesprochen tragische und ausgesprochen komische. Sie spielen nicht selbstverständlich; sie spielen wie Holzschnittfiguren. Ich fand für einen Stadtpolizisten einen Würstchenkoch in einer Münchner Kneipe. Er lebte sich so in seine Rolle ein, dass er, auch wenn er nicht drehte, am Gelände spazierenging und den Leuten Protokolle aushändigte. Er wurde ganz gut bezahlt. Das stieg ihm leider zu Kopf. Eines Abends, in einer Mondnacht, ließ er ein Taxi kommen, setzte sich hinein in seiner vollen Biedermeier-Uniform und verlangte vom Chauffeur: »Fahren Sie mich so weit, bis keine Zahl mehr in den Taxameter geht.« Die Irrsinnsreise endete in einem abgelegenen Gebirgsdorf. Dort weckte er den Bürgermeister aus dem Schlaf, behauptete, er sei aus einem anderen Jahrhundert und ergreife hiermit die polizeiliche Gewalt. Der Bürgermeister rief die Landesirrenanstalt an. Als man kam, um ihn einzufangen, sagte der Schauspieler-Koch: »Ham denn die Leut keine Phantasie mehr, heutzutag?« Dann kehrte er harmlos nach München zurück.

Über dem Film lagen manche Zartheiten. Die weibliche Hauptrolle wurde von Jarmila Novotna von der Berliner Staatsoper, die dann an die Metropolitan kam, gespielt und gesungen. Sie erwartete ein Baby, und da der Film viel später anfing, als ursprünglich geplant war, konnte man das schon nach drei Drehwochen zwar nur wenig sehen, aber spüren.

Das Baby war sehr unruhig und machte der Novotna viel zu schaffen. Das einzige Mittel, dieses kleine Wesen im Mutterleibe ruhig zu halten, fand mein Freund, der Drehbuchautor Kurt Alexander. Er setzte sich in den Arbeitspausen vor Jarmila und erzählte Kindermärchen in den Bauch. Er hat die schönsten Geschichten diesem noch nicht geborenen Baby erzählt. Er hat sie auch aufgeschrieben, und es entstand ein reizendes Buch: »Märchen an ein noch nicht geborenes Kind«. Leider ist das Buch im Trubel der nächsten Jahre nie veröffentlicht worden. Die Zeiten wurden zu laut.

Einer der größten Volksdarsteller, Karl Valentin, der zu Bayern gehört wie Bier, Rettich und Brezeln, spielte eine große Rolle. »I mag net«, sagte er, als ich mit ihm in Verhandlungen eintrat. »Im Kino – i hab amal dös g'sehn, da muss einer durch den Schornstein krabbeln oder ins Wasser springen – dös mag i net. I unterschreib Ihnen nur was, wenn's das hineinschreiben, dass i net ins Wasser springen oder durch ein Schornstein muss. Außerdem – dös Photographiern mag i aa net. Diese Apparate … Un wenn S' wollen, dass i spiel, i kann net sag'n, was gedruckt is; dös müssen S' mir immer vorher sag'n, was i sag'n soll. Un allein sag'n kann i's aa net, da bleib i steck'n. Das Fräulein muss es mit mir sag'n.« Das Fräulein war eine dicke Mamsell, die immer seit Jahr und Tag mit ihm auftrat und die ihm immer einhalf, wenn er nicht mehr weiterwusste in seinen kleinen Szenen, die er sich alle selbst ausgedacht hatte. Aus seiner Gedächtnisnot entstanden diese Dialoge. Sie heißt Liesl Karlstadt. Er lebte mit ihr wohl schon dreißig Jahre zusammen, aber weil sie nicht verheiratet waren, nannte er sie immer noch respektvoll »das Fräulein«. Aus seiner Verdöstheit und bauernhaften

Melancholie fielen dem Karl Valentin groteske Lustigkeiten ein, voller Philosophie und Tiefsinn. Er spielte in meinem Film den Inhaber eines kleinen Wanderzirkus. Er nahm das sehr echt. Als der wirkliche Zirkus auf dem Gelände in der Vorbereitungszeit aufgebaut wurde, half er bei den Arbeiten mit. Er hatte das Gefühl, er gehörte ihm. An einem Morgen stand er da im Nebel, eine traumhafte Sancho-Pansa-Gestalt, und malte auf das Zelt: »Wer diese Leinwand zerschneidet und wird dabei erwischt, wird bestraft.«

Als wir über die Gage mit ihm sprachen, meinte er: »Viel Geld brauch i net, weil i net weiß, was i damit anfangen soll. Das Fräulein hab i eh, der Doktor hat mir verboten, mehr Bier zu trinken als drei Glas pro Tag – einen Sohn hab i im Gefängnis. I mag ihn net, un hinterlassen will i ihm nix.«

Beim Drehen führte ich mit ihm so Regie, wie er es vorgeschlagen hatte. Ich erklärte ihm die Situation der Szene. Zum Beispiel: »Jetzt kommt der Dorfschulze und will von Ihnen Steuer haben. Die haben Sie nicht bezahlt, als im letzten Jahr Ihr Zirkus hier war, und jetzt haben Sie Angst, wenn Sie sie nicht bezahlen, dass Sie nicht spielen dürfen. Aber Sie haben kein Geld.« Währenddessen kam der Dorfschulze herein, der Valentin rief das Fräulein und sagte, was ihm gerade einfiel. Auf alle Fragen, die an ihn gerichtet wurden, fand er seine eigenen Antworten. Als es ihm zu bunt wurde und zu lange dauerte, haute er dem Dorfschulzen eins über den Kopf. Verborgen hinter den Wänden der Dekoration standen in vier verschiedenen Richtungen vier Kameras und drehten, was vor sich ging. So kam etwas zustande, was wohl Ähnlichkeit hatte mit den improvisierten Spielen der herumreisenden Komödianten des Mittelalters.

Valentin war ein Hypochonder. Wenn er nicht spielte, saß er im Gras und pumpte Kräutersäfte mit einer überkomplizierten gläsernen Maschine in seinen Hals. »Sind Sie krank?«, fragte ich ihn. »Ja.« »Haben Sie einen guten Doktor?« »Nein.« »Warum denn nicht?« »Er wird mir beweisen, dass i g'sund bin, und dös mag i net.«

Viele Abende nach der Arbeit habe ich mit Valentin zusammengesessen. Er hat mir oft von seinen Wanderjahren und von seinem Jahrmarktsleben erzählt. »Ang'fangen hab i als ein Einmann-Orchester. A Mundharmonika und a Trompeten und a Trommel und a Violine und a Schellenband … Dös hab i alles g'spielt, ganz allein. Und auf dem Bauch hab i a Plakat g'habt: ›100 Mark demjenigen, der alle diese Instrumente gleichzeitig spielen kann!‹ – und dann, wann's einer versucht hat und er hat's beinah können, dann hab i in der Nacht g'sessen, und weil i an Angst g'habt hab, hundert Mark zu verlieren, hab i noch ein anderes Instrument dazu erfunden, und so ist sie immer größer geworden, die Maschin', immer größer … Und an einem Tag, in einem Wirtshaus, da hab i mi selber nimmer auskennt und hab einen Hammer g'nommen und hab alles kaputt g'schlagen. Und sehn S', so wird's auch amal g'schehn mit der Welt, eines Tags …«

Das Fräulein hat er sehr geliebt, aber er war immer grob zu ihr und hat kaum mit ihr gesprochen. Eines Tages wurde sie krank während der Aufnahmen; sie hatte Lungenentzündung. Sie hatte nur noch eine einzige Einstellung zu drehen, und ich nahm ein Double. Als der Film im nächsten Jahr fertig war, zeigte ich ihn als Ersten weder der Kritik noch den Aufsichtsräten, sondern ganz allein dem Karl

Valentin und dem Fräulein. Es war mir sehr wichtig, ihre Reaktion zu kennen. Als es hell wurde, saß Karl Valentin da, und die Tränen liefen ihm übers Gesicht. »Wie hat's Ihnen gefallen?«, fragte ich. »Traurig!«, sagte er. »Sehr traurig! Von dem einen Bild an, wo jemand Fremdes das Fräulein war, wie mir da vor dem Karren über die Landstraß gehn, hab i weinen müssen. I hab die ganze Zeit dran gedacht, wie das Fräulein so krank war.«

Mich hat er wohl gern gemocht. Ich kaute einmal, wohl aus Nervosität, bei den Freilichtaufnahmen an einem Grashalm. »Machen S' dös net«, sagte er. »Dös kann schlimm ausgehen.« Lange Zeit später erhielt ich nach Berlin eine Postkarte. Auf der Postkarte war eine Zeitungsnachricht aus einem landwirtschaftlichen Käseblättchen aufgeklebt: »Heute wurde der Knecht Hermann G. im Spital von Ingolstadt auf *Tod und Leben* operiert. Man musste ihm die Zunge herausschneiden, weil er einen Grashalm gekaut hatte, in dem Strahlenpilz enthalten war.« Drunter stand mit Bleistift, in kindlicher Handschrift: »Viele herzliche Grüße, Karl Valentin.«

Sein grausamer Witz traf unheimliche Wahrheiten. Bert Brecht inszenierte einmal eines seiner eigenen Stücke, *Leben Eduard des Zweiten von England*, eine elisabethanische Tragikomödie, an den Münchener Kammerspielen. Darin kommt eine Schlacht vor. Brecht, ein außerordentlicher Poet, aber damals kein durch und durch erfahrener Regisseur, wusste einen Augenblick nicht, was er mit den Komparsen anfangen sollte. Hinter ihm saß beobachtend Karl Valentin. Brecht drehte sich zu ihm um und fragte: »Wissen Sie, Valentin, wie Soldaten sind in der Schlacht?« Valentin schaute melancholisch an ihm vorbei: »Weiß schaun's aus, und a Furcht ham's.«

Er spielte einen Sketch »Bürgerwehr«. Neben sich hatte er einen kleinen, kugelrunden Soldaten stehen, dessen Gesicht so groß war wie sein Kropf. Eines Tages riefen die Kammerspiele bei Valentin an und wollten sich für eine Nestroy-Posse den Mann ausborgen. »Nein – den können S' net kriegen!«, sagte Valentin. »Das ist mein Dicker, den hab i selbst gefunden, und den geb i net her.« Der Dramaturg der Kammerspiele versuchte es mit allen Überredungskünsten. Valentin blieb hart. Ein paar Monate darauf klingelte das Telefon in den Kammerspielen. Valentin am Apparat. »Sie – Sie wollten doch immer meinen kleinen Dicken haben. Den können S' abholen lassen. Der ist heut Nacht gestorben.«

Nach meinem Film wandte sich die UFA an Valentin und wollte ihn für einen neuen Film mit mir nach Berlin kommen lassen. Die Verhandlungen schienen sich zunächst äußerst schwierig zu gestalten. Valentin erklärte: »I bin a Hypochonder, und i mag net reisen. Wann i in einem Zug sitz, da weiß i net, ob der Lokomotivführer wirklich aufpasst. I reis nur, wann i in der Lokomotiv sitzen kann.« Die UFA war dazu bereit. Kurz vor der Abfahrt kam ein Telegramm: »Mag net. Ich möcht in München sterben.« Er ist nicht gefahren.

Als in der UFA meinem lieben alten Kürassier-Oberst Duday die *Verkaufte Braut* vorgeführt wurde, raunzte er: »Nicht schlecht. Nur das linke Pferd vor der Postkutsche war falsch gesattelt. In *meinem* nächsten Film mit Ihnen wird das nicht vorkommen.«

Es kam auch nicht vor. Es kam aber leider auch nicht viel anderes vor. Der Film hieß *Lachende Erben*. Er wimmelte von Stars. Ich habe ihn nie ganz bis zu Ende gesehen. Er hat viel

Geld gebracht, aber ich als Besucher hätte wohl kaum ein Billett dafür ausgegeben. Ich machte ihn mit reiner Routine. Die Anteilnahme, die ich in ihn investierte, entsprach der Anekdote, die man in Künstlerkreisen über den Präsidenten der Deutschen Malerakademie, Max Liebermann, erzählte. Während des Ersten Weltkrieges wurde er ins Hauptquartier berufen und musste den Generalfeldmarschall von Hindenburg porträtieren. Irgendwer fragte ihn: »Sagen Sie mal, ist der schwer zu zeichnen, der Hindenburg?« »Der? Der is gar nicht. Den piss ick in den Sand.« Dieser Liebermann hat auch einmal etwas über die Arbeitszeit der Künstler gesagt, was mir wichtig scheint. Jemand kam in seine Galerie und wollte eine kleine Skizze kaufen. Der Preis von tausend Mark schien ihm unverhältnismäßig hoch. »Wie lange haben Sie da dran gearbeitet, Herr Professor – sicher nur ein paar Minuten.« Liebermann: »Wie lange hab ick daran jearbeitet? Det kann ick ausrechnen, warten Se mal. Jetzt bin ick siebzig. Ick war zwölf Jahre, wie ick Maler werden wollte. Et sint also achtundfünfzig Jahre.«

Mit den *Lachenden Erben* saßen wir am Rhein, siebzig Leute in Aßmannshausen in der »Krone«. Das Wetter wurde schlecht, und wir waren eingeregnet. Nach fünf Wochen hatte ich erst zehn Einstellungen gedreht. Es kriselte. Die Arbeitsbegeisterung fing an zu zerbröckeln in böse Gerüchte und Empfindlichkeiten, und die Budget-Experten, wie das meist der Fall ist, glaubten, der Regisseur sei mit der Sonne, die nie richtig zum Vorschein kam, im Bunde. Man sprach davon, der Herr Duday, der mich mit der Produktion des Filmes ziemlich alleingelassen hatte, sei im Anmarsch, und er komme, um »aufzuräumen«. Eines Morgens stand er mit grimmiger Miene im Frühstückssaal. »Guten Morgen«, brummelte er. »Wir fahren spazieren.« Er stieg mit mir in einen schweren Wagen, und wir fuhren hinauf in die Hochwälder über dem Rhein. Es war neblig. Schon zwei Stunden hatte er den Mund nicht aufgemacht, und ich sprach auch kein Wort. Plötzlich legte er seine Hand auf meine Schulter: »Sehn Se mal!« Er deutete hinaus. »Kommen Sie mit.« Wir stiegen aus. Pause. Er starrte zum Himmel. Pause. Dort flog ein Vogel, klein wie ein Punkt. Duday hielt den Atem an. »Det is 'n Fasan, Mensch. Im April. Unjlaublich. Un et is 'n Männchen; det seh ick am Flug. Wenn mer nu janz still sind, paar Minuten warten, denn kommt auch det Weibchen.« Wir warteten, der zweite Punkt kam. Pause. Wir stiegen in die Limousine, fuhren wieder zurück zum Hotel, stiegen aus. Duday gab mir die Hand: »Also dann ist alles in Ordnung«, sagte er. Und fuhr nach Paris weiter.

Auf der Durchreise hielt er in Saarbrücken an. Dort erschien er im Geschäft meines Vaters, ließ sich bei ihm melden, stand baumlang vor ihm, und brummte: »Sie … Sie haben einen Sohn. Um den machen Se sich keine Sorjen.« – Baumlang stand er auch eines Nachts vor mir im UFA-Gelände. Er hatte mich herausbitten lassen aus dem Studio in den Hof. Er hielt ein Extrablatt in der Hand. Er war kreideweiß. Ich musste zu ihm hochschauen wie immer. Er sah aus wie ein besoffener Leuchtturm. »Der Kerl ist Reichskanzler geworden, der Hitler –« Sein schwerer Zeigefinger deutete auf das Papier und zitterte leicht. »Det sag ick Ihnen als alter Offizier – det is Deutschlands Untergang.« Später brachte mir ein Freund nach Frankreich seine Grüße und erzählte mir eine Geschichte von ihm: Es war in Hitlers Glanzzeit. In der

UFA arbeiteten nur noch Partei-Günstlinge. Eines Abends lässt der alte Duday seinen Chauffeur vorfahren. »…in den Wald.« Sie fahren über Babelsberg und Potsdam hinaus, Richtung Oranienburg. Es regnet. Zwischen den Bäumen werden von weit die Stacheldrähte des Konzentrationslagers sichtbar. Duday lässt halten. Pause. Steigt aus. Pause. Stampft allein duselig durch die Bäume. Pause. Dann kratzt er an die Gitter und flüstert: »He, habt ihr Stoffe?«

Die Geschichte ist bestimmt nicht wahr. Aber dass man sie von Duday erzählt, hat mich gefreut.

In *Lachende Erben* fing unsere Zeit wieder an mich zu stören. »Sie werden einen Nationalsozialisten als Architekten haben. Wir müssen jetzt auch solche Leute beschäftigen«, sagte der Personalchef der UFA zu mir. »Es stört Sie ja wohl nicht, nicht wahr?« Es störte mich nicht. »Benno von Arent!«, stellte sich tags darauf der Mann vor und schlug die Hacken zusammen. »Von heute ab gibt es nur zwei Leute für mich – meinen Führer und meinen Regisseur.« Wir kamen miteinander aus. Manchmal, in der Aßmannshauser Zeit, ging Benno von Arent mit mir durch den deprimierenden Regen spazieren. Er versuchte, mir seine politischen Theorien klarzumachen, von denen ich überhaupt nichts verstand, aber die mir tief unsympathisch waren. »Was mich besonders beunruhigt, ist euer militanter Antisemitismus«, sagte ich. »Der wird mir sicher mal ins Auge gehen.« Er lächelte. »Den nimmt doch keiner von uns ernst«, sagte er. »Das ist unser bestes Propagandamittel, solange wir noch nicht an der Macht sind, und wenn wir's mal geschafft haben, vierundzwanzig Stunden später wird er abgeblasen – weggepfiffen.« Ich sagte: »…Wenn man solche Emotionen in die Massen eintrichtert, werden sie eines Tages schwer zu bändigen sein.« »Die Masse?«, sagte von Arent, »die marschiert, wie man befiehlt. Ich kann dir das beweisen. Komm mit zu einer unserer Versammlungen hier im Dorf. Du siehst doch gewiss nicht arisch aus, aber sie werden vor dir strammstehen und den Arm heben wie vor dem Führer, wenn ich will ... Wetten?« So geriet ich in eine der damals streng verbotenen, geheimen Zusammenkünfte der SA. Sie fand nachts in einer Kegelbahn statt. Die Jungens trugen Braunhemden und Dolche. Von Arent schnarrte irgendein Kommando. Sie traten puppenhaft starr in Reih und Glied. »Mein Freund, Max Ophüls – Sieg Heil!« Die Arme flogen zum Gruß – die Kehlen brüllten »Sieg Heil!«. Ich schritt durch das gespenstische Spalier und nahm die Parade ab. »Na siehste?«, flüsterte Benno von Arent stolz. Es war mir aber doch ein bisschen ungemütlich. Das Ehrenbierglas, das man mir anbot, ließ ich halb ausgetrunken stehen.

Als im Februar 1933 auf den Straßen Berlins die Juden zusammengeschlagen wurden und eine systematische Verfolgung liberaler Künstler einsetzte – Wohnungen wurden umzingelt, man wurde aus den Betten geholt und verschwand ins Ungewisse –, hörte ich zum erstenmal wieder von Benno von Arent. Ich hatte ihn seit Monaten nicht mehr getroffen. Er rief mich an: »Maxel, ich hab mir das überlegt, was du mir heut Nachmittag erzählt hast. Wenn's deinem Vater wirklich so schlecht geht, dann würde ich an deiner Stelle nicht mehr warten. Keinen Tag. Fahr nach Saarbrücken. Nimm den nächsten Zug. Oder fahr mit deinem Auto, das ist noch besser.« Vierundzwanzig Stunden nach meiner Abreise erschienen zwei mit SA-Männern vollbeladene Lastwagen und wollten mich verhaften.

Liebelei hat mich als Auftrag vom ersten Augenblick an fasziniert. Mitten in den Aufnahmen von der *Verkauften Braut* wurde mir telefonisch die Regie zugeteilt. Ich witterte die Gelegenheit, einen Film mit jungen Leuten, noch nicht vom Startum verdorben, herzustellen. Ich habe eine große Verehrung für alles, was der österreichische Dichter Arthur Schnitzler geschrieben hat. Als ich in Berlin ankam, nahm ich sofort Kontakt auf mit dem unabhängigen Produzenten, der *Liebelei* für den CINEMA-Konzern mit mir herstellen sollte. Man schob mir eine Besetzungsliste zu. Es befanden sich darauf lauter alte, konventionelle, wohlbekannte, aber müde Großväter und Großmütter, die aus kommerziellen Erwägungen heraus die Rollen der führenden, kaum zwanzigjährigen Gestalten spielen sollten. Außerdem teilte mir mein neuer Chef in sentimentalen Worten mit, wie er sich den Film vorstelle. Er fing an zu dichten, und mit tremolierender Stimme und feuchten Augen schwärmte er vom »Heurigen, wissen Sie … und Walzer mit Gesang, verstehen Sie …« und »Wiener Wäschermädchen«, und »vielleicht können wir noch den alten Strauß hineinquetschen, mit der Violine, der wirkt immer«. Er baute ein Monument aus Schmalz vor mir auf. Ich hatte meinen Freund Kurt Alexander mitgenommen zur Unterredung. Wir waren ein gutes Gespann. Im Vorzimmer saß eine Sekretärin, die Liesel hieß und sehr hübsch war. Sie hat noch später in Paris, verheiratet und dick geworden, als Mutter von mehreren Kindern, jugendlich-schwärmerisch von dem Krach gesprochen. »Ich musste noch die Tinte vom Schreibtisch wegwischen!«, schwelgte sie. Nach dem Krach demissionierte der unabhängige Produzent.

Über *Liebelei* lag ein Glücksstern. Ich glaube aber, Glücks-sterne scheinen besonders hell am Poetenhimmel, und ich glaube, Arthur Schnitzler ist ein großer Poet. Er war schon zehn Jahre tot, als ich mich mit seinem Werk befasste. Sein dichterischer Zauber hielt uns alle gefangen während der Ar-beit. Schon bei der Besetzung war der Glücksstern da. Der Generalsekretär der CINEMA, Heinz Jarosy, ein Mann mit Fingerspitzengefühl, war leicht von meinen Besetzungsideen zu überzeugen. Für den Fritz fiel mir zunächst eine Stimme ein. Ich hatte sie in München gehört, während der Aufnah-men zur *Verkauften Braut*. Damals telefonierte ich mit ei-nem mir unbekannten jungen Regie-Kollegen, der Wolfgang Liebeneiner hieß, und bat ihn, mir einen seiner Schauspieler von der Probe für meine Aufnahmen freizugeben. Er erklärte mir, er erkenne an, dass ich vertragsgemäß den Vorrang habe, aber er inszeniere soeben sein erstes Stück – und alles hänge davon ab. Ich sei schon durchgesetzt, der Film sei reich, das Theater sei arm. Dann schilderte er mir die Szene, für die er den Schauspieler brauchte. Er sprach klar, einfach, warm, plastisch, eindringlich. Ich wurde zum Zuschauer am ande-ren Ende des Telefons. »Sind Sie auch Schauspieler?«, fragte ich. »Ich möchte es sein …«, antwortete er.

Und in Erinnerung an seine Stimme fuhr ich jetzt nach München. Ich ging mit ihm spazieren. Ich fragte ihn, ob er den Fritz spielen wolle. Er sagte ja. Er erzählte mir, warum, und erzählte so, dass ich ihn engagierte. Er war ein Mann, der mit seinem kargen und trockenen Idealismus außer-halb der Zeit und außerhalb aller bombastischen Begleiter-scheinungen unseres Berufes stand. Ich hatte Angst, wenn er zum Film käme, könne er das verlieren, das, was ihn so berufen machte für die Rolle. Ich glaube noch heute, dass die meisten jungen Filmbegabungen durch große Gefahren gesteuert werden müssen, wenn sie am Anfang stehen. Hohes Einkommen, ein viel zu schnell hinaufgeschraubter Lebensstandard und Reklame stürzen auf sie ein, ein hektisches Selbstbewusstsein wird ihnen von Photographen und Interviewern, Friseuren und Schönheitsexperten aufgeklebt wie frische Farbe auf ein neues Haus, und Scheu und Zurückhaltung, die die wirkliche Jugend ausmachen und zu den Herzen des Publikums den direktesten Weg finden, gehen zum Teufel. Ich fragte Wolfgang Liebeneiner, ob er einen Menschen gern habe, der weit ab von einer großen Stadt in Stille und Zurückgezogenheit lebe. »Meine Großmutter«, sagte er. »In Lübben.« Sie hatte ein kleines Haus und einen großen Garten. Ich bat Wolfgang, drei Monate bis zum Beginn des Films zu seiner Großmutter zu fahren. »Ich schicke Ihnen auch eine österreichische Offiziersuniform aus dem vorigen Jahrhundert dorthin, die können Sie dort eintragen.« Er war freudig einverstanden. Nicht der kaufmännische Direktor unserer Gesellschaft. Er konnte nicht einsehen, warum die Filmindustrie Ferienreisen zu Großmüttern finanzieren sollte. Er sah es später ein, als Liebeneiner von der Einsamkeit direkt in den ersten Drehtag hinein eine Sauberkeit und Zurückhaltung brachte, die seinen ganzen Erfolg ausmachte. Ich selbst habe kaum etwas zu seiner Gestaltung beigetragen.

Den Theo spielte Willy Eichberger, in Amerika inzwischen als Carl Esmond bekannt. Theo muss aus einer sehr guten Familie stammen. »Es müsste ein Schauspieler sein«, sagte meine Frau zu mir, »der sich ein bisschen geniert, dass er Schauspieler geworden ist.« Es fiel uns von den Zeiten am

Burgtheater dieser Willy Eichberger ein. Er war uns als freundlich, gutherzig, aber bis zur Ungeschicklichkeit gehemmt, im Gedächtnis geblieben, mit rotem Kopf und leichten, aber wundervollen Manieren. Der Glücksstern ließ ihn auch im Film so sein.

Am meisten leuchtete wohl der Glücksstern an dem Tag, an dem ich Probeaufnahmen machte für die beiden weiblichen Hauptrollen. In meinem Wagen saßen Luise Ullrich, eine neue dramatische Schauspielerin vom Staatstheater, noch nicht im Film erprobt, und Magda Schneider, ein munterer, aufkommender Operettenstar. Wir fuhren an der Stadtperipherie entlang durch den Wald nach Johannisthal. Luise Ullrich sollte die melancholische Christine, Magda Schneider ihre lustige Freundin Mizzi spielen. »… Die Leut sagen immer, ich bin traurig!«, lachte Luise Ullrich, »und deshalb muss ich traurige Rollen spielen … aber mit meiner Mutter z' Haus hab i a Hetz den ganzen Tag … Meine Mutter kann's immer gar net glauben, wann sie mi weinen sieht im Theater!« Wie sie das sagte, war von einem drolligen Wiener Humor. Ich stutzte. »… Ach, und ich möchte so gern ein einziges Mal tragisch sein!«, seufzte die kleine Schneider neben mir. Ich sah sie an und stutzte wieder. Sie meinte es ernst. Mir kam eine Idee. Warum soll ich nicht den umgekehrten Test als den geplanten mit den beiden Mädels machen?

Das Resultat war eine Überraschung. Die Rollen wurden – genau, wie es die Mädchen im Auto gewünscht hatten – vertauscht. Und so geschah es, dass ein sehr unkompliziertes, frohes Mädel eine der tragischsten Gestalten der europäischen Literatur formte und dadurch besonders erschütternd wirkte.

Um die vier jungen Menschen gruppierten sich in kleinen und kleinsten Rollen die damals führenden Stars. Der Film wurde genau entgegengesetzt zu seinen Verkaufswerten besetzt, wie man es gewohnt war. Schauspieler, die Filme allein trugen, arbeiteten drei oder vier Tage. Sie taten das Schnitzler, dem Glücksstern am Poetenhimmel, zuliebe.

Ich hielt Umschau nach einem Musiker. Ich wollte jemanden, der bescheiden genug war, sich zurückzustellen und klassische Musik zu verwenden, eine Musik, die aus der Vergangenheit Wiens herüberklingen sollte. So fand ich Theo Mackeben. Und die Kritiken hatten später besonders die Musik des Films gelobt. In Paris wurde die Partitur in allen Konzertchroniken besprochen. Am Pariser Konservatorium wurde über diese Musik doziert. Das Ministerium für Künste ließ eine Musik-Kopie für seine Archive anfertigen. Die Erklärung für dieses Resultat ist einfach: Mozart, Beethoven, Lanner und Brahms.

Auch der Architekt des Filmes war jung. Ich hatte in den Studios einen französischen Arbeiter beobachtet, der Hintergründe malte. Sie hatten so viel Luft und Stimmungen, dass ich mir dachte, er könne ein guter Architekt sein. Nachdem der kaufmännische Direktor seine erste Unterredung mit Pellon gehabt hatte, kam er kopfschüttelnd aus meinem Büro. »Er will nicht mehr Gage, wie er als Arbeiter bekommen hat, hat er gesagt. Erst möchte er zeigen, dass er was kann … Er hat gesagt, er hat das Stück von Schnitzler so gern.«

Die Kostüme wurden von einem Mädchen gezeichnet, das noch ins Gymnasium ging.

Das Drehbuch kam im Spazierengehen zustande. Ich fuhr mit Hans Wilhelm, einem jungen Autor, drei Wochen nach

Wien und ging mit ihm dort spazieren. Ich fuhr dann nach Salzburg zu Felix Salten, dem Autor von *Bambi*, und ging mit ihm zwei Wochen spazieren. Er war Schnitzlers nächster Freund. Ich fuhr dann nach Berlin und ging mit Kurt Alexander vierzehn Tage am Stölpchensee spazieren. Was wir auf den Spaziergängen gedacht und gesprochen haben, dauerte nur drei Wochen, um niedergeschrieben zu werden. Der Film war so gut vorbereitet, dass er in knapp vier Wochen hergestellt war. Für uns alle, die wir dran gearbeitet hatten, war es nicht lange genug. Uns ging die schöne Zeit zu schnell dahin. Am letzten Drehtag arbeiteten wir in einer kleinen Caféhaus-Dekoration. Die Lichter gingen aus. Es war zu Ende. Wir standen herum und wollten's nicht wahrhaben. »Im Theater fällt wenigstens ein Vorhang!«, sagte einer traurig. Und dann griff jemand zu einer Axt, und die anderen nahmen die Hämmer, und wir zerschlugen die Dekoration und trugen zum Andenken an die schöne Zeit jeder ein Stückchen davon nach Hause. Ich nahm mir eine Markiertafel vom Billard mit.

Ich hätte sie mir einpacken sollen in den Tagen, in denen der Reichstag brannte. Aber ich zögerte. Es war nicht Platz genug in den wenigen Koffern, und es war mir auch zu wehmütig, und es ging auch alles viel zu schnell.

Die Emigration hat sich unheldisch vollzogen. Fliehen ist keine Tat. Aber der Abbruch war stimmungsvoll und deshalb wert, notiert zu werden. Ich hatte Probe zu einer Komödie: *Der Star* von Hermann Bahr, mit Rosa Valetti und, endlich, mit Käthe Dorsch. Es war am selben Tag, an dem Benno von Arent telefoniert hatte. Ich hatte seine Warnung nicht richtig ernst genommen. Am Abend nach der Probe bat mich Käthe Dorsch zu sich nach Hause. Das Kaminfeuer brannte. Wir tranken französischen Kognak. »Viele Ihrer Kollegen werden wohl bald nicht mehr arbeiten dürfen«, meinte sie. »Das ist sehr schade. Die Vorstellungen werden wahrscheinlich sehr verschlampen in Deutschland. Aber Ihnen wird nichts passieren. Ich kenne diesen Herrn ...«, sie zögerte ein bisschen, »... diesen Herrn Göring. Ich kannte ihn schon vor langer Zeit, wie er noch Hauptmann war. Ich habe schon mit ihm gesprochen. Er wird dafür sorgen, dass man Sie unbelästigt lässt. Machen Sie die Proben ruhig weiter so, wie wenn nichts passiert wäre. Sie sollten sich nicht ablenken lassen. Vielleicht ist auch alles schon wieder zu Ende, bis unser Stück rauskommt.« So ging ich also am nächsten Morgen ins Theater. Es war zehn Minuten nach zehn. Traditionsgemäß trudelten die Berliner Schauspieler erst langsam und verschlafen gegen elf ein. Als ich auf die leere Bühne trat, stand am Souffleurkasten ein Mann, der mir unbekannt war. Er sah jung aus, hager, energisch, nicht gut genährt – er hätte stellenloser Ingenieur sein können oder Zivilbeamter der Kriminalpolizei. Er sagte mit schmalen Lippen: »Ich bin der neue Direktor. Herr Barnowsky wird dieser Tage seine Stelle niederlegen. Ich vertrete ihn, ja, ich ver... Ich wollte nur eins festlegen: Von jetzt ab beginnen die Proben um zehn. Wer nach zehn – ob Talent oder nicht –, ist nicht mehr interessant. Wollen Sie das bitte Ihren Schauspielern mitteilen? ... Und es gilt auch für Sie ... nebenbei ...« Ich ging zur Telefonzelle hinter den Kulissen, rief meine Frau an und sagte: »Packen.« Auch die Valetti meinte: »Wenn die Stationsvorsteher die Bühne übernehmen, dann wird's Zeit.«

Am Abend, auf dem Weg zum Bahnhof am Zoo, fuhr ich mit meinem Wagen am Atrium-Kino vorbei. Dort leuchtete neben dem Wort *Liebelei* in großen Lettern mein Name. Ich sagte zu meiner Frau und meinem Söhnchen: »Schaut euch das noch mal genau an …« Ich fuhr eine Ehrenrunde ums Kino … Ich fuhr zweimal, dreimal drum herum … ich weiß nicht, wie viele Male.

Mit meinen saarländischen Bürgerpapieren hatte ich gar keine Reiseschwierigkeiten. Bevor ich in den Schlafwagen Köln–Saarbrücken–Paris stieg, kaufte ich mir auf dem nervös brodelnden Bahnsteig eine Zeitung, und mir wurde ein bisschen seltsam zumut über die Zufälligkeiten der Nationalitäten, als ich las, dass man reichsdeutschen jüdischen Passagieren beim Überschreiten der Grenze die Pässe abgenommen habe. Neben dem Trittbrett stand Polizei. Der Schupo fragte mich sehr höflich nach meinem Ausweis. Ich gab ihm das Ding. Er sah sich's an, zeigte es auch seinem Begleiter, salutierte, gab es mir zurück, zuckte die Achseln und murmelte: »Völkerbund.« Ich dachte: »Das erste Gute, was er wirklich zustande gebracht hat.«

Die Züge, die Berlin verlassen, fahren im inneren Stadtbezirk noch sehr langsam. Man könnte im Geschwindschritt nebenhergehen. Man kann in die Wohnungen hineinschauen; um die Geleise herum wohnen kleine Leute, sie sitzen zu Hause, essen und trinken Bier, strecken die Beine lang unterm Familientisch, wippen im Schaukelstuhl, lesen die Zeitung. Sie sahen mich nicht. Ich nahm Abschied von ihnen. Ich nahm Abschied von der deutschen Sprache, in der ich zum Regisseur herangewachsen war. Ich nahm Abschied von den Versen, die mich hatten zum Schauspieler werden lassen. Ich sah schon lange keine Häuser mehr, da nahm ich immer noch Abschied. Weniger von meinem Haus und den Bildern und dem Tennisplatz und dem Telefon mit der langen Schnur am Bett. Der Zug fuhr durch deutsche Landschaft, über die frostige Frühlingserde der Nacht. Ich nahm Abschied von den Wäldern und Bergen und Flüssen, durch die ich mit meinen frühen Schulfreunden gewandert war, und wir sangen zur Laute – durch die ich Rad gefahren war, als ich Gymnasiast – durch die ich mit dem Auto gefahren war, als ich schon ein Mann war, und ohne die ich mir die Erde nicht vorstellen konnte. Der Schlafwagenschaffner stellte sich langsam zu mir ans offene Fenster. »Hat wohl auch keine Rückfahrkarte, der Herr, wie?«, sagte er. »Nehmen Se det nich zu ernst, mein Herr. Ick kenne die Brüder. Ick habe sehr oft die Strecke Nürnberg – Berlin jemacht … Keene gute Strecke … nich international. Ick sage Ihnen …« – da wurde er leise. »Die können noch nich mal Schlafwagen fahren. Die sin et nich jewöhnt, sar ick Ihnen. Det jeht die janze Nacht, een Jeklingele. ›Schaffner, 'n Selters … Schaffner, ham Se Zijaretten? Schaffner, det Abendblatt! …‹ Sie sin et nich jewöhnt! Ick sare Ihnen, so wat hält sich nich! Sie kommen wieder, mein Herr.«

Als ich über die Reichsgrenze fuhr, hatte ich nicht viel zu verzollen. Nur leichtes Gepäck. »Wertsachen?«, fragte der Beamte. »Nein.« Er sah durch meine Papiere. »Regisseur?«, fragte er. »Na, dann is ja jut, solange Sie Ihren Kopp haben.«

In Paris sah es aber in den ersten Tagen nicht so aus. Die andere Sprache – ich kannte sie zwar und sprach sie, aber dass man mit ihr arbeiten sollte, das kam mir doch sehr fremd vor. Dass ein Mensch in einer Liebesszene statt »Ich liebe dich« »Je vous aime« sagen soll, schien mir beunruhigend.

Aber ich kümmerte mich nicht sehr darum. Paris, das mich schon immer in meinen Ferientagen amüsiert hatte, war zu schön. Kurt Alexander kam an, da wurde es noch schöner. Die Emigration war keine Härte, sie war eine Reise. Es gab den Glanz der feuchten Boulevards in den Lichtnächten, es gab das Frühstück im Distrikt am Montmartre, mit Kognak im Glas, Kaffee und den lauwarmen Brioches und den übernächtigen Gigolos und Nutten … ein Dachzimmer in einem alten, lieben Hotel in der Rue Lord Byron, wo ich wohnte … es gab ganz Paris, das genauso war, wie der kleine Moritz es sich vorstellt … es empfing mich mit seiner intelligenten Sorglosigkeit. Der Nachtportier unten in der Plüschempfangshalle, den ich öfter sah als den Tagesportier, lud mich zum Coup de Rouge ein und prophezeite: »Ça va s'arranger, Monsieur … j'en suis sûr. Chacun au monde a deux patries. La sienne et Paris.« Und er gab mir Hoffnung: »Bald habe ich genug gespart, dann mache ich 'ne Nachtbar auf. Leute wie Sie kann man da immer gebrauchen.«

Ich ging allein über die sonnigen Champs-Élysées. Was aus mir werden sollte, wusste ich noch immer nicht. Gewohnt, dem Schicksal nicht vorzugreifen, tat ich vorläufig überhaupt nichts, hatte auch keine Verbindungen angeknüpft mit französischen Berufskreisen. Da trat mitten durch das Gewühl der Frühlingsspaziergänger am hellichten Tag ein Herr im Frack und Zylinder auf mich zu; ich dachte, es handle sich wohl um einen harmlosen Verrückten, und machte einen Schritt zur Seite. Er fasste mich aber ins Auge, ergriff meine Hand, drückte einen Zettel hinein und verschwand. Ich sah mir den Zettel an. Es stand darauf: »Versäumen Sie nicht im Cinéma Étoile die Eröffnungsvorstellung des Films, der ganz Paris erstaunen wird: Liebelei.« Ich traute meinen Augen nicht: ich drehte mich nach dem Frackgespenst um und sah es derartige Zettel an viele andere Leute verteilen. Ich näherte mich der Rue de Tilsit. Da hing ein Anstreicher im Gerüst und malte auf eine Wand Liebelei. Er hing gerade am »L« fest. Wenn er meinen frohen Schreck gehabt hätte, wäre er sicherlich vom Gerüst gefallen. Ich stürmte zum Cinéma Étoile. Es war ein sehr intim gehaltenes teures Theater. Die Türen waren geschlossen, und hinter den Glasscheiben gingen zwei Aufräumefrauen mit dem Staubsauger auf und ab. Ich klopfte. Man ließ mich ein. Ich sagte, ich möchte gern den Inhaber des Theaters sprechen. Eine Frau verschwand in einer Foyertür. Ich wartete allein zwischen zusammengekehrten Schmutzhäufchen. Ein kleiner Junge klebte an die Wände zwischen den Garderoben das Programm mit meinem Namen. Eine Tür ging auf, sie schwang hin und her und brachte aus dem Zuschauerraum Fetzen an mein Ohr: »Ich schwöre … ich schwöre …« Sie ließen drinnen meinen Film wohl Probe laufen. Fetzen aus meiner eigenen Vergangenheit … »dass ich dich liebe …« »Mein Name ist Tarcali – ich bin der Besitzer …« Ein kahlköpfiger Ungar trat auf mich zu. »… dass ich dich ewig liebe.« –

»Was Sie immer brauchen für sich und Ihre Familie – Wohnung und Salär, natürlich bescheiden, das biete ich Ihnen an, wenn Sie hierbleiben in Paris … und« – er fügte das wie nebensächlich hinzu –, »wenn Sie mir von Ihrem Einkommen in den nächsten drei Jahren die Hälfte abgeben. Das ist ein gutes Angebot, ich bin sicher. Ihr Film wird den Parisern sehr gefallen. Ich habe ihn für 40 000 Francs gekauft. Ich werde sicher 400 000 dran verdienen, ich bin sicher. Er läuft mindestens drei Monate, ich bin sicher.«

Herr Tarcali hatte sich getäuscht; er hatte sich getäuscht, wenn er glaubte, dass ich sein Angebot annähme. Er hatte sich auch im Film getäuscht. Er lief eineinhalb Jahre, und er brachte ihm vier Millionen. Ich stand schon ein paar Wochen später in den Pathé-Ateliers und drehte eine französische Version von *Liebelei*.

Sie wurde ein großer Erfolg, in Paris, in Frankreich und in vielen Ländern. Mit der Presse konnte ich zufrieden sein.

Die französische Version von *Liebelei* wurde von einer unabhängigen Gesellschaft hergestellt, die sich aus allerlei Verehrern für das Schnitzlersche Werk gebildet hatte. Der Aufsichtsrat waren Maler, Gesandtschaftssekretäre, Schriftsteller, Weißrussen, eine ägyptische Prinzessin und ein besonders reizvolles Schwesternpaar, Katja und Luba, die Töchter des Sowjetbotschafters Krassin, Lenins bestem Freund. »Wissen Sie, was ich einmal für einen Mann heiraten möchte? Einen kommunistischen Prinzen. Ihr Film *Liebelei* hat dieselbe Mischung«, meinte Katja.

Für die Hauptrollen in der französischen Version ließ ich bei den deutschen Schauspielern aus der Originalbesetzung anfragen, ob sie kommen wollten. Sie sagten alle zu, mir beim Wiederaufbau meiner Existenz in Frankreich zu helfen. Sie erklärten gemeinschaftlich in einem Brief, jede Gage zu akzeptieren, die ihnen angeboten würde. – Während der Produktion sprachen wir nie über Politik. Nur einmal saß Liebeneiner in meiner Wohnung auf dem Balkon. Wir schauten über die Bäume des Bois. »Ich fürchte, es wird lange dauern, drüben. Ich befürchte, das Volk wird sich nie freimachen können. Nur in einem langen, großen Krieg, den wir verlieren werden«, sagte er nachdenklich.

Erich Pommer hatte aus der UFA ausscheiden müssen und eröffnete für 20th Century Fox eine europäische Produktion in Paris. Ich stellte für ihn *On a volé un homme* her. Fritz Lang inszenierte für denselben Stab *Liliom* von Molnar. Ich glaube, beide Regisseure waren eine Fehlbesetzung. Hätten wir getauscht, hätte Lang sicherlich einen außergewöhnlichen Kriminalfilm zustande gebracht und ich ein sehr gutes romantisches Lustspiel. So waren beide Filme, wenn auch finanziell erfolgreich, doch nicht mehr als mittelmäßig. Ein paar sehr gute Kritiken habe ich mir aufgehoben, aber es gab auch ganz andere.

Immerhin verdanke ich dem Film mein Vertrautwerden mit dem französischen Arbeitssystem. Pommer versuchte, die Methodik der Berliner Ära nach Paris zu transponieren. Es gab zum Beispiel Drehbuch-Konferenzen, die pünktlich anfingen und unpünktlich lange dauerten. Die Sitzordnung war hierarchisch festgelegt. Am oberen Ende eines langen Tisches saß ER, an den Flanken ging es vom Regisseur abwärts bis zum Requisiteur. Auch die Rede-Ordnung war dementsprechend. Zur dritten Sitzung erschienen die Franzosen mit Ranzen und Schiefertafel. Pommer nahm das mit Humor und schüttelte lächelnd den Kopf. Als gegen sechs am Nachmittag mitten während der Diskussion das Konferenzzimmer leerer und leerer wurde, fragte er den Ersten Kameramann: »Warum gehen Sie denn schon?« Der drehte sich noch in der Tür um: »C'est l'heure de l'apéritif, Monsieur … et – j'ai une femme – une maîtresse et des enfants.«

Wir fuhren mit einer gewaltigen Equipe und mit Lili Damita und Henri Garat zu Freiaufnahmen an die Côte d'Azur. Ein Assistent erklärte mir im Speisewagen des Train Bleu: »In jedem französischen Film gibt's 'ne Sequenz an der Côte d'Azur. Ob sie reingehört in die Geschichte oder nicht. Nett von Ihnen, dass Sie das so schnell erfasst haben.«

In einem Bistro, nah am Hafen von Villefranche, spendierten mir unsere Arbeiter eine Bouillabaisse, von den Fischern dort gekocht. Es war ein Riesentopf, viel zu viel. Ich leerte ihn bis zum Grund. In der Nacht wurde mir schrecklich schlecht. Als ich am nächsten Morgen trotzdem zu den Aufnahmen erschien, trat der Erste Elektriker auf mich zu, nahm meine Hand und sagte: »Monsieur, maintenant vous êtes Français.«

Was zu meiner Naturalisierung noch fehlte, kam durch die Intervention des Kultusministeriums zustande. Gewöhnlich musste man in Frankreich neun Jahre auf die Naturalisierung warten. Die damalige Regierung reduzierte jedoch diese Periode auf ein Minimum für mitteleuropäische Künstler, für Musiker, Schriftsteller und Regisseure, denen sie in Paris ein neues Heim schaffen wollte. Oscar Straus, Igor Strawinsky und Brailowsky wurden gleichzeitig mit mir Franzosen.

Ich hatte schon für Frankreich und gegen das Deutschland der Nationalsozialisten in meiner Eigenschaft als Saarländer optiert, während der »Saarabstimmung« im Jahre 1935. Ich fuhr damals nach jahrelanger Abwesenheit wieder in meine Heimatstadt. Bei der Abstimmung gab es drei Lösungen: Die Berliner Lösung hieß »Zurück zum Reich«. Die Saarbrücker Lösung, von den liberalen Sozialdemokraten und Kommunisten unterstützt, hieß »Fortsetzung des Völkerbundsmandats«. Die Pariser Lösung war rein imperialistisch und ging auf Annexion. Voller Respekt vor dem nationalen Gefühl der Deutschen, hatte ich mir meine eigene Lösung im Gepäcknetz mitgebracht, und ich schrieb sie auch auf meinen Abstimmungszettel, der wahrscheinlich dadurch ungültig wurde: »Solange die Nationalsozialisten an der Macht sind – französisch. Später wieder – deutsch.« Ich glaube, wenn diese Politik nicht so vereinzelt geblieben wäre, dann hätte Hitler darüber zu Fall gebracht werden können. Wenn man dem nationalen Bewusstsein Deutschlands bewiesen hätte, dass der Führer das Reich verkleinert, statt es zu vergrößern, dann hätte er wohl seine erste außenpolitische Niederlage erlitten, und diese Niederlage hätte er von Patrioten seines Landes einstecken müssen.

Die damalige Maschinerie der internationalen Politik war weit entfernt von solchem Dilettantismus! Und so hingen in der kleinen, verschneiten Stadt an den Denkmälern, in den Bäckerläden, vor den Schulen und Kirchen dreierlei Plakate. Das beste war das nationalsozialistische. Da stand eine gutmütige Frau vor einem kleinen, bescheidenen Haus. Durch die Fenster und die offene Tür brannte gemütliches Licht. Die Frau breitete die Arme aus, und darunter stand »Heim ins Reich«. Die Sozialisten hatten vor zerbrochenen Ketten oder warnenden Fäusten ein Wort gedruckt, das bestimmt nicht ein einziger Bergmann aussprechen konnte. Es hieß »Status Quo«. Und obwohl dahinter ein dickes Ausrufezeichen gemalt war, konnte man sich nichts darunter vorstellen. Die Franzosen waren sachlich und vornehm. Ihr Plakat sah aus wie eine Gebrauchsanweisung, und wenn man dicht herankam, konnte man lesen: »Sollten infolge der Abstimmung Gewalttätigkeiten entstehen, so sind für diejenigen, die französisch abgestimmt haben, jenseits der Grenze Hospitäler mit Betten und Behandlung kostenlos zur Verfügung gestellt.« Ich weiß nicht, ob es stimmt, was man in internationalen demokratischen Zeitungen las, dass die Abstimmung gefälscht war. Ich glaube, sie ging verloren wegen Mangel an theatralischem Instinkt.

Ich zog mich, ein beleidigter Showman, vom Weltereignis resigniert zurück und war froh, als ich in Paris keines der streitenden Plakate mehr zu Gesicht bekam, sondern wieder von dem jüdischen Clown begrüßt wurde, der für Cointreau an der Likörflasche leckt, und als ich wieder mit der Untergrundbahn an Worten entlangfuhr, die mir eine freundlichere Welt einzuteilen schienen: »Dubo–Dubon–Dubonnet«.

Mein Leben hat sich in vielen Wohnungen abgespielt. Geboren wurde ich in der Sulzbachstraße in Saarbrücken; das war eine Etagenwohnung mit vielen Zimmern. Es gab ein Wohnzimmer und ein »gutes« Zimmer, ein Herrenzimmer und den Salon. Ich erinnere mich besonders an die Türen, weil sie ineinandergingen und ich durch sie durch mit einem Luftgewehr die Wandteller vom Salon in Scherben schießen konnte.

Als ich sieben Jahre alt war, zogen wir in eine Villa in der Försterstraße. Sie lag auf einem Berg und meine Schule fünf Minuten Wegs nach unten im Tal. Ich bin jeden Morgen, noch das halbe Frühstück im Mund, von der Haustür bis zum Schulhof runter*gerannt,* weil es leichter war als zu gehen. Ich kam einmal zu spät, und mein Englischlehrer fragte »Warum?« Ich antwortete: »Herr Professor, ich habe Gegenwind gehabt.«

Zu Vaters fünfzigstem Geburtstag wohnten wir schon auf einem Gut, das sich der alte Herr erbaut hatte, weil er am Geschäft nicht mehr sehr interessiert war und Geld genug hatte, um Rousseauschen Prinzipien nachzuleben.

Während der Schauspielerjahre sahen alle die unzähligen möblierten Wohnungen und Hotelzimmer mehr oder minder gleich aus. Die Aussicht hinter den Fenstern wechselte von Aachen bis zum Schönbrunner Schlosspark in Wien – sonst nichts. Die Schönheit der Mittelstandsmöbel war monoton. Das Leben war bunt. Erst nach der Etablierung der Familie änderte sich der Stil. Wir wohnten immer so weit wie möglich am Rand der Stadt in guter frischer Luft. In Frankfurt lebten wir am Dornbusch. Der Garten hinterm Haus lief aus in die Felder. Um zu uns hinauszukommen, fuhr man an dem mittelalterlichen Eschenheimer Turm entlang; bis zur Stadtgrenze kostete die Straßenbahn zehn Pfennige; darüber hinaus fünfzehn. Wir sind manche Nächte nach der Vorstellung ein oder zwei Kilometer vor dem Dornbusch ausgestiegen, um fünf Pfennige zu sparen, die wir für die Abzahlung unserer ersten eigenen Wohnungseinrichtung nötig brauchten.

In Breslau besaßen wir ein kleines Siedlungshaus im Zimpel, weit hinterm Schweidnitzer Tor. Unser Nachbar hieß Goy – und war auch einer. Im Sommer half er mir Tomaten pflanzen; aber im Winter erfroren alle Stöcke, so russischkalt waren die Winde.

In Berlin lebten wir zuerst in Lichterfelde. Die Wohnung lag im dritten Stock, hatte einen Balkon, der so groß war wie ein halber Garten. An der Ecke unter uns stand ein kleines Zeitungshäuschen. Dort lebte mein Junge mehr als in seinem Kinderzimmer. Er half dem buckligen Herrn Abel Zeitungen verkaufen.

Bald zogen wir in ein Haus am Lietzensee. Das war dann schon so, wie Filmregisseure glauben, dass ihre Häuser aussehen müssen. Ich konnte mir damals schon so viel Sensibilität leisten, dass mich die Dimensionen meines Schlafzimmers nervös machten, und ich ließ mir die Decke einen halben Meter tiefer setzen.

In Paris besaßen wir ein Stadtappartement in Neuilly, und sechzig Kilometer von Paris weg kaufte ich mir ein altes Bistro in einem Dorf, wo es keine Wasserleitung gab, sondern nur Brunnen, und baute es mir zum Landhaus um.

In all diesen Wohnungen war es immer sehr gemütlich, und jedes Mal, wenn ich einzog, dachte ich, hier würde ich wohl lange bleiben. Diese Illusion konnte meine Frau durch die gemütliche Art, wie sie Zimmer einrichtete, jedes Mal wieder neu entstehen lassen. Dabei verloren wir aber immer mehr von den Dingen, die wir einst besaßen. Heute gibt's vom ersten Haushalt nur noch eine blaue Steppdecke und vier oder fünf Gabeln.

Sehr klassisch wohnten wir in Rom, als ich nach *On a volé un homme* einen italienischen Film machte. Unsere Zimmer gehörten zu einem Dachappartement im Hotel de la Ville über dem Pincio. Wenn ich vom Studio nach Hause ging, stieg ich, von der Piazza d'Espagna kommend, über die spanische Treppe empor, und ich kam mir jeden Abend vor, wie wenn ich in eine Ansichtskarte schlafen ging. »… Ich schenke dir Rom!«, sagte einer meiner romantischen Assistenten zu seiner kleinen Freundin, als er von meiner Terrasse über die »Ewige Stadt« blickte … »Ja – aber ich brauche auch eine Handtasche …«, antwortete sie.

Trotz dieses Baedeker-Daseins hat mir die Arbeit in Rom viel Freude gemacht. Am meisten sind daran die Italiener schuld. Der Mann, der meinen Film finanzierte, war ein großer Zeitungsverleger. »Il Commendatore« Signor Angelo Rizzoli, Piazza Erba, Milano. Er stellte den Film her, weil er verliebt war in den besten Fortsetzungsroman einer seiner illustrierten Zeitungen, und er war verliebt in jede einzelne Aufnahme, die er während der sechs Monate Produktionszeit zu Gesicht bekam. Als das Drehbuch zu Ende geschrieben war, und ich es ihm im Hotel Diana in Mailand vorlas, war er verliebt ins Drehbuch. Er sprang auf, schlug die Hände überm Kopf zusammen und rief: »Bravissimo! Facciamo una festa!« Wir tranken durch bis zum nächsten Morgen. Wann immer er mich während der Produktionszeit in Rom besuchte und ich ihm Proben vorführte, sprang er im dunklen Raum vom Stuhl hoch, schlug die Arme zusammen, so dass ihre Schatten die ganze Leinwand bedeckten und rief: »Bravissimo! Facciamo una festa!« Am nächsten Tag konnte dann meistens nicht gedreht werden. Als der Film während der Biennale in Venedig gezeigt wurde und sogar einen Ersten Preis erhielt – solche »festas« hatte das Hotel Danieli seit langem nicht gesehen.

Der Commendatore erschien ein Jahr später in Paris, ein bunter Ball von Lebensfreude, und als er im Auto zur Premiere ins *Mathurin*-Kino fuhr und sah die bunten Garde-Republicaine-Soldaten mit ihren Bilderbücherdegen und den Goldhelmen vor dem Theatereingang, und es gab sogar einen roten Teppich und Minister und Gesandte, da rief er: »Grande! Facciamo una festa!« Er kam noch manchmal nach Paris – auch dann, als der Film schon nicht mehr lief. Wenn es gar keinen anderen Grund gab, dann sagte er: »Der 25. Februar ist doch der Namenstag meines Onkels! Facciamo una festa!«

Alle anderen Mitarbeiter am italienischen Film waren ebenso reich an Temperament. Die männliche Hauptrolle spielte der populärste Tragiker des italienischen Theaters, Memo Benassi. Man konnte nie mit ihm reden, ohne dass er einen unterbrach und sagte: »Hab ich Ihnen eigentlich schon erzählt, dass ich der Liebhaber der Duse war?« Wenn man ihm versicherte, dass einem das völlig neu sei, konnte man mit ihm sehr gut auskommen. Wenn ich ihm erklärte, was in einer geplanten Szene vorzugehen hatte, und ich sagte ihm zum Beispiel: »Das ist ein wirklich ernster Moment, der Ihnen zu Herzen geht«, dann füllten sich seine Augen mit Tränen. Wenn ich ihm sagte: »... der Sie erschüttert«, dann *weinte* er herzzerbrechend, schon lange bevor er zu spielen begann.

Ein Kameraassistent, ein früherer Zirkusakrobat, war so entsetzt über sich selbst, wenn er die Schärfe verpasste, dass er mitten in der Aufnahme vom Apparat sprang, laut schrie: »Madonna mia« und seinen Kopf gegen den Bühnenboden schlug.

Mein Film wurde in den Cines-Ateliers gedreht, die noch nicht ganz tonabgedeckt waren. Draußen fuhr die Straßenbahn vorbei. Wenn wir eine Szene mit Dialog hatten, kletterte ein Arbeiter mit einer roten Fahne aufs Dach, schwenkte sie hin und her, und die Straßenbahn blieb so lange mitten in der Fahrt stehen, bis die Aufnahme zu Ende war. Nach acht Tagen wussten bereits die Schaffner, um was es sich in der Geschichte handelte, und unterhielten ihre Gäste während des Aufenthalts mit der Erzählung der ganzen Story.

Ich kam eines Morgens in die Dekoration einer reichen Wohnhalle und wollte, dass man die Treppe ein bisschen weiter nach rechts verschiebt. Der Architekt, Maestro Capponi, trat verstört auf mich zu. »Wieso verrücken? Was glauben Sie, wie wir bauen hier in Rom …?« Die Treppe war eingemauert.

Der Film war der erste italienische Tonfilm, der die Grenzen seines Landes überschritt. Er ist heute noch in allen romanischen Ländern im Repertoire. Wir haben die ersten Kranen, die ersten Kamerawagen, die ersten Kopiermaschinen in diesem Film gebaut. Es war der erste italienische Film, der auf zwei und mehreren Tonbändern gemischt wurde. Es war eine Erstgeburt von Anfang bis zu Ende, und wo immer ich Mitarbeit brauchte, fand ich außergewöhnlich starke Naturtalente.

Operateur war Ubaldo Arata, der aussah und trank wie der Mercutio in *Romeo und Julia*. Er hatte den Blick eines Tizian und den technischen Mut eines Michelangelo. Er warf seine Kamera nach vier Seiten herum, in einer einzigen Einstellung. Und es kam ihm nicht so sehr drauf an, wenn auch ein Scheinwerfer mitphotographiert wurde. Er lachte: »Dann sehen die Leute wenigstens, dass es Film ist.«

Der weibliche Star war ein Mädchen, das bis dahin in einem Warenhaus Handschuhe verkauft hatte. Ich fand sie eine besonders begabte Schauspielerin. Sie hieß Isa Miranda und wurde nach dem Film von der Paramount nach Hollywood engagiert.

Einen richtigen Faschisten habe ich in Italien nicht getroffen. Auch die höchsten Würdenträger im Schwarzhemd erklärten mir, sie seien's nicht. Sogar der Graf Ciano schien es nicht zu sein. Er war damals Propagandaminister und empfing mich in Sonderaudienz. Er ließ mich von zwei staubbedeckten Motorradfahrern in seinen Palazzo eskortieren. Sie sahen so aus, als ob sie sich den Staub auf ihre Uniformen aufgemalt hätten. – Es gibt ja in Rom keinen Staub … Der Graf tat alles, um mich die Nicht-Existenz des Regimes in charmanter Form fühlen zu lassen. Die Ordonnanz, die aussah wie ein Admiral, riss die Tür auf. Ich trat in den großen Raum. Ich wusste nicht, was ich mit meinem Arm anfangen sollte, denn gegen den »Römischen Gruß« sträubten sich plötzlich meine Gelenke. Noch ehe ich zu einer Bewegung ausholen konnte, eilte der Graf von seinem Schreibtisch her auf mich zu und schüttelte mir beide Hände. Er überreichte mir dann einen sehr blinkenden Pokal und unterhielt sich eine halbe Stunde mit mir. Er sprach fließend deutsch und französisch und sehr intelligent über die kulturellen Bindungen zwischen Frankreich und Italien und über die freundschaftlichen Beziehungen zu England. Im Frühling darauf las ich in den Zeitungen, dass er zum Abschluss der Achsen-Allianz nach Berlin fuhr. Ich sandte ihm ein Telegramm: »Tun Sie nichts, ohne mich vorher zu fragen.«

Hätte er nur auf mich gehört.

Der Film hieß *La Signora di tutti*. Es war ein bewegtes Eifersuchtsdrama. Ich glaube, für nicht italienischen Geschmack war es ein bisschen zu leidenschaftlich. Ein Höhepunkt war die Szene, in der die verheiratete Frau ihren Mann mit seiner Geliebten, einer Pflegerin, in der Nacht im Park des Familienanwesens glaubt. Die Ehefrau, seit Jahren völlig gelähmt, steigt in ihren Rollstuhl. Sie stürzt im Stuhl die Treppe hinunter zu Tode. Als der Film in Paris zu Ende war, fragte ich Tristan Bernard, wie er ihm gefallen habe. Er wischte sich mit dem Taschentuch über die Augen. »Très émouvant«, sagte er und räusperte sich. »… très émouvant …« Dann drehte er sich zu seiner Frau um: »Je ne t'acheterai jamais une chaise roulante!«

Mein nächster Film war von einem der besten Schriftsteller Frankreichs geschrieben und wurde mit einer der besten Gesellschaften von Paris gedreht. Er hieß *Divine*. Die besonders zarte, dichterische und witzige Colette schrieb das Buch nach einer eigenen Originalgeschichte. Ich glaubte an meine Arbeit. Als ich den Film fertig sah, gefiel er mir. Viele Künstler unter meinen Freunden, Kritiker und so weiter behaupteten, er sei gut. Das Publikum war nicht der Meinung. Es blieb weg. Der Film brachte seine Kosten und kaum mehr. Es war der größte Reinfall, den ich in meiner Praxis aufzuweisen habe, aber es war ein Reinfall mit Pauken und Trompeten. Ich mag nicht gern daran erinnert werden; ich habe schon fast vergessen, dass er je stattgefunden hat, und möchte, damit mir auch in Zukunft Kummer erspart bleibt, nicht wieder darüber schreiben.

Die Gesellschaft blieb trotz dieser Pleite mir sehr treu und bat mich, einen Film ganz nach meinem Geschmack zu machen. Ich wählte *La tendre ennemie*, ein tragikomisches Geister-Lustspiel, das ich Jahre zuvor in Breslau auf der Bühne uraufgeführt hatte. Der Autor hieß André-Paul Antoine. Ich suchte ihn über ganz Frankreich und fand ihn ein paar Straßen neben mir wohnend. Er sah aus wie Voltaire.

Unsere erste Besprechung begann im Parc Luxembourg, zog sich über die Pont de Jéna zum Briefmarkenmarkt im Parc Marigny, und als wir in der Rue St. Honoré ankamen, waren wir uns einig.

Ich engagierte für die Hauptrollen alle führenden Schauspieler des avantgardistischen Theaters Baty, die noch nie gefilmt hatten. Während der Verhandlungen mit dem Charakterspieler stieß ich auf Schwierigkeiten, auf die man nur in Paris stoßen kann. Er sollte einen älteren Spießer spielen, aber sein Haar war zu dicht. Ich schlug vor, es für den Film halb ausrasieren zu lassen. »… Ist das eine Bedingung?«, fragte er. »Dann muss ich es mir bis morgen überlegen.« Er kam tags darauf wieder und lehnte ab. Sein Einkommen für vier Wochen Aufnahmen wäre höher gewesen als ein Jahr Gage an der Bühne. Ich verstand ihn nicht. »Ich spiele jeden Abend nach dem Theater seit zehn Jahren mit denselben Freunden Karten. Die würden mich auslachen, wenn ich plötzlich mit einer Glatze käme …« Er hat die Rolle *doch* gespielt – *ohne* Glatze.

Die Idee des Films richtete sich gegen alles Konventionelle, das im Allgemeinen der dramatischen Liebesliteratur anhaftet. Drei Liebhaber ein und derselben Frau lernen sich tot als Geister kennen – im Leben wussten sie nichts voneinander. Die Frau hatte sie zu geschickt, einen mit dem anderen, betrogen. Gute Freunde und Kameraden im Totenreich, und weit über der Situation stehend, machen die drei Herren sich nach ihrem Ableben ein Vergnügen daraus, die Verwicklungen und Schwierigkeiten ihrer irdischen Affären voreinander zu enthüllen. Manche Damen mochten den Film nicht. Meine Frau mag ihn heute noch nicht. Er hat trotzdem den Prix Lumière gewonnen und wurde ausgewählt, Frankreich auf der internationalen Biennale in Venedig zu repräsentieren.

Eine führende französische Zeitung überschrieb ihre Kritik: »René Clair ohne Snobismus«. Seit der Zeit läuft der Film im Ausland meistens unter dem Namen von René Clair. Erst neulich habe ich ihn wieder so in New York angezeigt gesehen. Weil meine Frau den Film nicht mag, kann ich mich nie dazu entschließen, ernsthaft gegen diesen Kreditirrtum etwas zu unternehmen. Im Übrigen finde ich meinen großen französischen Kollegen gar nicht versnobt.

Während einer Aufführung von *Tendre ennemie* im Théâtre Édouard VII. kam ein Herr zu mir in die Loge. Er sah aus wie ein jüdisch-polnischer Boxer, hatte aber merkwürdig weiche Augen. Er hieß Korngold. Er erzählte mir, dass er den Film viele Male gesehen habe, ihn möge, und er selbst habe auch eine satirische Komödie geschrieben, die er mir gern zeigen möchte. Wir gingen ins Café Dôme, und er übergab mir ein mindestens tausendseitiges Drehbuch. Es behandelte in parodistischer Weise als Operette das Schicksal einer Malerkolonie in einem imaginären Land, und ich fand es eine sehr witzige Auseinandersetzung mit langhaarigen Wissenschafts-, Kultur- und Kunsttraditionen. Es war geschrieben, wie der Amerikaner Mencken solche Themen behandelt, und ganz musikalisch durchgearbeitet. Es war ein Erstlingswerk, viel zu lang, und doch konnte ich es nicht aus der Hand legen, so interessierte es mich. »Wollen Sie den Film machen?«, fragte mich der Boxer, und in seinen Kinderaugen glänzte dieser schöne, ideale Blick, hinter dem so viel Unternehmungskraft, aber keine Bankdeckung stand. »Ja, gern«, meinte ich. »Aber welches Studio wird so was wagen?« »Ich weiß eins.« »Wo?« »In Sowjetrussland.«

Ich wurde bei der russischen Handelsmission in Paris eingeführt, und man offerierte mir dort einen Vertrag. Approximative Herstellungszeit: zwei Jahre.

Von Kind auf angezogen vom Menschheitstraum einer christlich-kommunistischen Weltordnung, von den Mannesjahren an skeptisch in Bezug auf ihre Realisierung (treu befolgend den Satz von Bernard Shaw: »Wer unter fünfundzwanzig Jahren nicht Revolutionär ist, hat einen schlechten Charakter; wer über fünfundzwanzig Jahren noch Revolutionär ist, ist ein Trottel«) – bat ich, mir Zeit zu lassen zur Unterschrift des Vertrages, bis ich die Sowjetunion kennengelernt hätte. Ich wollte mich erst an Ort und Stelle mit meinem eventuellen neuen Wirkungskreis, der vielleicht für mein Leben entscheidend werden konnte, vertraut machen. Die Handelsmission fand meinen Vorschlag vernünftig; wir arbeiteten den Vertrag aus bis in die kleinste Kleinigkeit; es war abgemacht, dass er erst nach zwei Monaten Besuch in Moskau unterzeichnet werden sollte; inzwischen wurde ich mit Frau und Kind als Gast nach Russland eingeladen …

… und war zwei Monate später mit ihnen wieder in Paris.

Ich hatte bis dahin nicht gewusst, dass man auch in Holland Filme machen kann. Erst nachdem ich dort eine Vergleichsmöglichkeit bekommen hatte, *Die Komödie ums Geld*, ein Drehbuch nach einer eigenen Originalgeschichte von mir, habe ich erfahren, dass man in Holland keine Filme machen sollte. Meiner kam zwar zustande, und er hatte auch einen Anfang und ein Ende, aber nahm durch die unzureichenden technischen Mittel so viel Zeit in Anspruch, dass ich inzwischen in Paris drei Großfilme hätte fertigstellen können. Immerhin habe ich während dieser Monate das Rijksmuseum – sehr genau –, viel Malerei, Städtebaukunst, die Königin Wilhelmine und die Ausdehnungsmöglichkeiten der Fahrradindustrie kennengelernt … und eine neue Sprache … und einen neuen Schauspielertyp.

Ich habe in Deutsch, Französisch, Italienisch und Holländisch Schauspieler geführt. Nach meinen Erfahrungen sind Schauspieler national verschieden – ich glaube, dass in nationaler Verschiedenartigkeit viel Schönheit liegt. Die deutschen Schauspieler habe ich gern, weil sie ihre Gestaltungen vertiefen, weil sie gründlich sind, nah am Mystischen. Die französischen Schauspieler habe ich gern, weil sie aus ihren Nerven heraus spielen, weil sie jeder kleinsten psychologischen Regung nachgehen. Die italienischen Schauspieler habe ich gern, weil sie sich von ihrem Temperament hinreißen lassen; und die holländischen Schauspieler habe ich gern, weil sie lebensfroh sind und sonnig und hell und so sauber spielen, wie ihre Wohnungen eingerichtet sind … Eine Verallgemeinerung aber, weiß ich, kann nicht falsch sein: Ich habe alle Schauspieler gern.

Besonders gern habe ich Schauspieler in ihrer Anfängerzeit. Und von all denen, deren Wachstum ich mit ansehen durfte, habe ich wohl am liebsten das Mädchen gehabt, das die Hauptrolle in dem holländischen Film spielte. Rini Otte kam eines Tages ins Büro, frisch von der Schule weg, und so sah sie auch aus. Als ich ihr nach einer positiven Probeaufnahme einen Vertrag anbot, machte sie eine Bedingung: »Ich kann nur abschließen, wenn mein Vater auch arbeitet.

Er hat ein halbes Jahr nichts zu tun gehabt, und es wäre mir peinlich, wenn ich Geld verdienen würde und er nicht.« Ihr Vater war Anstreicher, und vom ersten bis zum letzten Drehtag stand er im Studio auf der Leiter. Rini hat nie ihre proletarische Ursprünglichkeit aufgegeben. Einmal, in einer Ballszene, war ein Deckenverputz abgefallen, und der elegante Parkettboden musste gesäubert werden. Die Scheinwerfer brannten schon; es musste schnell geschehen. Ehe ich mich versah, stand Rini im glitzernden Abendkleid zwischen den Bühnenarbeitern und fegte mit. Nach ein paar Wochen fiel mir auf, dass sie freitags immer sehr zerstreut war, öfters geheimnisvoll verschwand und außer Atem wiederkam. Auf meine Frage gestand sie: »Wissen Sie, bevor ich angefangen habe, Schauspielerin zu werden, habe ich Schilder gezeichnet für die Geschäfte. Meine besten Kunden waren immer die Metzger, und ich weiß noch nicht, wie das ausgehen wird, was ihr da alle mit mir versucht … Ich meine, es wäre besser, wenn ich inzwischen meine Kunden nicht verliere. Ich male weiter meine Schilder, und freitags fahre ich sie aus. Freitags liefere ich ›Heute frische Wurst‹.«

Mein Manager war Dr. Leiser. Er hatte nur wenige, sehr gute Leute; er war an vielen erstklassigen europäischen Künstlern reich geworden, und an seiner Vorsichtigkeit, mit Geld umzugehen. Als er Rini Otte sah, platzte ihm, dem planvollen Geld- und Familienverwalter – er hatte eine regelrechte Ehefrau und zwei regelrechte Kinder – das Kragenknöpfchen. Zum ersten Mal in seinem Leben nahm er nicht, sondern investierte Geld. Er riss Rini aus ihrem Milieu, finanzierte ihr einen einjährigen Aufenthalt in London, in den besten Kreisen, ließ sie planmäßig ausbilden, einkleiden, erziehen, reiten, Tennis und Golf spielen, ließ sie planmäßig schön und luxuriös machen durch die teuersten Experten, wie eine Prinzessin. Hollywood wurde planmäßig nach dreiviertel Jahren auf sie aufmerksam, planmäßig lehnte der Doktor zunächst alle Angebote ab und wartete, bis die Talentschnupperer schon auf den Knien rutschten. Aber gegen jedes Programm teilte Rini eines Tages mit, sie sei in einen mittellosen, unbekannten Schriftsteller verliebt, sie erwarte ein Kind von ihm, er möge Film nicht gern … Sie liebe ihn, sie verzichte gern auf jede Karriere – sie sei bereit, alles in sie investierte Kapital durch Schildermalen wieder abzuverdienen … Und so fuhr sie wieder zurück nach Amsterdam, zu »Vandaag verse worst«.

Während der Aufnahmen zu *Komödie ums Geld* geriet ich in den Strudel der »Solidaritäten«. Ich kam eines Morgens ins Studio, und die Arbeiter streikten. Sie standen herum mit gekreuzten Armen und hatten den Betrieb »besetzt«. Sie kopierten die französische »Front Populaire« in Gesten, die ihrer niederländischen Gemütlichkeit nicht so gut standen wie dem Pariser Anarchismus. Das Studio gehörte zwei holländischen Brüdern, rotbackige, weißhaarige, greise Junggesellen, Tonpfeifenraucher aus den Tabakreklamen, nur ohne Tracht. Sie waren völlig hilflos und baten mich, für sie die Verhandlungen zu führen. Ich tat es, und es stellte sich heraus, dass man den Arbeitern seit drei Monaten die Überstunden nicht bezahlt hatte. Ich ging hinauf ins Büro der Brüder, die zum Überfluss Biedermann hießen. Ich sagte ihnen: »Sie müssen einfach Ihr Versprechen einhalten. Ich habe in Deutschland jüdische Unternehmer gesehen …« Der eine Biedermann unterbrach mich: »Wieso jüdische?

Biedermann, Biedermann! Das ist kein jüdischer Name – wir sind keine Juden.« »Dann stehen Sie zu Ihrem Wort als Christ!«, sagte ich. Sie zahlten, der Streik ging zu Ende. Aber der Film noch nicht. Der dauerte länger als die geplante Drehzeit. Nach drei Wochen ließen mich die Biedermanns wieder verzweifelt ins Büro rufen. »Herr Ophüls«, sagte der ältere, »machen Sie doch den Film fertig, so schnell wie möglich. Helfen Sie uns, haben Sie doch Verständnis – Sie sind doch auch Jude.«

Eines meiner internationalsten Produkte war *Yoshiwara*, eine Originalgeschichte, von dem Franzosen Maurice Dekobra ausgedacht, von einem Engländer und einem Deutschen geschrieben, von mir inszeniert und von zwei Japanern in französischer Sprache in Paris gedreht. Der Produzent hatte Sessue Hayakawa für die Hauptrolle unter Vertrag genommen. »Spricht er eigentlich französisch?«, fragte ich. »Das habe ich ganz vergessen zu fragen.« Ein Telegramm ging nach Tokio, die Antwort hieß: »À la perfection.«

Hayakawa landete in Le Havre. Reporter, Photographen und Rundfunkleute empfingen ihn. Ich wartete in Paris. Wir aßen zusammen im Fouquet. »Sie können ruhig französisch mit Herrn Hayakawa sprechen«, ermutigte mich der Produzent beim Austausch der Höflichkeitsformeln. »Est-ce que vous avez fait un bon voyage, Monsieur Hayakawa?«, fragte ich. »Grrrrrr …«, rollte irgendetwas im maskenartigen Gesicht des Japaners. Es klang tief wie Bauchreden. Ich drehte mich eine Sekunde verwirrt zum Produzenten. Der stieß mich unterm Tisch noch mal ermutigend an. »J'aimerais vous lire le manuscrit. Quand voulez-vous que je le fasse?«

nahm ich mir ein Herz. »Grrrrrr …« »Der Junge hat keine Ahnung!«, flüsterte ich deutsch zu meinem Produzenten. Es war leider so. In acht Tagen musste das ganze Drehbuch umgeschustert, die Dialoge des Hauptdarstellers auf ein Minimum zurechtgeschnitten werden, und man gab ihm einen Französischlehrer, der mit ihm die paar verbliebenen Worte Tag und Nacht ochste.

Am ersten Drehtag stand unweit der Kamera der alte Fisch, ein jiddischer Tapezierer, uralt, der nie, obwohl schwer zuckerkrank, vom *Studio Francœur* entlassen wurde, weil er ein Maskottchen war. Er hatte es miteröffnet und vor Menschengedenken die ersten »Paysagen«, wie er sich ausdrückte, gepinselt, als der alte Nathan noch Filme selber spielte. Als Hayakawa anfing zu sprechen, drehte sich der alte, halbtaube, halbblinde Fisch, den Farbentopf in der Hand, zu einem Elektriker: »De sogen immer, Japanisch isso schwer. Ich versteh beinah jedes Wort!«

Auch der weiblichen Hauptdarstellerin, Michiko Tanaka, näherte ich mich mit viel sprachlicher Vorsicht. »Ich kann nicht Japanisch – soll ich Englisch mit Ihnen sprechen oder Französisch?« »Machen's keine Witz«, sagte sie, »mit mir können's Weanerisch reden.« Sie hatte jahrelang in Wien gelebt. Ich habe mich sehr bemüht, ihr Französisch beizubringen. Aber nach kurzer Zeit im Film entdeckte sie ihr japanisches Herz, heiratete Hayakawa und zog mit ihm nach Berlin.

Eines Abends während der Aufnahmetage fuhr ich über die Boulevards. Sie schienen sehr erregt. Ich hatte mal wieder keine Zeitung gelesen. Eine Freundin erzählte mir was von München, von Kriegsgefahr und der Tschechoslowakei. Wir

(2) Der Vater,
Leopold Oppenheimer

(3) Die Mutter, Helene
Oppenheimer geb. Bamberger

(4) Max Oppenheimer mit seiner sieben Jahre jüngeren Schwester Friedl

(5) Max Oppenheimer (ganz links) mit den Schulfreunden Richard Hertzog, Otto Hardt und Max Schmitt

(6) Max Oppenheimer als Konrad Bolz und Albertine Haas als
Adelheid Runeck in der Schulaufführung von Gustav Freytags
Komödie *Die Journalisten* im Januar 1920

(7) Max Ophüls als Graf Alba-
fiorita in *Mirandolina* von Carlo
Goldoni, Stadttheater Aachen,
Spielzeit 1922/23

(8) Max Ophüls (Mitte) als Fähnrich Josias Herschel in *Demetrius* von Albrecht
Schaeffer, Stadttheater Aachen, Spielzeit 1922/23

(9) Regisseur Max Ophüls (4. von links) mit dem Ensemble seiner Inszenierung von Georg Kaisers Komödie *Kolportage* an den Vereinigten Stadttheatern Barmen-Elberfeld 1925

(10) Ludwig Fulda (2. v. links) mit dem Ensemble der Inszenierung seiner Komödie *Der Vulkan* am Akademietheater Wien 1925 von Max Ophüls (ganz rechts)

(11) Hilde Wall,
Porträtfoto um 1925

(12) Hilde Wall (links) als
Spinetta und Maria
Mayen als Oberin in
Ophüls' Inszenierung von
Georg Terramares Le-
gendenspiel *Erfüllung* im
Burgtheater Wien 1925

(13) Szenenentwurf des Bühnenbildners Harry Wilton für Ophüls' Inszenierung *Eros im Zuchthaus* von Friedrich Lichtnecker am Vereinigten Lobe- und Thaliatheater Breslau 1929

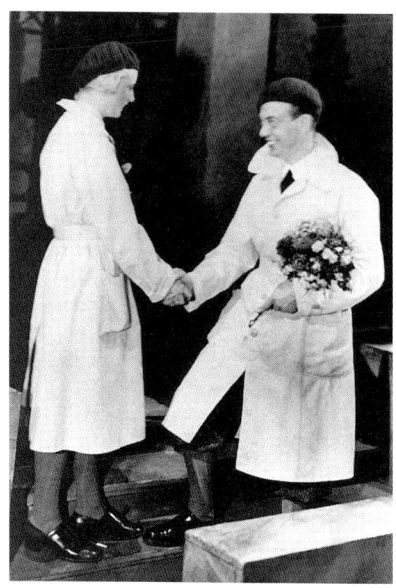

(14) Gertrud Quinque und Franz Kutschera in Ophüls' Inszenierung *Die Feindin* von André-Paul Antoine am Vereinigten Lobe- und Thaliatheater Breslau 1930

(15) Max Ophüls und der Komponist Harry Ralton in Breslau ca. 1929

(16) Ensemble der Vereinigten Lobe- und Thaliatheater Breslau in der Revue
Saisonsausverkauf 1929! von Max Ophüls

(17) Die Hauptdarsteller von Ophüls' Inszenierung der Komödie *Eine königliche Familie* von George S. Kaufman und Edna Ferber, Berlin 1931. Von links: Eugen Burg, Adele Sandrock, Rosa Valetti, Anton Wohlbrück, Felix Bressart, Maria Fein, Edith Edwards; Foto: Josef Schmidt

(18) Rosa Valetti und Anton Wohlbrück in *Eine königliche Familie*, Berlin 1931;
Foto: Josef Schmidt

(19) Lilian Harvey als Gladys O'Halloran und Regisseur Anatole Litvak bei der Probe für Harveys Sprung ins Wasser in NIE WIEDER LIEBE (1931)

(20) Szenenbild DANN SCHON LIEBER LEBERTRAN mit Alfred Braun als Petrus (1931)

(21) Lien Deyers (Gretl Krummbichler, Postbeamtin) und Gustav Fröhlich (Werner Loring jr., Direktor der Ideal-Tonfilm) in DIE VERLIEBTE FIRMA (1932)

(22) Hermann Krehan (Martini, Filmoperateur) Hubert von Meyerinck (verdeckt, Willner, Filmautor), Lien Deyers, Leonard Steckel (verdeckt, Filmregisseur) und Ernst Verebes (Pulver, Regieassistent) in DIE VERLIEBTE FIRMA (1932)

(23) Willy Domgraf-Fassbaender (Hans, Postillon) und Jarmila Novotna (Marie, Tochter des Bürgermeisters) in DIE VERKAUFTE BRAUT (1932)

(24) Karl Valentin (Brummer, Zirkusdirektor) und Liesl Karlstadt (Frau Brummer) in DIE VERKAUFTE BRAUT (1932)

(25) Max Ophüls mit dem Kamerateam bei den Dreharbeiten zu LACHENDE ERBEN (1932) bei der Aufnahme der Szene »Testamentseröffnung«, die im Film aus der Sicht des großen Wandbildes des Verstorbenen zu sehen ist.

(26) Julius Falkenstein (Notar Weinhöppel) und die Erben Heinz Rühmann
(Peter Frank), Ida Wüst (Frau Bockelmann) und Max Adalbert (Herr Bockelmann)
in LACHENDE ERBEN (1932)

(27) Magda Schneider (Christine Weiring) und Wolfgang Liebeneiner
(Leutnant Fritz Lobheimer) in Liebelei (1932/33)

(28) Willi Eichberger (Oberleutnant Theo Kaiser), Luise Ullrich (Mizzi Schlager),
Magda Schneider und Wolfgang Liebeneiner in LIEBELEI (1932/33)

(29) Simone Héliard (Mizzi Schlager), Georges Rigaud (Oberleutnant Théodore Berg), Wolfgang Liebeneiner (Leutnant Fritz Lobheimer) und Magda Schneider (Christine Weiring) in Une histoire d'amour (1933)

(30) Charles Fallot (Victor), Lily Damita (Annette) und Henri Garat (Jean de Lafaye) in On a volé un homme (1933/34)

(31) Isa Miranda als Filmstar Gaby Doriot in LA SIGNORA DI TUTTI (1934)

(32) Simone Berriau (oben Mitte) als Ludivine und Gabriello (auf der Treppe, Coirol, in seiner Rolle als Dompteur Néron) in DIVINE (1935)

(33) Simone Berriau (die Feindin) und Marc Valbel (Geliebter) in La tendre ennemie (1935/36)

(34) Rini Otte (Willy Brand) in Komedie om Geld (1936); Foto: J. Merkelbach

(35) Max Ophüls (2. Reihe Mitte), links daneben Kameramann Eugen Schüfftan mit den Technikern und Schauspielern in der Schlussdekoration von KOMEDIE OM GELD (1936). Stehend im hellen Mantel Arend Sandhouse (Tankwart), rechts daneben Rini Otte (Willy Brand), Edwin Dubbens Doorenbos (Jahrmarktsänger) und Hermann Bouber (Bankbote Brand).

(36) Sessue Hayakawa (Isamo, Kuli) und Pierre Richard-Willm (Leutnant Polenoff) in YOSHIWARA (1937)

(37) Michiko Tanaka (Kohana) und Pierre Richard-Willm in YOSHIWARA (1937)

(38) Pierre Richard-Willm (Werther) und Annie Vernay (Charlotte) in Le roman de Werther (1938)

(39) Paulette Pax (Tante) und Annie Vernay (Charlotte) in LE ROMAN DE WERTHER (1938). Die Außenaufnahmen wurden im Elsass gedreht.

(40) Edwige Feuillère (Evelyne Morin) und Louis Florencie (Gast) in SANS LENDEMAIN (1939)

(41) Edwige Feuillère und Michel François als ihr Sohn Pierre in SANS LENDEMAIN (1939)

(42) Edwige Feuillère (Sophie Chotek) und John Lodge (Erzherzog Franz Ferdinand) in DE MAYERLING À SARAJEVO (1939/40)

(43) Die Filmaufnahmen des Attentats auf Erzherzog Franz Ferdinand und seine Frau für DE MAYERLING À SARAJEVO wurden Ende August/Anfang September 1939 in Roman-sur-Isère gedreht.

(44) Sein Foto als Tirailleur in der französischen Armee schickte Ophüls an die Filmzeitschrift *Pour Vous* mit einem Gruß an die Leserinnen: *»Denken Sie nicht nur an
die Tommies. Träumen Sie auch ein bisschen von uns französischen Soldaten. Seien Sie
großzügig und vergessen Sie die fehlgeschlagenen Rendezvous und schreiben Sie z. B. dem
Schützen Max Ophüls.« (Pour Vous, 8. 11. 1939)*

(45) Leonard Steckel (Heinrich VIII.) und Margarethe Fries (Katharina Parr) in Ophüls' Inszenierung *Heinrich VIII. und seine sechste Frau* von Max Christian Feiler am Schauspielhaus Zürich, Premiere: 5.12.1940

(46) Karl Paryla (Romeo) und Hortense Raky (Julia) in Max Ophüls' Inszenierung *Romeo und Julia* von William Shakespeare (Übersetzung: Hans Rothe) am Schauspielhaus Zürich, Premiere: 20.3.1941

(47) Douglas Fairbanks jr. im Kostüm von Charles II. und Max Ophüls bei den Dreharbeiten zu THE EXILE (1947)

(48) Joan Fontaine (Lisa Berndle), Louis Jourdan (Stefan Brand) und Max Ophüls bei den Dreharbeiten der Praterszene in LETTER FROM AN UNKNOWN WOMAN (1947)

(49) Max Ophüls und James Mason bei den Dreharbeiten zu CAUGHT (1948)

(50) Die Hauptdarstellerin Joan Bennett, ihr Ehemann und Produzent Walter Wanger und Max Ophüls bei den Dreharbeiten zu THE RECKLESS MOMENT (1949); Foto: Joe Walters

(51) Szenenfoto LA RONDE (1950) nach Arthur Schnitzlers Komödie *Reigen* mit von links Daniel Gélin (der junge Herr), Adolf Wohlbrück (le meneur de jeu) und Danielle Darrieux (die verheiratete Frau)

(52) Max Ophüls und Mitarbeiter bei den Dreharbeiten zu LE PLAISIR (1951); Foto: Roger Forster

(53) Max Ophüls und Danielle Darrieux bei den Dreharbeiten zu MADAME DE … (1953)

(54) Max Ophüls und Conrad von Molo bei den Synchronaufnahmen für MADAME DE … im Studio Remagen

(55) Max Ophüls, Martine Carol (Lola Montez) und Adolf Wohlbrück (König Ludwig I. von Bayern) bei den Dreharbeiten zu LOLA MONTEZ in München 1955

(56) Pressekonferenz mit Adolf Wohlbrück, Max Ophüls, Oskar Werner und Ivan Desny anlässlich der deutschen Premiere von LOLA MONTEZ in München am 12.1.1956

(57) Szene aus Ophüls' Inszenierung von *Der tolle Tag oder Figaros Hochzeit* von Pierre Caron de Beaumarchais mit Marianne Kehlau (Gräfin), Solveig Thomas (Susanne) und Heinz Reincke (Figaro). Deutsches Schauspielhaus Hamburg, Premiere 5.1.1957; Foto: Rosemarie Clausen

(58) Max Ophüls beim Abhören einer Rundfunkaufnahme im Hessischen Rundfunk, 1955/56; Foto: Kurt Bethke

waren mit Bekannten am Place St. Michel, nah am Quartier Latin, zum Essen verabredet. Sie sprachen alle nervös durcheinander und meinten, es wäre wohl gut für mich, wenn ich abreiste; vielleicht nach Amerika. Ich konnte mir so etwas gar nicht vorstellen. Besonders nicht mitten in einem Film. Plötzlich standen Leute auf, fielen sich in die Arme, und ein bärtiger Herr, den ich noch nie im Leben gesehen hatte, küsste mich. Extrablätter flogen von Hand zu Hand, »Daladier, Chamberlain und Hitler in München; der Friede ist gerettet«. Irgendwo stieß man einen Tisch um vor Freude. »Warum habt ihr's dann überhaupt dem Max erzählt?«, fragte mein Freund Alexander. »Dann hättet ihr ihn doch gar nicht erst zu stören brauchen!«

Im nächsten Film ließ ich mich definitiv nicht mehr stören, obwohl schon Kanonen in ihn hineindonnerten. Wir fuhren für *Werther* zu Außenaufnahmen ins Elsass. Drüben überm Rhein, im Schwarzwald, in der Siegfriedlinie, spielten die Deutschen Krieg. Von der Maginot-Linie hörte man die Franzosen spielen. Die friedlichen Goethe-Dialoge mussten manches Mal abgebrochen werden. Im hohen Ährenfeld traf ich den Tonmeister, der sich eine besondere Schutzvorrichtung um sein Mikrophon gebaut hatte. »Contre le vent et contre l'epoque«, sagte er. So ließen wir uns nicht stören. Wir konnten nicht nach Wetzlar fahren, wo der Werther sich in die Lotte verliebte. Wir nahmen mit den französischen Vogesen vorlieb. Sie sehen aus wie Süddeutschland. Wenn am Rhein beim Sonnenuntergang die Kirchenglocken läuten, klingen sie von beiden Ländern her wie Geschwister. Auch der Friede, der über Goethes *Werther* liegt, ist zweisprachig. Das Buch hat er während seiner Straßburger Zeit erdacht und in Wetzlar erlebt. Und es ist in die französische Kultur so eingegangen wie in die deutsche. Und deshalb ließen wir uns nicht stören. Wenn über unseren Rokoko-Film-Postkutschen am Himmel silberne Stukas flogen, kippten wir die Kamera ein bisschen nach unten. Wenn wir durch den permanenten Weißweinrausch, von dem wir nicht loskamen, bedrohliche Zwischenfälle auf uns zukommen sahen, schauten wir weg – und dachten an Goethe. In Riquewihr, das früher einmal Reichenweier hieß, taumelte eines Nachts einer unserer Pariser Elektriker – betrunken – mit blutüberströmten Händen ins Hotel. »Ich wollte mir Zigaretten kaufen, da hat mir die Frau gesagt, sie versteht nicht Französisch. Sie spricht nur Deutsch …«, lallte er. »Gott sei Dank habe ich meinen Hammer bei mir gehabt … Viel ist nicht mehr da von der Épicerie.« Am nächsten Tag erschien der Bürgermeister, um den Fall beizulegen. Er hieß, seltsam gemischt, »François Wiederkehr«. Noch bevor ich was sagen konnte, zuckte er die Achseln: »Wenn ich nur wüsste, wohin! Wir Elsässer kriegen es immer auf den Kopf – alle vierzig Jahre. Es spielt schon keine Rolle mehr, von wem. In jeder Familie hängen von jeder Generation die toten Helden in der guten Stube. Mal in der einen Uniform, mal in der ändern …« Wir tranken Rheinwein und filmten den Goetheschen Frieden – und ich ließ mich nicht stören.

Auch im nächsten Film, *Sans lendemain*, nicht … obwohl es sogar eine »Mobilisation générale« gab. Sie wurde sowieso nach ein paar hektischen Tagen wieder abgeblasen.

Sans lendemain ist aus persönlichen Pariser Stimmungen und Erlebnissen entstanden, die uns viele Nächte festhielten zwischen den Gestalten des Pariser Nachtlebens. Stimmungen, die von den Zensoren aller Länder aus den Kopien herausgeschnitten worden sind. Ich habe noch nie eine ungeschnittene Kopie des Films zu Gesicht bekommen. Und das, was man mir nicht erlaubt hat zu zeigen, hat mir immer am besten gefallen. Die Welt der Zuhälter und Huren, Grabmäler der unbekannten Soldaten der Liebe, die das Fundament der bürgerlichen Moral abgeben, haben mich immer angezogen, und ich möchte gern eines Tages einen richtigen Film darüber machen. Einen, den ein Maupassant von heute schreiben sollte. Hie und da sind vielleicht ein paar Minuten von dieser meiner Sehnsucht in *Sans lendemain* ausgedrückt. Aber es ist nur ein Anfang.

In Marseille hat einmal einer meiner Bekannten die konventionelle Frage an ein Mädchen gerichtet: »Wie bist denn du ›hierher‹ gekommen?« Sie antwortete ihm: »Ich hab früher den Kunden immer Geschichten erzählt und nicht immer dieselben. Jetzt sage ich ihnen, sie sollen *Sans lendemain* ansehen – das ist wahr.«

Das ist immerhin eine Anerkennung für den Film, und diese Wahrheit verdanke ich der Gestaltung, die Edwige Feuillère gab. Prostitution hat sie gespielt – müde, billig, resigniert und vulgär –, wie die Hurenlieder klingen, die man zum elektrischen Klavier singt.

Ich verstand mich mit ihr, ohne dass wir uns über technische Details lang unterhalten mussten. Bevor der Film begann, wollten wir uns über die Rolle aussprechen, fuhren aber beinahe wortlos eine Nacht durch Paris, saßen in Cafés oder in ihrer Wohnung, schauten durchs Fenster, nahmen Stimmungen auf, ohne uns über jede einzelne Rechenschaft zu geben. Und im Studio haben wir auch immer den Stimmungen Zeit gelassen, haben geduldig gewartet, bis sie da waren. Dann hat die Feuillère immer nur das getan, was sie ihr eingaben. Ich glaube, sie ist eine große Schauspielerin.

Aber – bei *Sarajewo* wurde ich gestört, ob ich wollte oder nicht. Wir drehten in Romans die letzte Sequenz, den Besuch des Erzherzogs Franz Ferdinand in Sarajewo und seine Ermordung. Tausende von biederen Provinzlern hatten sich als Serben angezogen; die Geschäfte schlossen zu, die Kirchenglocken läuteten, die Schulkinder sangen serbische Volkslieder – auf den Mauern, in den Bäumen, auf den Dächern hingen halbwüchsige Jungen und winkten dem Thronfolgerpaar und meiner Kamera zu. Der Priester ließ eine Beerdigung umleiten, um meine Aufnahmen nicht zu stören. Die Bürgermeisterei hatte serbische Farben aufgezogen, die Brücken waren mit österreichischen Fahnen geschmückt; die Polizei zog habsburgische Uniformen an; die Bürger hingen orientalische Teppiche über ihre Balkone; die ganze Stadt hatte sich in komödiantischer Freude in meine Szene verwandelt. In diese Phantasie platzte die Störung. Als der Mörder Princip seinen Schuss ins Objektiv feuerte, jenen Schuss, der fünfundzwanzig Jahre vorher eine Welt in Brand setzte, kam der Requisiteur gelaufen mit der Nachricht: Generalmobilmachung – Drohender Kriegszustand – Deutschlands Ultimatum an Polen. Der Mörder Princip nahm seine Perücke ab und zog aus der Brieftasche ein rotes Kuvert, das er für solche Fälle immer bei sich trug. Er gehörte der Klasse 35 an und hatte einen Spezial-Stellungsbefehl direkt in die Maginot-Linie. Der »Soldat Soundso hat sich auf dem kürzesten und schnellsten Wege zu seinem

Kommando zu begeben«... hieß es auf dem roten Papier. Die nächste Schnellzugstation war eine Stunde Autofahrt entfernt. Ich fuhr den Mörder Princip in seinen Krieg. »Ich sollte lieber meinen Onkel im Kriegsministerium in Paris anrufen ... vielleicht ist es wieder mal nicht so ernst – wie immer.« Wir hielten an einem Bistro. Es ging schon sehr laut drin zu, und viele Männer hielten ihre Frauen fester als sonst. Princip telefonierte von der Küche aus, wo der Wirt mit hochrotem Gesicht zwischen heißen Töpfen auf die politische Lage fluchte. »Il faut les prendre, hauts ou courts!« »Wen?«, fragte ich. »Tout le monde!« Princip schrie was durch den Hörer, dann kam er wieder, kopfschüttelnd. »Der Onkel meint, es ist dieses Mal ernst.«

Als ich von der Bahn zurückkam, mussten wir schon die Kamera vom Eingang des Stadthauses von Sarajewo zurückschieben, denn an der Mairie hing bereits neben den Aufrufen des österreichischen Kaisers die Bekanntmachung »Appel – Sous les drapeaux!« Als dann das Volk zusammenströmte um die Mordkatastrophe, hatten schon viele der mitwirkenden Serben ihre kleinen Köfferchen, mit denen sie einrücken mussten, unterm Arm; und sie stellten sie einen Augenblick zur Seite, um die Szene nicht zu verderben. »Ist es sehr schlimm für Sie, wenn ich abbreche?«, fragte mich blass mein Operateur. »Eben haben sie nämlich durchs Radio meine Jahreszahl aufgerufen ... Au revoir!«, sagte er und gab mir die Hand. Der Tonmeister rief seinem Assistenten zu: »Packen Sie ein und grüßen Sie meine Frau. Ich muss direkt nach Belfort.« Er ließ die Geräte und den Tonwagen da stehen, wie sie waren. »Kann ich meine Schminksachen hier reinschieben?« Der Friseur stellte Puder, Perücken, Parfüms und künstliche Augenbrauen mitten unter die Apparaturen. Er klappte noch nicht einmal die Tür vom Lastwagen zu – sie wippte hin und her. Er fuhr nach Metz. Ich fühlte mich plötzlich allein und verloren, denn ich war nie französischer Soldat gewesen, und es gab keinen Bestimmungsort für mich. »Sie werden Sie schon noch holen«, tröstete mich einer, der schon den andern Krieg mitgemacht hatte. »Sie holen jeden.«

Ich fuhr in der Nacht nach Paris. In meinem Wagen, in dem vier Personen Platz hatten, saßen wohl acht. Nur Männer. Solche, die in den nächsten drei Tagen drankamen. Frauen blieben zurück. Ich glaube, ich habe es nie so regnen sehen wie in dieser Nacht. Es regnete sogar von unten her. Durch die schmutzigen, verweinten Scheiben sah ich Tausende von Autoscheinwerfern neben mir und hinter mir über die sonst so friedlichen einsamen Landstraßen nach Paris hasten. Und in allen Autos saßen Männer, die zu den Waffen mussten. Unserem Hinterrad ging die Luft aus. Wir hielten in einem hohen Wald. Der nasse Lehm ging uns bis an die Waden, als wir anfingen zu reparieren. Auto um Auto fuhr durch die nasse Nacht an uns vorbei. Endlich stieg einer aus und half uns. Er war Garagenbesitzer in Dijon. Man konnte nicht feststellen, wie er aussah, so troff das Wasser von überall her. »Merde!«, sagte er. »Je n'aime pas la guerre!«

Die beiden Garde-Mobile-Polizisten sahen aus wie korpulente Raben. Sie radelten behäbig erst durch die Kornfelder, dann über die Landstraße, dann durchs ausgestorbene Dorf, dann einen schmalen Feldweg entlang über die rote, offene Erde, die hineinmündete in den zaunlosen Garten hinter meinem Landhaus. Sie stiegen nicht einmal ab, sondern ließen die Beine schleifen, wischten sich den Sommerschweiß von der Stirn und reichten durchs Küchenfenster den kleinen, engbedruckten Schein »Appel sous les Drapeaux«. So wurde ich Soldat.

Als ich das Dorf verließ, stand eine alte Frau in der Nähe der Bürgermeisterei. Sie weinte schon seit einer Woche, seit der Krieg ausgebrochen war. Sie weinte auch, als ich ging. Leute erzählten, in ihrer Jugend habe sie mal eine sehr schwere Krankheit gehabt, über die der Dorfarzt nicht recht Bescheid wusste; und seit der Zeit könne sie die Augen nicht mehr schließen. Sie hatte keine Lider mehr. Die Pupillen saßen ohne Schutz in ihrem pergamentenen Gesicht. So rannen die Tränen ohne Aufenthalt, und sie jammerte: »Quelle misère … quelle misère!«

Was den äußeren Ablauf der Ereignisse anbelangt, so hat sie für mich wohl recht gehabt. Ein verlorener Krieg mit einem Kriegsende, das sich gegen die wendet, die an den Krieg geglaubt haben … alle die Situationen, von denen sich viele Schriftsteller, Produzenten, Schauspieler und Extras ernährt haben, sind von mir nicht dramatisiert, sondern erlebt worden … leider!

Trotzdem fehlte es der Frau, die mir nachweinte, an Phantasie. Hat sie nicht gewusst, dass Bedrückung, Verfolgung und Grausamkeit, die sich schicksalhaft über die Menschheit niedersenken, auch sehr viel Schönes hervorbringen – wenn man sie überlebt? Ich würde diesen Gedanken heute nicht niederschreiben können, wenn mir neben Rohheit und Bedrohung nicht genauso viel spontane Hilfsbereitschaft und Freundschaft zuteilgeworden wären.

Seit jenen Jahren arbeite ich an einem Buch, das wohl nie

veröffentlicht werden wird, weil es sich nirgendwo einreihen lässt. Dieses Buch glaubt, dass Elend noch keine Kunst ist, und überspringt es deswegen. Es zeichnet auch nichts von mir selbst auf, nur die Gestalten, die mir begegnet sind und die mir unvergesslich bleiben, weil sie menschlich waren – mitten im Grauen. Mein Beruf musste im Chaos wohl schlafen gehen. Ein paarmal nur flackerte er auf. Einmal im Sommer 1940.

Unsere Kompanie war gerade auf dem Marsch von der Reservestellung zur Front. Wir stapften durch den Regen. Wir waren schon durch Luftbombardements ziemlich dezimiert, die Deutschen waren durchgebrochen; von meinen Kameraden, meinen Vordermännern, sah ich nur die Nacken. Sie trugen die Köpfe gesenkt. Es war ihnen lausig zumute. Da kam ein Korporal hinter uns hergeradelt und schwenkte ein Papier in der Luft. »Le soldat Ophuls – zurück!« Ein Kriegsministeriums-Telegramm beorderte mich zur Herstellung eines Trainingsfilms an die spanische Grenze, in die Fremdenlegion. Es kam ein bisschen verspätet. Die Deutschen waren schon in Paris. Der Amtsschimmel hatte es verzögert. Aber Befehl ist Befehl, und so war ich der einzige Soldat, der um diese Zeit in umgekehrter Richtung durch den letzten, verzweifelten Aufmarsch des französischen Widerstands fuhr. Ich verdanke meinem Beruf mein Leben. Mein Regiment ist bei Fontainebleau von den Deutschen gefangengenommen worden. Es hätte wohl für mich unter den nationalsozialistischen Kriegsgesetzen nur standrechtliches Erschießen gegeben.

Auf meiner grotesken Fahrt geriet ich in den noch brennenden Bahnhof von Moulin. Er war übervoll von Flüchtlingen, Toten, Verwundeten, kopflosen Befehlshabern und Regimentern, die hastig zur Front geworfen wurden. Der einzige Zug, der in südwestlicher Richtung fuhr, evakuierte ein belgisches Altersheim. Ich sprang auf. Ein Sergeant hielt mich am Rock fest: »Halt! Zurückbleiben! Was haben Sie da in Ihrem Brotbeutel?« Er versuchte nach einem kleinen roten Kissen zu greifen, das so groß war wie eine Zigarrenkiste und das ich den ganzen Krieg über bei mir hatte, weil ich es mir abends beim Einschlafen unter den Kopf schob. Es war aus unserer Wohnung und erinnerte mich ans Zivilleben. Ich wollte es ihm nicht geben, stieß ihn zurück und zwängte mich in die Waggontür.

Die Passagiere in den Gängen und Abteilen deprimierten mich. Kaum einer von den Greisen war fähig, sich klarzumachen, woher er kam, wohin die Reise ging und weswegen er unterwegs war. Der ratternde Transport sah aus wie eine ziel- und sinnlose Verfrachtung von Hilflosigkeit. Ich schaute mich nach jüngeren Gesichtern um und entdeckte ein Ehepaar im Alter von etwa sechzig Jahren – es kam mir vor wie *Frühlings Erwachen*. Der Mann fasste mich fest ins Auge. Er nannte plötzlich meinen Namen. Es war der Komponist Oscar Straus. Obwohl er erst ein halbes Jahr vorher die Musik zu *Sarajewo* komponiert hatte, hatten wir uns beide kaum erkannt – so ungewaschen waren wir und so unrasiert. Frau Straus weinte. Sie war es der Situation schuldig. Herr Straus zog mich zu sich und erklärte mir leise und pfiffig, dass er für unheimlich viel Geld sich einen Platz zwischen den Greisen erschmuggelt hatte. Es wäre ihm sicherlich unangenehm gewesen, wenn man ihn in diesem Moment Straus »den Jüngeren« genannt hätte. Frau Straus packte aus

einem Strohköfferchen Wein und trockenen, selbstgebackenen Wiener Kuchen aus und gab mir einen Coup de Rouge.
Es schmeckte mir wunderbar.

Der Zug hielt in Clermont-Ferrand – da flog die Tür auf.
Ein Armeepolizist trat ins Abteil, richtete auf mich einen
Revolver, rief »Hände hoch!«. Ich war verhaftet. Unter dem
Geheul von viel Mob transportierte man mich zum Bahn-
hofskommandanten. Mein Zug entschwand inzwischen – ich
sah Frau Straus noch weinend dasitzen. Der Bahnhofskom-
mandant, der gefährliche goldene Blitze an der Uniform trug,
knirschte mich an: »Machen Sie den Brotbeutel auf – packen
Sie aus!« Dann, als er das Kissen sah, hielt er sich am Stuhl
fest vor Lachen. Es war ein Telegramm durchgegeben worden,
mich als Fallschirmspringer zu verhaften. Als ich ihm erklärte,
dass ich mir schlecht vorstellen könne, dass ein deutscher
Fallschirmjäger nach seinem Absprung den Fallschirm wieder
einpacke, gab er mir recht. Dann bot er mir was zu rauchen
an und fand viele Entschuldigungen für das Durcheinander
– meine umgekehrte Fahrtrichtung – meinen elsässischen Ak-
zent. Doch während er meine Papiere überprüfte und meine
Ausrüstung, stutzte er plötzlich wieder. »Aber es fehlt Ihnen
ja Ihre Wolldecke!« Ich hatte sie in der Verwirrung liegenlas-
sen. »Sie werden Unannehmlichkeiten haben, wenn Sie sich
bei Ihrem neuen Corps melden ohne Wolldecke. Was machen wir denn da?« Er strich sein elegantes Schnurrbärtchen
glatt. »Da halten wir den Zug auf. Telegraphisch. Erinnern
Sie sich noch, in welchem Abteil Sie gesessen haben? Wissen
Sie noch die Nummer?« Ich hatte keine Ahnung. »Aber die
Wagennummer müssen Sie doch wissen?« Ich hatte keine
Ahnung. »Ich weiß nur eins: ich saß bei meinen Freunden.«

Nie vergesse ich sein freudestrahlendes Gesicht: »Le Maître Straus!«, rief er immer wieder. »Le vrai Maître Straus! Formidable!« Dann ging durch den französischen Zusammenbruch ein Funkspruch: »Zug Soundso in Vichy anhalten. Graue Wolldecke mit braunen Streifen, Tirailleur Max Ophüls gehörig, übernehmen aus dem Abteil des Maître Straus.« Der Maître Straus hat sich das Telegramm aufgehoben – es ist jetzt mit ihm in New York. Er gibt's mir nicht her. Es ist für ihn eine Reliquie seiner Popularität. Es ist für mich eines der schönsten Dokumente französischer Kultur. Ich weiß nicht, welches andere Land fähig gewesen wäre, in den Stunden seines Niederbruchs so viel charmanten Respekt vor einem Künstlerleben aufzubringen.

Der Fremdenlegion-Trainingsfilm fand schon in seinem Beginn sein Ende, in einer einzigen Total-Einstellung. Im Lager gab es Türken, Chinesen, republikanische Spanier, österreichische, deutsche, amerikanische Antifaschisten, Polen, jüdische Schneider aus allen großen Städten über der Erde, Bergmänner aus allen Gruben unter der Erde; sie verstanden nicht ihre sechsunddreißig verschiedenen Sprachen, sie glaubten nur alle dasselbe und waren zusammengelaufen für Liberté, Égalité, Fraternité. Meine erste Aufnahme sollte das Erwachen des Instruktionslagers morgens um 5.30 Uhr sein; Signal: »Raus aus den Betten«, Antreten, Kaffee mit Sonnenaufgang. Ich hatte immer eine tiefe Abneigung gegen zu frühes Aufstehen. Ich zog vor, meine Tätigkeit am Nachmittag zu beginnen. Ich dachte: Wenn bei Sonnenuntergang die Trikolore eingeholt wird, steht jeder Soldat in Sehweite drei Minuten in »Garde-à-vous«, und die Clairons schmettern dazu. Das mag vielleicht eine gute Szene sein. Ich ließ mich beim General melden und bat ihn, mir die Erlaubnis zu geben, diesen Moment ins Drehbuch hineinzuimprovisieren. Ich hatte außerdem das melancholische Vorgefühl, als würde die Trikolore vielleicht auf lange Zeit nicht mehr zu sehen sein. Der General ließ 10 000 Mann zum »Honneur au Drapeau« antreten. Halb noch in Zivilkleidern, halb in eilig zusammengestückelten, ausgetragenen Uniformen ohne Waffen oder mit alten Gewehren aus dem letzten Krieg, stolperten sie aus ihren Baracken. Sie wussten wohl alle in dieser Minute, dass die deutschen motorisierten Armeen über alle Hindernisse sich hinwegwälzend auch hierherbranden würden, jeden kommenden Tag.

Sie standen trotzdem stramm wie Schulkinder, die an die bunten Heldenbildchen in ihren Lesebüchern glauben müssen, und es gab weiß Gott viele grauhaarige Männer unter ihnen. Die Fahne glitt an dem hohen Mast, der mitten auf einem freien Platz stand, würdig nach unten. Zehntausend Hände flogen grüßend zum Käppi. Ich glaube, zehntausend Leben standen still wie Herzen, die für einen Moment zu schlagen aussetzen. Da rief ich ihnen von meiner Kamera aus impulsiv zu: »Die Marseillaise!« Ein Offizier hinter mir raunte: »Mais ils ne connaissent pas les paroles, les types … ces sont des étrangers.« Ich widersprach: »Dann ohne Worte!«, und ließ die Kamera nicht stocken. Jemand summte – dann summten Hunderte – dann summten die zehntausend ohne Sprache. Der Abendhimmel spielte durch das blau-weiß-rote Tuch. Als es am Boden lag, blähte es sich ein bisschen, wie der sterbende Schwan der Pawlowa … dann fiel es zusammen. Ein schwarzhaariger, unrasierter italienischer Korporal, der eine rote arabische Mütze trug und ein bisschen schwankte, als wäre er nicht ganz nüchtern, rollte die Fahne zusammen und verschwand damit in die Kommandanten-Baracke. Die zehntausend schlenderten langsam irgendwohin »à la soupe«, oder sie legten sich schlafen.

Tags darauf warf man sie alle an die Vogesenfront – unausgebildet, uneingekleidet. Manche trugen noch braune Zivilschuhe, als sie in die Viehwagen einstiegen. Die ganze Division ist aufgerieben worden. Sie lebt nur noch in meiner Total-Einstellung. Die Aufnahme warf ich auf der Flucht, als deutsche Motorräder hinter mir her waren, in den Wäldern bei Biarritz in einen Wasserfall. Ich hatte Angst, viele der Legionäre hatten Angehörige in Europa unter nationalsozialistischer Besatzung. Auch sie hätten sterben müssen, wenn man ihre Söhne oder Brüder auf meinem Filmstreifen hätte identifizieren können.

Ein zweites Mal flackerte mein Beruf auf und kam mir als Lebensretter zu Hilfe, im langen, bangen Jahr nach dem traurigen Waffenstillstand. Ehemalige deutsche Schauspieler, ein paar Kameraden von Breslau, Berlin, Frankfurt und all den Städten, wo wir einst jung zusammen waren, waren 1933 in die Schweiz geflohen und hatten dort das letzte freie deutschsprachige Theater in Europa gegründet. Sie mussten wohl seit Pétains Machtergreifung von meiner schwierigen Lage in Frankreich erfahren haben; sie wussten wohl, dass ich nach französischen Militärgesetzen das Land nicht verlassen konnte, ohne Deserteur zu werden, und dass ich von der Gestapo gesucht wurde. Deshalb hatten sie mich vom Schauspielhaus in Zürich telegraphisch als Gastregisseur einladen lassen. Ich fuhr von Aix-en-Provence, wo ich

mich verborgen hatte, mit dem Telegramm zum Chef der
Securité nach Vichy. Er machte den Eindruck eines internationalen Tennistrainers, der gerade in einem Kurort sein
neues Engagement antreten wollte. Er hielt in einem kleinen Hotelschlafzimmer die Fäden des neuen, faschistischen
Frankreich zusammen. In der einen Ecke stand ein Schreibtisch, vis-à-vis davon ein breites Messing-Doppelbett; drüber ausgestreut Handkoffer, Akten, Krawatten, Zeitungen.
Durchs Fenster sah man auf den Wasser-Pavillon im Park,
wo zwischen alten Frauen im Rollstuhl und Rentiers, die zur
Kur spazierengingen, mit dünnen Röhrchen in den Trink-
gläsern, deutsche Offiziere geschäftig aus ihren schwarzen
Autos sprangen. An der Tür hing noch eine engbedruckte
Karte, die die Gäste bat, in der Zeit zwischen zwölf und
drei Uhr mittags aus Rücksicht auf die Kurgäste sich ruhig
zu verhalten. Gerüchte waren zu mir gedrungen, dass der
Polizeichef trotz seiner neuen, mir lebensgefährlichen politischen Richtung von doppelseitiger Hilfsbereitschaft sei.
Nachdem ich ihm meinen Fall vorgetragen hatte, drückte
er auf einen Klingelknopf, unter dem stand: »Sommelier –
trois fois«. Ein Leutnant kam herein. Er raunte ihm etwas
zu, und dann brachte der Leutnant vom anderen Ende des
rotbeteppichten Korridors durch alle Improvisationen hindurch ein Dossier. Der Chef öffnete dieses Buch und schob
mir ein Papier zu: »Sind Sie der Autor dieser Sache?«, fragte
er. Ich las, was ich einst als Soldat auf ein Stück Papier ge-
kritzelt hatte und was allnächtlich jede Stunde während des
Krieges über den französischen Sender unzählige Male nach
Deutschland gefunkt worden war: Die Sendung war mir ein-
gefallen am Abend nach einem Bombardement. Wir hatten

am Nachmittag den Kompaniekoch beerdigt, der immer so stolz gewesen war auf seinen Druckposten. Ein Araber hatte seinen Rücken hingehalten als Unterlage, als ich es schrieb. Ich muss ehrlich sagen, mir war schwummrig zumute, als ich diesen Text in dem Hotelzimmer wiedertraf, und es wäre mir wohler gewesen, ich hätte ihn nie geschrieben. »Ja, ich bin der Autor«, sagte ich und gab das Papier wieder zurück. »Je ne paierais pas dix Centimes pour votre vie!«, sagte der Chef. »Aber wir können …«, er dachte nach, »… wenn Sie mit der Truppe von Louis Jouvet auf Tournee fahren. Das ist eine Propaganda-Reise, die die neue französische Regierung mit Einverständnis der deutschen Waffenstillstandskommission subventioniert. Was Sie dann jenseits der Grenze machen, davon brauche ich ja nichts mehr zu wissen.«

Ich fuhr als Mitglied der Theatertruppe Louis Jouvet über die Grenze, und meine Frau und mein Sohn waren mit dabei. Die Tournee wurde von der neuen französischen Regierung in Vichy aus Propagandagründen subventioniert, und die deutschen Grenzposten waren angewiesen, niemanden von der Truppe zu belästigen. An meiner Uniform in meinem Handkoffer klebte noch das Blut und der Schmutz der Verfolgung von den hoffnungslosen Straßen des niedergebrochenen Frankreich, als ich im Zürcher Theater morgens ankam. Außer der Uniform besaß ich nur ein Hemd und eine Hose. Ich trat in den Zuschauerraum. Niemand war da, um mich zu empfangen. Er war leer. Nur das ewige Licht der Regielampe grüßte mich. Sie brannte über einem leeren Pult in der dritten Parkettreihe. Ich stellte den Handkoffer auf den Boden und schöpfte tief Atem. Über der leeren Bühne war der Vorhang hochgezogen. Die Dekoration eines bürgerlichen Milieus um das Jahr 1900 war sichtbar. »Sieht aus wie ein Ibsen«, dachte ich mir. Da hörte ich eine aufgeregte Schauspielerstimme hinter den Kulissen rufen: »Inspizient … Inspizient … Herr Baschwitz … da ist schon wieder rote Farbe an meinem Anzug … Das halte ich nicht mehr aus, das mach ich nicht mehr mit! Lassen Sie doch die Stühle abwischen, bevor ich mich hineinsetze!«

Wie viel lieber hatte ich in diesem symbolgeschwängerten Moment diese unsinnige Komödianten-Aufregung als die echte, durch die ich ein ganzes letztes Jahr hatte gehen müssen. Diese Erregungen meiner fiktiven Welt nahmen mich wieder auf wie einen verlorenen Sohn, und sie blieben wie treue, alte Freunde dicht bei mir während meiner Inszenierungen von *Romeo und Julia* und *Heinrich VIII. und seine sechste Frau*. Der Inspizient wollte demissionieren, weil er zwei Worte zu früh den Vorhang über dem dritten Akt bei der Generalprobe fallen ließ. Die jugendliche Sentimentale grüßte mich nicht mehr, weil ich in mehreren Szenen die alte Schlegelsche *Romeo*-Bearbeitung durch die moderne von Hans Rothe ersetzt hatte; da ich pausenlos vierzehnmal die Szene wechseln lassen musste, bauten in Heinrich VIII. die elisabethanischen Hof- und Gerichtsbeamten tanzend im Halbdunkel zu Violinen und Trompeten die Kulissen um …

Und so wusch ich mir in diesem erfrischenden Phantasiebad meine Emigration und meinen Krieg ab, mit Rampenlicht und Drehbühne, historischen Kostümen, Musik und Shakespeareschen Versen in deutscher Sprache. Die Kollegen halfen mir bei diesem Gesundungsprozess anhänglich und verlässlich. Mit manchen von ihnen war ich lange Zeit zuvor durch Premierenfeuer und eiserne Vorhänge gegangen. Mit dem stürmischen Karl Paryla in Breslau, mit dem behäbigen dicken Steckel in Berlin, mit dem zierlichen Carl Eidlitz in Wien, mit der frischen Therese Giehse in München, mit der mondänen Traute Carlsen in Frankfurt am Main – und als wir nun unterm Schweizer Rampenlicht im Applaus standen und uns an den Händen hielten, kam es mir vor, als sähen sie alle so jung aus wie vor zehn oder fünfzehn Jahren – sogar die Schauspielerinnen. Auch die Besprechungen, die der in die Schweiz verschlagene Bernhard Diebold schrieb, einer der fortschrittlichsten und schärfsten Kritiker Deutschlands, klangen jugendlich, als ob er noch an der *Frankfurter Zeitung* wäre oder am *Berliner Tageblatt.*

Trotz viel guter Presse musste der Beruf eines Tages wieder schlafen gehen. Zwar bot mir der Intendant Wälterlin einen Vertrag an auf die damals noch unabsehbare Dauer des Kriegs, aber entsprechend den Asylgesetzen der Schweiz konnte mir die Arbeitserlaubnis nur erteilt werden, wenn ich mich als französischer Deserteur erklärte. Ich zog vor, nach Frankreich zurückzukehren und von dort aus meine Einwanderung nach Amerika zu betreiben.

Wieder weinte eine alte Frau, als ich abfuhr … die Generalsekretärin der Fremdenpolizei in Zürich. »Ich hab meinen Posten nur durch Zufall bekommen, weil ich die schönste Handschrift in der Schule hatte«, schluchzte sie, »und es war so friedlich hier mit den Hotelgästen, bis der Krieg ausbrach. Jetzt muss ich so viel Schlimmes mit ansehen. Ich halt's nicht mehr aus.« Sie glaubte, ich führe zurück in Unsicherheit und Verfolgung. Sie befürchtete, ich würde in deutschen Gefängnissen enden und nicht auf einem amerikanischen Schiff. Sie hat genauso umsonst geweint wie damals die Greisin in meinem Dorf. Durch die Gefahren kam ich leicht und mit sportlicher Routine. Sie hätte weinen sollen darüber, dass mein Beruf so lange Zeit schlummern musste. Auch als ich Ende 1941 über den Atlantischen Ozean fuhr, schlief er immer noch.

New York war laut, und Hollywood war neu und faszinierend, aber der Beruf schlief immer noch. Ich konnte gar nicht verstehen, warum er hier, in der Welthauptstadt der Filmindustrie, so lange nicht aufwachte. Bis mich eines Tages Paul Kohner anrief und sagte: »Ich zeige morgen *Liebelei* – ich verrate noch nicht, wem. Halten Sie den Daumen.« Seit diesem Moment, glaube ich, ist er durch einen einzigen Mann so lebendig geworden, wie er es nie vorher war …

Mit ihm endet heute vorläufig meine »Biographie«, meine Vergangenheit.

In der Freundschaft zu Preston Sturges liegt meine Zukunft.

Hollywood, August 1945 bis Dezember 1946

NACHWORT

Neuilly-sur-Seine, November 1958

Sie lag nicht in der Freundschaft mit Preston Sturges, denn
der Film, an dem sie beide – während eines durch diese
Freundschaft schönen Jahres – arbeiteten, ging nach vier
Tagen Dreharbeit in die Brüche, wie auch die Freundschaft
selbst. Sie hatten diesen Film zu sehr geliebt, und der Regisseur Sturges, der ihn produzieren sollte, ertrug es einfach
nicht, dass ein anderer ihn inszenierte. Max hat das nur allzu
gut verstanden, und obgleich er die tiefste Demütigung seines Lebens durch Preston Sturges erfuhr, blieb dieser für ihn
immer eine der faszinierendsten Erscheinungen.

Nun erlebten wir aber ein Hollywood, das wir bis dahin
noch nicht kannten. Wie ein Lauffeuer hatte sich das Ge-
rücht verbreitet, dass in der Sturges-Produktion vier Tage
lang ein sehr begabter Regisseur gearbeitet hatte. Und was
die ganze künstlerische Vergangenheit in Europa mit all ihren guten Kritiken und soundso viele Agenten in diesen vier
Jahren nicht vermocht hatten, das taten diese vier Tage Atelier. Ehe es bei Max zu einer wirklichen Verzweiflung über
seine grenzenlose Enttäuschung kam, nun nach so langem
Warten doch nicht zum Start gekommen zu sein, waren
neue Angebote da.

Nach seiner letzten Erfahrung war es nur natürlich, dass
Max sich von der erfrischenden, unkomplizierten, reizen-
den Persönlichkeit Douglas Fairbanks' angezogen fühlte. Er
nahm sein Angebot an. Und wenn dieser erste Hollywood-

Film auch kein durchschlagender Erfolg wurde, so verdankte Max ihm – und das hauptsächlich durch das unerschütterliche Vertrauen, das Fairbanks vom ersten Drehtag an zu ihm hatte – seine wiedergewonnene Sicherheit.

Hollywood hatte mit einem Schlag für uns ein anderes Gesicht, seit Max dazugehörte und morgens ins Atelier ging. Nichts mehr störte uns in diesem Land. Was war das schon, dass es keinen Frühling gab und unsere Nelken das ganze Jahr blühten – bis wir sie nicht mehr sehen konnten. Was war das schon, dass es das Langsam-Abend-Werden nicht gab, so dass Max einmal sagte: »Eben sehen Sie noch ihren Piquekönig beim Gin-Rummy, und in der nächsten Sekunde ist er weg.« Nichts störte uns mehr, Max stand im Atelier. Auch sonst atmeten wir natürlich auf. Kortner brauchte sich nicht mehr den Kopf zu zerbrechen, wie er mir auf die taktvollste Weise mal wieder etwas Haushaltungsgeld geben konnte, Helli Brecht musste nicht mehr unseren Jungen »mal wieder aufpäppeln«, und wenn Max an einem freien Tag im Garten arbeitete, so tat er es als Hobby oder um sich zwischen Salaten die Szene für den nächsten Tag einfallen zu lassen. Auch kauften wir nun unser Haus. Die Geschichte des Hollywood-Hauses möchte ich ein wenig ausführlicher erzählen, weil sie uns eine Begegnung mit den einfachen amerikanischen Menschen brachte, die wir so sehr liebten.

Als wir in Hollywood angekommen waren, erlöste uns gleich in den ersten Tagen Robert Siodmak von dem unerschwinglichen Hoteldasein und gab uns einen möblierten Bungalow, der mit seinen zwei Räumen für ihn zu klein geworden war. Robert Siodmak, der in allen Ländern immer einige Jahre vor Max angekommen war, hatte gerade zu ar-

beiten begonnen und konnte schon in eine sehr schön eingerichtete Villa ziehen, was für uns Emigranten das zweite
Stadium des Hollywood-Lebens bedeutete. Das dritte war
dann ein Haus.

Dieser Siodmak-Bungalow war sehr idyllisch in einem
großen Garten gelegen und ganz von wilden Rosen überwuchert. Wir waren nach all dem Hin und Her der Flucht
dankbar und zufrieden. Trotzdem ließ sich natürlich auf die
Dauer dieses Idyll zwischen Bretterwänden mit Mann und
Kind nicht halten, und während Max für kurze Zeit beim
Information-Service in New York arbeitete, sah ich mich
nach einer anderen Behausung um.

Ich war wochenlang von morgens bis abends auf der Su-
che gewesen und schon völlig mutlos, als mich eines Tages
Frau Schüfftan* zum Kaffee einlud und das große Wunder
geschah, ohne das die jahrelange Arbeitslosigkeit nicht zu
ertragen gewesen wäre. Wir tranken unseren Kaffee auf einer himmlischen Terrasse mitten in den Hollywood-Hügeln.
Frau Schüfftan erklärte mir, sie gehöre zu dem Haus, von
dem ihr Bungalow eine Dependance sei.

»Wer wohnt denn in dem Haus?«, fragte ich.

»Niemand«, sagte sie. »Und es wird auch niemand reinzie-
hen. Die Besitzer gaben mir die Schlüssel, um es zu zeigen,
falls jemand kommt. Aber da geht trotz der Wohnungsnot
keiner rein. Vierundzwanzig Fenster, überall Parkett und
alles verkommen.«

Gott sei Dank wollte ich es trotzdem sehen.

Nein! Ich traute meinen Augen nicht, so scheußlich war es.

---

* Frau des Kameramanns Eugen Schüfftan [siehe Seite 112 f.].

Hier herrschte inmitten der heitersten Landschaft, die durch die »vierundzwanzig« Fenster guckte, eine Trostlosigkeit wie im Wartezimmer eines alten, aus der Mode gekommenen Zahnarztes. Warum ich aber trotzdem Frau Schüfftan bat, mir ein Rendezvous mit den Besitzern zu vermitteln, kann ich nicht sagen. Es gehörte wohl zu dem Wunder und sollte so sein.

Die Begegnung mit ihnen war so was wie Liebe auf den ersten Blick. Herr Benson war Arbeiter und hatte dieses Haus von einem Onkel geerbt.

»Sehen Sie«, sagte seine Frau, »Sie sind arm, und wir sind arm. Wir haben kein Geld, um es hier zu investieren; wenn aber Sie Ihre Arbeit investieren wollen, können Sie billig wohnen.«

Das war ein guter, klarer Vorschlag. Die Miete war geringer als im Bungalow, und die Arbeit machte mir Spaß.

Als nach vier Wochen Max aus New York zurückkam, hatte unser Junge das Haus von außen und von innen gestrichen, waren alle scheußlichen Vorhänge durch Chlor gezogen und mit den überflüssigen der Plüsch zugedeckt. Max hatte eine große Freude, denn nun endlich hatte er einen Raum für sich allein, in dem er schreiben konnte und in dem auch diese Aufzeichnungen entstanden. Eigentlich sollte er für den Presseagenten nur einen dreiseitigen Lebenslauf skizzieren. Aber dann kam der Ball ins Rollen.

Nach anderthalb Jahren kam Papa Benson wieder. Er hatte einen guten Anzug angezogen und eine sehr feierliche Miene aufgesetzt. Verlegen und geniert erklärte er uns, dass er einen guten Job in San Francisco bekommen hätte, wo seine verheiratete Tochter lebe, und da man auch dort keine Wohnung zu mieten bekomme, müsse er leider unser Haus verkaufen, um sich dort eins anzuschaffen. Er brauche nur die Anzahlung von zweitausend Dollar. – Max und ich standen wie vom Donner gerührt. Woher in aller Welt sollten wir zweitausend Dollar nehmen? Wir sagten, dass wir es uns überlegen wollten, und entwarfen abends einen Schlachtplan. Wir kannten einen steinreichen europäischen Produzenten, der einen Narren an Max gefressen hatte, und jedesmal, wenn er zu uns kam, sehr von unserem Haus angetan war; den wollten wir mit den Bensons zum Abendbrot einladen. Vielleicht – so rechneten wir uns aus – würde er das Haus kaufen und uns als Mieter drinlassen.

Das Einzige, was bei dieser Einladung klappte, war das Essen, das ich gekocht hatte, und bei dem es auch sehr gemütlich war. Aber als wir uns danach zwanglos um den Kaffeetisch gesetzt hatten und die Bensons, wie verabredet, zufällig auf ihren Hausverkauf zu sprechen kamen, ging alles daneben. Ich hörte nur noch in der Küche beim Kaffeemachen, dass Max etwas von Kapitalanlage erwähnte und unser Produzent auf deutsch »Bruchbude« sagte. Nach dem Kaffee entdeckte Mama Benson plötzlich, dass der Mond schien, und bat uns um Entschuldigung, wenn sie mit ihrem Mann, der Kopfweh habe, etwas auf die Terrasse gehe. Nach einer Weile holte sie mich heraus.

»Dear Mrs. Ophüls«, sagte sie, »das ist nicht gut, was Sie versuchen. Der Herr da drinnen wird vielleicht eines Tages in diesem Land Filme machen und kann dann Ihrem Mann mit viel Wichtigerem nützlich sein, als wenn er jetzt dieses Haus kauft, das er doch ganz offensichtlich nicht mag. Insistieren Sie nicht mehr. Mein Mann und ich könnten in San

Francisco nicht glücklich sein bei dem Gedanken, Sie aus diesem Haus vertrieben zu haben, das Sie so schön eingerichtet haben. – Wir werden schon irgendwie unterkommen.«

Wir wussten, dass Bensons ein sehr gutes Angebot für unser Haus hatten; aber es gelang uns noch nicht einmal, ihnen wenigstens eine höhere Miete zu zahlen. Alles blieb beim Alten. Durch diese Menschen haben wir in Amerika trotz mancher Not nie die Misere kennengelernt. Es war selbstverständlich, dass wir ihr Haus kauften, als wir die Anzahlung beisammenhatten.

Doch nun wieder zu Max.

Noch während der Dreharbeiten zu seinem ersten Film bekam er eine Anfrage, ob er die Stefan-Zweig-Novelle *Brief einer Unbekannten* machen wolle. Obgleich sie wegen der Zensur stark verändert werden musste, interessierte diese Novelle Max sehr. Er schrieb das Drehbuch mit Howard Koch, einem Uramerikaner, dessen Freundschaft für Max von großem Wert wurde, weil er durch sie die erste wirklich geistige Beziehung zu dem Lande bekam, in dem er leben sollte. In *Brief einer Unbekannten* spielten Joan Fontaine und Louis Jourdan die Hauptrollen. Der Schauplatz dieser Liebesgeschichte blieb auch im Film das alte Wien. Es muss wohl ein Film für Frauen gewesen sein, denn als ich ihn zum zehnten Male sah, nahm ich Helene Thimig mit, und ich erinnere mich, dass wir dasaßen, uns die Hände hielten – vor Ergriffenheit … ein klein wenig vielleicht auch aus Heimweh.

Dieser Film war es auch, der Greta Garbo später bestimmte, ihr Comeback, nach einer damals achtjährigen Pause, mit Max riskieren zu wollen.

Vom Heimweh waren Max und ich überhaupt sehr viel geplagt. Es gab auch so wenig Menschen, die den großen Schmerz über das harte Schicksal unserer Heimat teilten. Nicht alle hatten Fritz Kortners Mut, der zum Tod von Alexander Granach schrieb: »Wie furchtbar, dass er das Stirb und nicht mehr das Werde erlebte.« Ich glaube, dass diese Empfindungen auch dazu beitrugen, dass diese in ihrem Auf und Ab so temperamentvolle Männerfreundschaft so lange hielt. Kortner war einer der ganz wenigen Menschen, die Max noch kurz vor seinem Tode sah.

Sehr oft flüchteten wir mit unserem Heimweh zu Goethe, und für mich gehören die Stunden, in denen Max uns aus Goethe vorlas, zu den schönsten Hollywood-Erinnerungen. Ich sehe ihn noch in seinem großen Sessel sitzen, den ihm Kortner geschenkt hatte. Ich konnte mir nicht denken, dass es jemand auf der Welt gebe, der den *Tasso* schöner gelesen hätte als Max aus Sehnsucht nach seiner Sprache. Unser Junge gab sich seinem Vater zuliebe unendliche Mühe, diese Abendstunden mitzugenießen, aber immer wieder schlich er vollkommen verwirrt und verstört auf sein Zimmer. Wie hätte dieses Emigrantenkind, das nie deutschen Unterricht gehabt hatte, auch die Schönheit dieser Worte verstehen sollen? Für ihn war Deutsch die Familiensprache, in der man sagt: »Gib mir mal bitte die Butter rüber«; aber Verse las und liebte er von Shakespeare und Baudelaire. Auch Kortner bekümmerte das, und er versuchte einen ganzen Nachmittag, ihm den *Faust* näherzubringen; aber es war alles verlorene Liebesmüh. So ließen wir ihn denn in Ruhe. Welche Freude aber war es dann für seinen Vater, als der Junge später einmal aus dem College, wo er deutsche Literatur belegt hatte, nach Hause kam und noch ganz erfüllt uns fragte: »Ja, wisst Ihr denn überhaupt, wie schön dieser Osterspaziergang ist?«

Eine Zeitlang war Max von den technischen Möglichkeiten eines Hollywood-Ateliers so überwältigt, dass es fast gefährlich für ihn hätte werden können, wenn er nicht in seinem nächsten Film drei so wunderbare Schauspieler wie Bob Ryan, Barbara Bel Geddes und vor allem James Mason gehabt hätte, die ihn so erfüllten, an die er sich so verlor, dass die Technik wieder an den Platz rückte, an den sie gehörte. James Mason wurde ein sehr guter Freund von Max, der wie unter einer Vorahnung – wie er mir später schrieb – im Sommer vor Max' Tod plötzlich nach Paris kam, um ihn zu besuchen.

Der nächste Film, in dem wieder Mason die Hauptrolle spielte, brachte Max mit dem Produzenten Walter Wanger zusammen, dessen Frau, Joan Bennett, Masons Partnerin war. Er war es, der Max mit der Garbo zusammenbrachte. Max war fasziniert von ihr und deshalb glücklich über die Aussicht, mit ihr arbeiten zu können. Es ließ sich auch alles zunächst sehr gut an. Die Balzac-Novelle *Die Herzogin von Langeais* wurde ein sehr gutes Drehbuch für sie. James Mason sollte ihr Partner sein. Die Vorbereitungen für die Dreharbeiten fanden in Paris statt. Verschiedene Umstände beeinflussten aber Wangers Projekt, was wir alle nicht ahnten, als wir uns noch auf der Überfahrt nach Europa befanden. Dort wollte Wanger gleich mit den Außenaufnahmen beginnen. Doch der Film wurde nie gedreht, da Wanger an seiner *Heiligen Johanna* zu viel Geld verloren hatte.

Zu unserem großen Wiedersehens-Erlebnis mit Europa kamen wir 1949 in diesen ersten hektischen Tagen noch nicht, denn kaum in Paris angekommen, flogen wir schon wieder nach Rom und von dort einige Tage später wieder zurück nach Paris. Immerhin hatte Max in Rom mit der Garbo schon seine ersten Unterhaltungen über ihre Rolle gehabt und war wieder hingerissen von ihr.

In Paris eröffnete Wanger uns, dass er in die Staaten zurückfahren müsse, bat aber Max dringend, Geduld zu haben und auf ihn zu warten. Wir warteten in einem tollen Appartement, das er uns zu diesem Zweck in einem ersten Hotel gemietet hatte – und mit einer sehr hohen wöchentlichen Gage. So weit, so gut. Wir genossen Paris und die Gage, aber allmählich wurde Max eine Gage ohne Arbeit entsetzlich langweilig, und als unter anderen Angeboten auch ein Stück von Schnitzler an ihn herankam, griff er zu. So entstand der *Reigen*.

Nun stand er wieder in einem Pariser Atelier, in dem es noch so viele seiner alten Mitarbeiter gab. Ringsherum herrschte Wiedersehensfreude. Welcher Kontrast aber zu den Ateliers, in denen er inzwischen gewohnt war zu arbeiten! Er konnte sich gar nicht mehr vorstellen, wie in diesem Durcheinander, in dem hier ein Kabel brannte und dort ein Beleuchter von einem wackligen Gerüst ihm vor die Füße purzelte, je ein Film zustandekommen sollte; aber er hatte vergessen, was seine französischen Arbeiter für wunderbare, schnelle Improvisateure waren, und so versammelte er denn abends seine Equipe um sich und dankte ihnen für die Marneschlacht, die sie für ihn schlugen.

Max fühlte sich jetzt erst wieder richtig in Paris zu Hause, und auch der Umstand, dass prominente Schauspieler sich bereit erklärt hatten, bei ihm kurze Episoden zu spielen, war ein Zeichen, dass sie ihn nicht vergessen hatten. Das machte ihn sehr froh.

Eine sonderbare Geschichte aus dieser Zeit fällt mir ein, weil sie für uns zu diesem Nachkriegs-Paris gehört. Wir hatten eine möblierte Wohnung gemietet und mussten mit ihr gleichzeitig eine alte Wirtschafterin übernehmen. Sie war eine verhutzelte bretonische Bäuerin, ganz unansehnlich, die aber hinter ihren dicken Brillengläsern ein Paar erschreckend helle blaue Augen hatte, von denen wir immer dachten, dass sie durch uns hindurchsahen. Eines Abends, als wir besonders lang mit dem Abendbrot auf Max zu warten hatten, erschien sie plötzlich in der Tür und überraschte mich mit der merkwürdigen Frage, ob sie mir die nächsten vierundzwanzig Stunden voraussagen dürfe. Es war ein bisschen unheimlich, aber ich war neugierig. Sie sagte jedoch für die kommenden vierundzwanzig Stunden lauter belanglose Dinge voraus, die … allerdings alle eintrafen. Max und ich machten daraus ein Gesellschaftsspiel, und seine erste Frage, wenn er abends aus dem Atelier kam, war immer: »Was passiert morgen?« Mir wurde aber dadurch bald die ganze Atmosphäre der Wohnung ungemütlich, und ich stellte »die vierundzwanzig Stunden« ab. Max war das gar nicht recht, und nachdem er eines Abends erklärte: »Du kannst mich doch schließlich nicht ganz ins Ungewisse hinein leben lassen«, bat ich am nächsten Abend wieder unsere Hellseherin um die »nächsten vierundzwanzig Stunden«. Das Erste, was sie sagte, war, dass ich am nächsten Mittag einen Anruf bekäme, auf den hin Max seine Arbeit unterbrechen und mit mir noch am gleichen Abend abreisen müsse. Max seine Arbeit unterbrechen! Welch ein Irrsinn! Ebenso gut hätte sie mir sagen können, dass der Eiffelturm die Champs Élysées herunterspazieren würde. Max lachte auch, als ich ihm das abends erzählte. Als dann am nächsten Mittag das Telefon läutete und mein Schwager mir mitteilte, er habe soeben ein Telegramm erhalten, dass Max' Vater im Sterben liege, da wankten mir die Knie nicht nur dieser Nachricht wegen. [Die arme Bäuerin wurde später wahnsinnig, und als Max einmal aus dem Atelier heimkam, trat ihm die Alte – als Straßendirne gekleidet – aus einer Hausnische entgegen und sprach ihn an.]

Max' Vater lag in einem kleinen katholischen Klosterspital in der französischen Provence. Als wir in sein Zimmer kamen, verließen ein paar alte Damen ein wenig verlegen den Raum, und mein Schwiegervater, der sich inzwischen erstaunlich gut von seinem Schlaganfall erholt zu haben schien, klappte ein Buch zu, aus dem er offensichtlich den alten Damen vorgelesen hatte, und legte es auf den Nachttisch. Später sah ich, dass es der *Faust* war.

Dieser Mann, der mit dreizehneinhalb Jahren, als er eines Nachts zufällig die Existenzsorgen seiner Eltern mitangehört hatte, am nächsten Tag sein Ränzlein packte, Elternhaus und Schule verließ und der Ernährer der Familie wurde, dieser Mann war eine starke Persönlichkeit. Sein Geist hatte auch jetzt nichts von seiner Lebendigkeit eingebüßt, und man hatte den Eindruck, als drehe sich in dem katholischen Haus alles um diesen einen jüdischen Kaufmann. Die Nonnen himmelten ihn geradezu an, obgleich er sie schrecklich tyrannisierte, und erzählten uns – fast möchte ich sagen mit Stolz –, dass er stundenlange Religionsgespräche mit einem hohen katholischen Geistlichen führe. Ach, ich ahnte damals nicht, dass ich in nicht allzu ferner Zeit ähnliche Situationen in einem anderen katholischen Krankenhaus erleben sollte. Max' Vater starb ein paar Tage nach unserem Besuch.

Es war gut, dass sich Max gleich wieder an seine Arbeit begeben konnte. Er hatte manchen lieben alten Bekannten um sich. Da war vor allem der Meister Oscar Straus, der sich in diesen »Reigen« geradezu verliebt hatte. Max hatte immer Angst, dass der alte Herr sich zu sehr ermüde. Als er ihn einmal aufforderte, da gerade nichts los war, sich in seiner Garderobe auszuruhen, war Straus ganz erschrocken, und als er sich dann doch überreden ließ, brummelte er noch im Hinausgehen: »Sie, dös is aber gar net lustik.« Ein anderes Mal, als Max ihm keinen Wagen geschickt hatte, weil er wollte, dass Straus zu Hause bleibe, um sich zu schonen, kam er auf eigene Faust an, und Max entdeckte ihn erst, geduckt hinten am Klavier sitzend, als er sich über das herrlich abgestimmte Orchester begeisterte.

Dann war da sein Freund aus schönen Berliner Jugendtagen, Adolf Wohlbrück, und auch sein Produktionsleiter Baum, mit dem er schon vor dem Krieg manchen Film zusammen gemacht hatte und der ihm nun beim Zurückkommen in die veränderten Verhältnisse eine große Hilfe war. Ich habe Max und seinen Produktionsleiter übrigens nie anders miteinander sprechen hören als frankfurterisch.

La Ronde war für Max die erste künstlerische Begegnung mit Danielle Darrieux. Er wurde von dieser großen Schauspielerin so angeregt, dass er sich später kaum noch einen Film ohne sie vorstellen konnte, und sie sagte mir einmal, dass sie – wenn sie mit einem anderen Regisseur arbeite – oft vor einer Szene die Augen schließe, um sich vorzustellen, wie Max sie wohl gesehen hätte.

Ach, Danielle! Wie viel Freude hatten wir durch sie in all den Jahren seitdem, und nicht nur in der Arbeit. Der Zufall wollte es nämlich, dass wir im Vallée de Chevreuse Nachbarn wurden und dort mit ihr und ihrem so gescheiten Mann unvergessliche Stunden verlebten. Abends bei ihnen, weil es dort so gemütlich war, und mittags bei uns wegen der schönen Aussicht. Später konnte ich es lange nicht über mich bringen, allein zu ihnen zu gehen, und auch jetzt, wenn ich sie besuche, ist Max immer noch lebendig unter uns. Unser lieber Hund Danny, den Danielle zu sich nahm, als ich unser Haus verkauft hatte und für dieses schöne große Tier kein Platz mehr war, liegt dann still zu meinen Füßen, und wenn ich wieder gehe, begleitet er mich ganz ruhig zum Tor und sieht mich an, als wollte er sagen: »Mach dir keine Sorgen, mir geht es gut hier.« Danielle antwortete einmal, als sie gefragt wurde, welchen Wunsch sie habe, wenn eine Fee erschiene: »Dass meine Tiere für einen Tag sprechen könnten!« Wie gut verstehe ich das jetzt.

Von einem anderen großen Künstler, der in *La Ronde* zum erstenmal mit Max arbeitete, gab es auch keine Trennung mehr. Es war Georges Annenkoff, der die Kostüme entwarf und der nicht nur Maler, Schriftsteller und Bühnenbildner, sondern auch ein großer Regisseur in Russland gewesen war. Daher waren die Figurinen, die er für die Kostüme zeichnete, oft meisterhafte Charakterisierungen der Rollen. Es wurde zur Gewohnheit, dass Max und er sie mir zeigten, ehe sie in die Produktion kamen, und es war deshalb für mich erschütternd, als Annenkoff nach Max' Tod mir die Figurinen zu dem Modigliani-Film brachte, ehe er sie seinem neuen Regisseur zeigte.

Fast alle seine Mitarbeiter aus seinem ersten, wieder in Europa gedrehten Film blieben ihm bis zur letzten Klappe treu, so auch Christian Matras, dessen meisterlicher Kameraführung Max so viel zu verdanken hatte, und d'Eaubonne, der die Dekorationen schuf. Nicht zuletzt: Ulla, seine Sekretärin. Sie wurde bald für Max unentbehrlich. Sie konnte alle Drehbücher, die Dialoge, die technischen Anweisungen wie auch alle früheren Fassungen auswendig und korrigierte die Schauspieler im Atelier.

Als *La Ronde* beendet war, taten wir endlich das, wonach wir uns so lange sehnten, wovor wir uns aber auch sehr fürchteten: Wir fuhren nach Deutschland. In irgendeinem kleinen Garten auf einem Hügel an der Autobahn München–Salzburg tranken wir Kaffee und verloren uns an dem Blick in die Landschaft. Beim Weggehen sagte einer von zwei jungen Burschen aus der Gegend, an deren Tisch wir vorbeikamen: »Viel Freude an der alten Heimat!« Max lief schnurstracks zum Auto, und als ich zu ihm kam, lag sein Kopf auf dem Steuerrad, und er weinte. Ich glaube, es war auf dieser Fahrt, dass wir uns entschlossen, endgültig in Europa zu bleiben.

Einer, der Max' Kummer darüber, noch immer nicht wieder in seiner Sprache arbeiten zu können, verstand, war Friedrich Bischoff, der Intendant des Südwestfunks, mit dem ihn aus gemeinsamen Breslauer Tagen eine große Freundschaft verband. Er gab ihm die Möglichkeit, in Baden-Baden als erste Funkinszenierung die *Novelle* von Goethe zu machen und dann mit Käthe Gold *Bertha Garlan* nach Schnitzler.

Diese zwei deutschen Hörspiele waren für Max wie ein Anschluss an die eigene Vergangenheit. Sie waren für ihn ein Moment der Ruhe und der Harmonie in seinem künstlerischen Schaffen, und diesen Moment benötigte er dringend, denn seine nächste Arbeit, und zugleich sein letzter Film, *Lola Montez*, hatte eine schwierige, höchst schmerzliche Geburt und eine unerfreuliche Kindheit.

Aber wenn jetzt manchmal diese interessanten, filmverfallenen jungen Pariser Menschen zu mir kommen ... diese jungen Leute, die damals, vor vier Jahren, noch Studenten waren und nun zum Teil schon ihre eigenen Filme drehen – wenn sie sich mit mir unterhalten und mir ihren Kummer über den Verlust eines großen Vorbilds klarmachen wollen, dann sprechen sie immer wieder von *Lola Montez*. Wenn da ein junger Lehrer und Journalist sein bisschen Freizeit opfert, um herumzureisen, und in Vorträgen versucht, diesen Film dem Publikum näherzubringen, oder ein Student mir berichtet, mit welcher Begeisterung gerade dieser Film an der Sorbonne aufgenommen wird, so frage ich mich, ob Max nicht vielleicht auch noch in einem zweiten Sinn ziemlich jung gestorben ist.

Hilde Ophüls

Anhang

von Helmut G. Asper

KOMMENTARE UND ERLÄUTERUNGEN

S. 2 | *Walter Levy*

Der Produzent und Verleiher Walter Levy (1883–1961) war Direktor des Metropol-Filmverleihs, dem Erstverleih von LIEBELEI. Levy emigrierte nach Palästina und lebte nach dem Zweiten Weltkrieg in der Schweiz. (Deutsche Nationalbibliothek Frankfurt a. M., Exilarchiv, Nachlass Günther Peter Straschek EB 2012/153)

S. 23 | *Saarbrücken*

Max Ophüls wurde als Max Oppenheimer am 6. Mai 1902 um 11 Uhr mittags in der Sulzbachstraße 12 in St. Johann/Saar geboren. St. Johann wurde bei der Gebietsreform 1909 mit Alt-Saarbrücken, das seit 1865 zu Preußen gehörte, zur Stadt Saarbrücken vereint.

Dass sein Vorname *Maximilian* gewesen sei, wie im Eintrag *»Max Ophüls«* in der Wikipedia steht, stimmt nicht. Laut Ausweis der Geburtsurkunde im Stadtarchiv Saarbrücken ist als Vorname *»Max«* eingetragen. Ein Faksimile der Geburtsurkunde ist abgedruckt bei Helmut G. Asper: *Max Ophüls. Eine Biographie mit zahlreichen Dokumenten, Texten und Bildern.* Berlin 1998, S. 13 (ab jetzt Asper: *Max Ophüls*).

S. 23 | *Nationalität gewechselt*

Der Vergleich mit Elsass-Lothringen ist nicht richtig, das Saargebiet (so die damalige offizielle deutsche Bezeichnung) wurde als eigenständige politische Einheit erst nach dem Ersten Weltkrieg 1919 mit dem Versailler Vertrag geschaffen, die zusammengelegten Gebiete gehörten vorher zu Preußen oder zu Bayern. Der Vertrag trat im Januar 1920 in Kraft. Für 15 Jahre wurde das Saargebiet unter das Mandat des 1919 neu geschaffenen Völkerbunds gestellt, Frankreich erhielt das Nutzungsrecht für die Kohlegruben als Entschädigung für die von deutschen Truppen im Ersten Weltkrieg zerstörten Industrieanlagen.

S. 23 | *Meine Eltern*
Leopold Oppenheimer (1872–1950) und Helene Bamberger (1879–1943) hatten 1901 in Worms geheiratet, beide waren laut der Geburtsurkunde ihres Sohns Max »israelitischer Religion«. Helene Bamberger war in Worms geboren und stammte aus der weit verzweigten Familie Bamberger, der die in ganz Deutschland bekannten Textilkaufhäuser Bamberger & Hertz gehörten. Das Ehepaar zog nach Saarbrücken und Leopold Oppenheimer wurde Geschäftsführer und dann Mitinhaber der Saarbrücker Filiale von Bamberger & Hertz, die er bis zu seiner Emigration 1935 leitete.

S. 23 | *Staatsgouverneur von Utah*
Der in Eberstadt geborene Simon Bamberger (1846–1926) war in die USA ausgewandert und baute 1891 die Eisenbahn von Ogden nach Salt Lake City, die seit der Elektrifizierung 1910 *Bamberger Electric Railway* hieß. Er war von 1916–1920 der 4. Gouverneur des Staates Utah. Eine direkte Verwandtschaft mit der Familie der Mutter von Ophüls ist nicht nachweisbar.

S. 23 | *Liberty-Schiff*
Liberty-Schiffe hießen die im Zweiten Weltkrieg in den USA gebauten einfach konstruierten Stückgutschiffe, mit denen die anfangs hohen Verluste der Alliierten durch deutsche U-Boote ausgeglichen werden sollten. Seit 1941 wurden ca. 2.700 Schiffe gebaut. Es gab zwei Liberty-Schiffe mit dem Namen Bamberger: die Simon Bamberger (2108) und die Louis Bamberger (2508), benannt nach dem Geschäftsmann und Philanthropen Louis Bamberger (1855–1944), der deutsche Vorfahren hatte. Seit 1933 half er vielen verfolgten Juden zur Flucht aus Nazi-Deutschland.

S. 23 | *uralte taube Tanten*
Möglicherweise ist damit Caroline Fuld geb. Bamberger (1864–1944) gemeint, die Schwester von Louis Bamberger. Sie hat gemeinsam mit ihrem Bruder und auch allein großzügige Stiftungen ins Leben gerufen. Sie unterstützte das Jewish Relief Committee, war seit 1931 Direktorin

des National Council of Jewish Women und half deutsch-jüdischen Emigranten in den USA.

S. 23 | *im Jahre 1919 verbot mir mein Vater*
Max Oppenheimer verließ das Realgymnasium in Saarbrücken erst im Herbst 1920 und wurde im November des Jahres Schauspielschüler am Württembergischen Landestheater in Stuttgart. Ophüls' jüngere Schwester Friedl Heilbronner geb. Oppenheimer (1909–1999), erinnerte sich, dass Leopold Oppenheimer sehr ungehalten gewesen sei über die Namensänderung und seinem Sohn vorgeworfen habe, der Name Oppenheimer sei ihm wohl nicht gut genug. Max Ophüls musste ihn überzeugen, dass es für seine Theaterkarriere besser war, den offensichtlich jüdischen Namen durch ein Pseudonym zu ersetzen, was damals bei Theater- und Filmkünstlern in Deutschland durchaus üblich war, erinnert sei z. B. an Max Reinhardt (eigentlich Max Goldmann 1873–1943) oder Fritz Kortner (eigentlich Fritz Nathan Kohn 1892–1970). Im französischen Exil musste Ophüls den Umlaut weglassen und nannte sich »Ophuls«, im amerikanischen Exil änderte er den Namen nochmals in »Opuls«, weil Böswillige seinen Namen aussprachen wie »awfuls« = schrecklich. Nach der Rückkehr aus den USA hieß er in Frankreich wieder »Ophuls« und in Deutschland »Ophüls«.

S. 23 | *Fritz Holl*
Fritz Holl (1883–1942) war von 1911 bis 1920 am berühmten Düsseldorfer Schauspielhaus bei Louise Dumont (1862–1932) und Gustav Lindemann (1872–1960) als Schauspieler, Regisseur und Schauspiellehrer tätig gewesen. 1920 wurde er an das Württembergische Landestheater Stuttgart engagiert, um das Schauspiel zu erneuern. Von 1923 bis 1928 leitete Holl die Volksbühne Berlin und förderte dort u. a. den Regisseur Erwin Piscator (1893–1966).

S. 24 | *Bürgermeister*
Einen Bürgermeister namens Ophüls oder Ophuls hat es in San Francisco nicht gegeben. Zur Zeit der Abfassung von Ophüls' Erinnerungen

1945 war Roger Lapham Bürgermeister von San Francisco. Da das Manuskript von Max Ophüls für diese Ausgabe nicht zur Verfügung stand, ist dieser Irrtum nicht aufzuklären.

S. 24 | *Kronprinz*
Kronprinz Wilhelm von Preußen (1882–1951) war im Ersten Weltkrieg formal Oberbefehlshaber der 5. Armee, ab Ende 1916 der Heeresgruppe Deutscher Kronprinz.

S. 26 | *Kronprinz nach Frankreich*
Die 5. Armee nahm im September 1914 an der Marneschlacht gegen die vereinten britischen und französischen Truppen teil, bei der sich die deutschen Truppen zurückziehen mussten.

S. 26 | *Wilhelm Tell*
Das Freiheitsdrama *Wilhelm Tell* ist das letzte vollendete Werk von Friedrich von Schiller (1759–1805), die Uraufführung war am 17. März 1804 im Hoftheater in Weimar.

S. 26 | *Bald kamen französische Flugzeuge*
1915 wurde Saarbrücken erstmals aus der Luft bombardiert. Die Stadt diente im Ersten Weltkrieg als Aufmarschgebiet und Etappe mit zahlreichen Lazaretten.

S. 26 | *Kontakt mit dem Krieg*
Die Schüler der Königlichen Oberrealschule (später: Realgymnasium) wurden schon im Sommer 1917 zum landwirtschaftlichen Hilfsdienst herangezogen. Max Oppenheimer arbeitete vom 10. Juli bis 7. September als Erntehelfer bei Bauern in Neumagen an der Mosel. Später wurden die Schüler auch beim Lazarettdienst eingesetzt.

S. 28 | *die deutsche Republik*
Am 9. November 1918 dankte Kaiser Wilhelm II. (1859–1941) ab und der Sozialdemokrat Philipp Scheidemann (1865–1939) rief in Berlin die

deutsche Republik aus. Am 10. November 1918 übernahm in Saarbrücken ein Arbeiter- und Soldaten-Rat die Macht. Am 11. November 1918 trat das Waffenstillstandsabkommen zwischen dem Deutschen Reich und den Alliierten in Kraft.

S. 28 | *Wilhelm Tell*
Schillers Drama wurde nach dem Sturz der Monarchie von vielen Theatern in Deutschland aufgeführt. Berühmt ist die revolutionäre Aufführung unter der Regie von Leopold Jessner (1878–1945), dem neuen Intendanten des Staatlichen Schauspielhauses in Berlin am 12.12.1919, der das Drama auf einer streng stilisierten Bühne als Freiheitsschrei inszenierte.

S. 28 | *Professor Meinardus*
Professor Hans Meinardus (1870–?) leitete seit 1913 die Königliche Oberrealschule zu St. Johann-Saarbrücken (später: Realgymnasium), die Max Oppenheimer seit 1915 besuchte. Seit 1910 veranstaltete die Schule zum Gedenken an die Schlacht auf den Spicherer Höhen 1870 Kriegsspiele, bei denen Schüler und Lehrer Schlachten des Deutsch-Französischen Kriegs nachspielten.

S. 29 | *Vierundzwanzig Stunden später*
Saarbrücken wurde am 22. November 1918 von französischen Truppen besetzt.

S. 30 | *Vertrag von Versailles*
Der Friedensvertrag von Versailles wurde am 28.6.1919 von den deutschen Delegierten unterzeichnet und trat am 10.1.1920 in Kraft. Zum Status des Saargebiets unter dem Mandat des Völkerbunds siehe Kommentar zu S. 23.

S. 30 | *Stadttheater*
Das alte Saarbrücker Stadttheater in der Stengelstraße, das der junge Max Oppenheimer besuchte, war 1897 erbaut und mehrfach modernisiert worden, es fasste 700 Personen.

S. 31 | *Theaterkritiker*

Auch in seinem frühen autobiographischen Text im *Almanach 1924/1925 der Vereinigten Stadttheater Barmen-Elberfeld* schrieb Max Ophüls, dass er »*Zeitungsredakteur (Saarkurier)*« wurde, bevor er zum Theater ging. Theaterkritiken des jungen Max Oppenheimer konnten jedoch nicht ermittelt werden. Der vollständige Text ist abgedruckt bei Asper: *Max Ophüls*, S. 80.

S. 32 | *Schneider*

Es handelt sich vermutlich um Karl Schneider, den Saarbrücker Abgeordneten der Unabhängigen Sozialdemokratischen Partei Deutschland (USPD) und Herausgeber der *Freiheit. Wochenschrift der saarländischen Unabhängigen*. Wahrscheinlich hat der damals linksradikal eingestellte Max Oppenheimer Beiträge für diese Zeitschrift verfasst.

S. 33 | *Apollo-Varietés*

Das Apollo-Theater in Saarbrücken war ein privat geführtes Operettentheater.

S. 34 | *Blitzdichter Neumann*

Am Stadttheater Saarbrücken war 1919/20 ein Kurt Neumann als Schauspieler und Chorsänger engagiert. Ob er identisch ist mit dem Blitzdichter Neumann, war nicht zu ermitteln.

S. 34 | *Ich machte also mein Abitur*

Max Oppenheimer verließ die Oberrealschule bereits in der Unterprima, wie er selbst in dem frühen autobiographischen Bericht im *Barmen-Elberfelder Theateralmanach* schrieb: »*In Unterprima verließ ich zur beiderseitigen Freude von Lehrer und Schüler die Oberrealschule.*«

In seinem »*Abgangs-Zeugnis*« vom 3. 11. 1920 heißt es: »*Er beabsichtigt, sich privatim auf die Reifeprüfung vorzubereiten.*« Im Fach Deutsch war seine Note »*gut*«, in Mathematik »*mangelhaft*« und in allen anderen Fächern »*genügend*«.

Das Faksimile des Zeugnisses ist abgedruckt bei Asper: *Max Ophüls*, S. 43.

S. 35 | *Paul Gewinner*

Der Schauspieler Paul Gewinner hatte seine Bühnenlaufbahn 1905 begonnen. Von 1918 bis 1922 war er als Charakterschauspieler und Spielleiter am Saarbrücker Stadttheater engagiert. Max Oppenheimer hat bei ihm privaten Schauspielunterricht genommen, im Almanach 1924/25 der Vereinigten Stadttheater Barmen-Elberfeld schrieb er: »*Ich statierte am Stadttheater und nahm sehr landläufigen Unterricht bei einem Schauspieler.*« Paul Gewinner wurde im »Dritten Reich« um 1935 aus der Reichstheaterkammer ausgeschlossen und ist vermutlich exiliert. Weitere Daten waren nicht zu ermitteln.

S. 36 | *das Liebesgeständnis des jungen Mortimer*

Mortimer ist der Neffe des Kerkermeisters Paulet in Friedrich von Schillers Trauerspiel *Maria Stuart*. Mortimer liebt Maria und will sie retten, er gesteht ihr seine Liebe in dem leidenschaftlichen Monolog *»Ich zählte zwanzig Jahre, Königin«* (1. Aufzug, 6. Auftritt).

S. 37 | *Professor Reinhardt*

Max Reinhardt (1873–1943) galt seit seiner sensationellen Inszenierung des *Sommernachtstraums* von William Shakespeare (1564–1616) 1905 im Neuen Theater Berlin als der führende deutsche Regisseur. Im selben Jahr gründete er die Schauspielschule des Deutschen Theaters in Berlin. Der Professoren-Titel wurde ihm 1909 von Carl Eduard Herzog von Sachsen-Coburg und Gotha verliehen. Ophüls' Vater, Leopold Oppenheimer, war ein großer Theaterliebhaber und besuchte bei Geschäftsreisen nach Berlin häufig Inszenierungen von Max Reinhardt. Max Ophüls hat Reinhardt stets als großes Vorbild verehrt und 1956 in seinem Vortrag *Gedanken zum Film* eine *»Dankesdepesche«* an Reinhardt geschickt, weil sein *»Geist noch heute, ohne dass wir es wissen, von seinen Theatern hinüberstrahlt in alle Studios der Welt«.*

S. 38 | *Onkel Gustav*

Gustav Bamberger (1880–1942) war der Lieblingsonkel von Max und Friedl Oppenheimer. Er leitete 1920 die Stuttgarter Filiale von *Bamberger*

& *Hertz*, seit Mitte der 1920er Jahre lebte er in Leipzig. Der vielseitig interessierte Kaufmann unternahm 1926/27 eine 15-monatige Weltreise, über die er einen (verschollenen) Film drehte und in seinem als Privatdruck erschienenen Buch *Circum Mundum. Reiseschilderungen einer Autofahrt rund um die Erde.* berichtete. Beim Reichspogrom 1938 wurde er verhaftet, in das KZ Oranienburg verschleppt und schwer misshandelt. Nach seiner Entlassung siedelte er nach Berlin über. Am 5. September 1942 wurde er von Berlin nach Riga deportiert, wo er am 8. September ermordet wurde.

S. 38 | *Theater in Stuttgart*
Generalintendant des Württembergischen Landestheaters Stuttgart war seit 1920 Alfred Kehm (1881–1961), der 1933 von den Nationalsozialisten aus politischen Gründen entlassen wurde. Kleines und Großes Haus wurden 1909–1912 als Ensemble erbaut von dem Architekten Max Littmann (1862–1931), dem Erneuerer des deutschen Theaterbaus. Das Kleine Haus wurde im Zweiten Weltkrieg vollständig zerstört und durch einen Neubau ersetzt. Das ebenfalls beschädigte Große Haus wurde restauriert und ist heute Opernhaus.

S. 38 | *Macbeth*
William Shakespeares (1564–1616) Tragödie *Macbeth* (*The Tragedie of Macbeth,* 1606) ist nach traditionellem Theateraberglauben in England und Deutschland verflucht und bringt Unglück. Deshalb darf der Name »*Macbeth*« im Theater nicht ausgesprochen werden, weil man damit die Geister der Hexen herbeiruft. Die Tragödie wird deshalb stets umschrieben mit »*das schottische Stück*« und die Titelrolle mit »*der schottische König*«.

S. 39 | *Hollywood Bowl*
Die 1922 eröffnete Hollywood Bowl wurde nach antiken Vorbildern erbaut und ist eines der größten Freilichttheater der Welt. Die Bowl wurde schon in den 1940er Jahren überwiegend für Musikveranstaltungen genutzt. Ophüls' Haus in der Whitley Terrace lag ganz in der Nähe der Hollywood Bowl.

S. 39 | *Mussolini*
Benito Mussolini (1883–1945, erschossen) herrschte als faschistischer Diktator in Italien von 1922–1943.

S. 39 | *Troubadour*
Il Trovatore/Der Troubadour ist eine der bekanntesten Opern von Giuseppe Verdi (1813–1901), sie wurde 1853 in Rom uraufgeführt. Die Spieldauer beträgt ohne Pause ca. 2¼ Stunden.

S. 40 | *Räuber*
Fritz Holls Neueinstudierung von Friedrich Schillers rebellischem Erstlingsstück *Die Räuber* hatte am 11. November 1920 in Stuttgart Premiere. Das Sturm-und-Drang-Drama gehörte in den ersten Jahren der Weimarer Republik zu den beliebtesten Dramen und wurde häufig zu Spielzeitbeginn inszeniert. Ein Jahr später, im September 1921, trat Max Ophüls als Grimm in der *Räuber*-Inszenierung des neuen Aachener Theaterintendanten Francesco Sioli (s. Kommentar zu S. 50) erstmals in Aachen auf.

S. 40 | *Herzog von Württemberg*
Friedrich Schiller diente nach seinem Studium in der Militärakademie Karlsschule seit 1780 als Militärarzt in der württembergischen Armee. Sein erstes Drama *Die Räuber* hatte er heimlich geschrieben und anonym drucken lassen. Weil er ohne Erlaubnis nach Mannheim gereist war, um die Aufführung seines Dramas zu besuchen, bestrafte Herzog Karl Eugen von Württemberg (1728–1793) ihn mit Arrest und drohte ihm mit Festungshaft und dem Verbot jeder schriftstellerischen Tätigkeit. Deshalb floh Schiller im September 1782 mit seinem Freund Andreas Streicher (1761–1833) aus Stuttgart nach Mannheim.

S. 41 | *Worms am Rhein*
Holl stammte, wie Ophüls' Mutter Helene Bamberger, aus Worms, er war vier Jahre jünger als sie.

S. 43 | *Technische Hochschule*

1876 wurde die bereits 1829 gegründete Vereinigte Kunst-, Real- und Gewerbeschule Stuttgart in Technische Hochschule umbenannt, seit 1967 Universität Stuttgart.

S. 44 | *Albert Bassermann kam als Gast*

Albert Bassermann (1867–1952) war der bedeutendste zeitgenössische deutsche Schauspieler und Träger des Iffland-Rings. Die Rolle des Malers Harry Crampton in der Komödie *College Crampton* von Gerhart Hauptmann (1862–1946) hatte Bassermann erstmals 1903 gespielt, seit 1907 gehörte sie zu seinen Gastspielrollen. Ein Gastspiel von ihm ist während Ophüls' Engagement am Stadttheater Aachen nicht nachweisbar.

S. 45 | *meine erste Rolle*

Max Ophüls hatte seinen ersten nachweisbaren Auftritt als Berufsschauspieler am 25. 12. 1920 im Württembergischen Landestheater Stuttgart als »Erster Bürger« in Goethes *Egmont*, Regie führte der Schriftsteller und Dramaturg Wilhelm von Scholz (1874–1969).

In der Inszenierung *Der lebende Leichnam* von Lew Tolstoi (1828–1910) spielte Ophüls ab dem 13. 2. 1921 einen Kellner im Restaurant. In *Der Überwinder* von Friedrich Sebrecht (1888–1956) stellte Ophüls den »Ersten Offizier« und den »Ersten Bewaffneten« dar, Premiere war am 31. 5. 1921.

S. 47 | *jeden Abend*

Ophüls trat in Stuttgart ab Ende Dezember 1920 bis zum Spielzeitschluss Ende Juni 1921 in zwölf Inszenierungen auf und stand an 63 Abenden auf der Bühne. Er spielte Bagatellrollen und war meist Zweitbesetzung.

S. 48 | *Theodor Brandt*

Theodor Brandt war in der Spielzeit 1920/21 Oberspielleiter an den Vereinigten Deutschen Bühnen in Mährisch-Ostrau, die nur von September bis Mai spielten. In den Sommermonaten gastierte er mit seiner Frau Helene Brandt-Schüle und einigen Ensemblemitgliedern im Deutschen Theater Stuttgart, das er früher geleitet hatte.

In seiner autobiographischen Notiz im *Barmen-Elberfelder Theateralmanach* 1924/25 schrieb Max Ophüls: »*Nach vielen Monaten, deren Abende von Statieren, Ballettbetätigung und Darstellen kleiner, sehr kleiner Rollen ausgefüllt war, zog ich zur Direktion Brandt-Schüle, damals in Stuttgart gastierend und spielte gefällige jugendliche Bonvivants.*«

S. 48 | *den jungen Gyges*
Die Tragödie *Gyges und sein Ring* von Friedrich Hebbel (1813–1863) erschien 1856 und wurde am 25. 4. 1889 am Wiener Burgtheater uraufgeführt. Gemeint ist wohl Gyges' Erzählung im 1. Akt, wie er den Ring fand und durch ihn errettet wurde.

S. 48 | *Hexameter*
Hexameter ist ein sechshebiges antikes Versmaß ohne Auftakt. Auf eine betonte Silbe folgen zwei unbetonte Silben.

S. 48 | *seine Frau Betty*
Brandts Ehefrau hieß richtig Helene Brandt-Schüle.

S. 49 | *Potash and Perlmutter*
Der erfolgreiche jüdische Schwank *Potash and Perlmutter* der amerikanischen Autoren Charles Klein (1867–1915) und Montague Glass (1877–1934) hatte 1913 am Broadway in New York Premiere. Das Lustspiel war in der Übersetzung des berühmten Rudolf Kommer a. C. (»aus Czernowitz«, 1886–1943) auch in Deutschland sehr beliebt und ist vor allem in den Sommerspielzeiten häufig aufgeführt worden.

S. 49 | *Herr Löwenberg*
Daten zu Herrn Löwenberg konnten nicht ermittelt werden.

S. 50 | *Francesco Sioli*
Der Regisseur und Theaterleiter Francesco Sioli (1878–1958) wurde 1921 an das Stadttheater Aachen berufen, das er bis 1924 leitete. Anschließend übernahm er die Intendanz des Nationaltheaters Mannheim bis

1931. Im *Barmen-Elberfelder Almanach 1924/25* schrieb Ophüls über ihn: »*Dem Intendanten und Regisseur Sioli bin ich dankbar für die Erweckung künstlerischer Individualität, Rollenbesetzung war persönlich, fachlos, mein Arbeitsfeld innerlich voll befriedigend.*«

S. 51 | *Zwei Dollar im Monat*
1921 begann in Deutschland die Inflation, im November 1921 lag der Kurs des Dollars bei 209 Reichsmark, im Juli 1922 war er schon auf 550 Mark geklettert und im Dezember 1922 betrug er 7.500 Mark.

S. 52 | *Auf der Bühne in Aachen*
Ophüls war am Aachener Stadttheater in den Spielzeiten 1921/22 und 1922/23 engagiert, erst als Anfänger ohne festes Rollenfach, im zweiten Jahr als jugendlicher Charakterliebhaber. In seiner ersten Spielzeit trat er in 23 Inszenierungen auf und stand an 145 Abenden auf der Bühne. Seine Gage betrug monatlich 600 Mark, die wegen der Inflation schon im Oktober 1921 um zweihundert Mark erhöht werden musste. Auf dem Höhepunkt der Inflation 1923 erhielt Ophüls zuletzt 360.000 Mark im Monat, das war Mitte 1923 nicht einmal der Gegenwert eines amerikanischen Dollars, der im August 1923 schon mehr als 1 Million Mark kostete. In der Spielzeit 1922/23 wirkte Ophüls in 19 Aufführungen mit und stand an 130 Abenden auf der Bühne. Besonderen Erfolg hatte Ophüls in beiden Spielzeiten in komischen Rollen.

S. 52 | *Naturalismus*
Der naturalistische Darstellungsstil, d. h. eine möglichst naturgetreue Darstellung auf der Bühne, hatte sich auf dem deutschen Theater mit den naturalistischen Dramen Gerhart Hauptmanns, Lew Tolstois und Maxim Gorkis durchgesetzt. Die Übergänge zum realistischen Stil in den Dramen Henrik Ibsens und Anton Tschechows und einer psychologisierenden Rollengestaltung sind fließend.

S. 52 | *Expressionismus*
Auf dem Theater hielt der Expressionismus wesentlich später Einzug

als in Malerei und Literatur. Die Aufführung von Walter Hasenclevers *Der Sohn* 1916 in Dresden gilt als eine der frühesten expressionistischen Inszenierungen. Sie arbeitete mit den für den Expressionismus typischen Stilmitteln: symbolischer Raum, starke Lichteffekte, stilisierte Kostüme und Bühne, typisierte Personen, antipsychologisches, rhythmisch geprägtes Spiel. Nach dem Ersten Weltkrieg eroberte dieser Stil gemeinsam mit dem jungen expressionistischen Drama die deutschen Bühnen, wenn auch häufig nur in Matinee-Vorstellungen. Max Ophüls hat als Schauspieler u. a. in Barmen-Elberfeld in der Aufführung des expressionistischen Dramas *Der Bettler* von Reinhard Sorge als *»Der Dichter«* mitgewirkt.

S. 52 | *Orson Welles*
Der Schauspieler, Regisseur und Autor Orson Welles (1915–1985) begann seine phänomenale Karriere im Theater. Sein künstlerischer Durchbruch waren seine Inszenierungen von Shakespeares Dramen *Macbeth* und *Julius Caesar* in New York 1936 und 1937.

S. 53 | *Gas*
Georg Kaiser (1878–1945) war während der Weimarer Republik der meistgespielte deutsche Dramatiker. Sein expressionistisches Schauspiel *Gas* (Uraufführung 1918) hatte in Aachen am 26. 1. 1922 Premiere, Ophüls spielte darin den *»Zweiten Arbeiter«* und den *»Vierten Schwarzen Herrn«*. Ophüls hat später mehrfach Kaisers Stücke inszeniert, 1925 in Barmen-Elberfeld *Kolportage* und 1927 in Frankfurt a. M. *Papiermühle*.

S. 53 | *Gefängniswärter Frosch in der »Fledermaus«*
Den Gefängniswärter Frosch in der Operette *Die Fledermaus* von Johann Strauß (1825–1899) hat Max Ophüls nicht selbst gespielt. Wohl hat er die Operette 1925 mit großem Erfolg in Barmen-Elberfeld inszeniert. In Aachen spielte Ophüls im *Urfaust* von Johann Wolfgang von Goethe (1749–1832) den Studenten *»Frosch«* in der Szene *»Auerbachs Keller«* (Premiere 29. 6. 1923).

S. 55 | *»Ich zählte zwanzig Jahre ...«*

Den Monolog des jungen Mortimer in Schillers Drama *Maria Stuart* (siehe Kommentar zu S. 36) hat Ophüls selbst bei der *Schiller-Feier* im Aachener Stadttheater am 12.11.1922 vorgetragen. Der Kritiker des *Politischen Tageblatts* bescheinigte ihm ein *»überhitztes Prestissimo«* und der Rezensent der *Aachener Post* fand sein Spiel *»zu grell, zu wenig abgetönt«*.

S. 55 | *Nibelungen von Hebbel*

Friedrich Hebbels (1813–1863) Trauerspiel *Die Nibelungen* wurde am Stadttheater Aachen an zwei Abenden aufgeführt, Premiere von Teil 1 *Der gehörnte Siegfried* und Teil 2 *Siegfrieds Tod* war am 5.1.1922; Teil 3 *Kriemhilds Rache* folgte am 29.6.1922. Regie führte Francesco Sioli, Ophüls spielte in allen drei Teilen *»Gernot, Bruder des Königs«*. Weder im Nibelungenlied noch in Hebbels Tragödie gibt es einen siegreichen Feldzug gegen Etzel, die Burgunder werden alle Opfer von Kriemhilds Rache. Ein Schauspieler Hoffmann war am Aachener Theater damals nicht engagiert.

S. 57 | *Zweisprachige Gedichte*

Der in Lothringen geborene expressionistische Lyriker Yvan Goll (1891–1950) schrieb in deutscher, französischer und englischer Sprache und war einer der führenden avantgardistischen Dichter. Der deutsch-französische Schriftsteller René Schickele (1883–1940) war im Elsaß geboren, auch er war einer der Wortführer des Expressionismus. Rainer Maria Rilkes (1875–1926) Lyrik und Prosa hatten Ophüls schon als Schüler begeistert. Die Prosadichtung *Die Weise von Liebe und Tod des Cornets Christoph Rilke* (1906), die in Neuauflage 1912 als erster Band der neugegründeten Insel-Bücherei erschien, hatte er in privaten Zirkeln vorgetragen.

S. 57 | *Menschheitsdämmerung*

Die von Kurt Pinthus (1886–1975) herausgegebene Lyriksammlung *Menschheitsdämmerung. Symphonie jüngster Dichtung* erschien erstmals 1920 im Rowohlt-Verlag Berlin. Die Anthologie gilt als die bedeutendste

Sammlung expressionistischer Lyrik und erlebte bis 1922 vier Auflagen mit 20 000 Exemplaren.

S. 57 | *Karl Liebknecht und Rosa Luxemburg*

Die am 15. Januar 1919 in Berlin von Freikorps-Offizieren ermordeten kommunistischen Politiker Karl Liebknecht (1871–1919) und Rosa Luxemburg (1871–1919) waren beide entschiedene Kriegsgegner gewesen. Luxemburg hatte 1913 in einer Rede zu Kriegsdienstverweigerung aufgerufen und war deshalb zu einer Haftstrafe verurteilt worden, die sie von 1915–1918 verbüßte; Liebknecht wurde 1916 wegen aktiver Teilnahme an einer Anti-Kriegsdemonstration zu einer mehrjährigen Haftstrafe verurteilt und aufgrund einer Amnestie 1918 aus der Haft entlassen. Rosa Luxemburgs *Briefe aus dem Gefängnis* sind 1920 erschienen.

S. 57 | *Deutsche Friedensgesellschaft*

Max Ophüls war vermutlich Mitglied der 1892 gegründeten *Deutschen Friedensgesellschaft*, die 1933 von den Nationalsozialisten zerschlagen wurde. Zahlreiche führende Pazifisten wurden verfolgt und mussten exilieren.

S. 58 | *Der Deutsche Bühnen-Almanach*

Das von der *Genossenschaft Deutscher Bühnen-Angehörige*n und dem *Deutschen Bühnen-Verein* seit 1889 jährlich herausgegebene theatergeschichtliche Jahr- und Adressenbuch *Deutsches Bühnen-Jahrbuch* ist von 1889–1914 unter dem Titel *Neuer Theater-Almanach* erschienen.

S. 60 | *Ernst Toller*

Als Max Ophüls sich im Frühjahr 1923 am Dortmunder Stadttheater vorstellte, verbüßte der Schriftsteller und Revolutionär Ernst Toller (1893–1939) noch eine fünfjährige Haftstrafe in der Festung Niederschönfeld in Bayern. Toller war 1919 einer der gemäßigten Führer der sozialistischen Münchner Räterepublik und Befehlshaber der »Roten Garde« gewesen. Nach der Niederschlagung der Räterepublik im Mai 1919 durch die Freikorps war er verurteilt worden. Er wurde erst am 15. Juli 1924 aus der Haft entlassen. Durch die Aufführungen seiner während der Haft geschriebenen Stücke war Toller 1923 der wohl bekannteste deutsche Dramatiker. Ophüls hat diese Anekdote auch berichtet in dem Artikel *Begegnungen mit Ernst Toller*, der anlässlich des Todes von Toller in der Emigrantenzeitung *Pariser Tageszeitung* vom 28./29.5.1939 erschien.

S. 61 | *Ferdinand aus Kabale und Liebe*

Ferdinand von Walter ist die männliche Hauptrolle in Friedrich Schillers bürgerlichem Trauerspiel *Kabale und Liebe*, das 1784 uraufgeführt wurde. Die zitierten Stellen sind aus Monologen des Ferdinand in Akt I/4. Szene und Akt II/1. Szene.

S. 61 | *In Dortmund wurde ich Regisseur*

Max Ophüls' erste eigene Inszenierung *Tageszeiten der Liebe* hatte am Dortmunder Stadttheater am 4. März 1924 Premiere. Seine Darstellung, wie er Regisseur wurde, ist in den Erinnerungen anekdotisch ausgeschmückt, in seiner autobiographischen Notiz im *Theateralmanach Barmen-Elberfeld 1924/25* hieß es nüchtern: »*Wofür seit Jahren im stillen das Fundament gelegt, konnte hier* (d. i. in Dortmund) *Wirklichkeit werden: Übergang zur Regie.*«

Denn die Fakten sind erheblich prosaischer: Ophüls war am Dortmunder Stadttheater als »*jugendlicher Liebhaber*« engagiert und in seiner Antrittsrolle als Adelbert von Weislingen in *Götz von Berlichingen* von J. W. von Goethe in der Tat fehlbesetzt. Die Kritik nach der Premiere am 8. September 1923 war jedoch keineswegs so negativ, wie Ophüls berichtet. Im *General-Anzeiger* hieß es, dass Ophüls »*diesen ehrgeizigen Hofmann in den Bewegungen des Körpers, des Gesichtes und der Hände voll gerecht zu werden*« wusste: »*Auch seine Sprache, deutlich und verständlich, war auf den Ton des Weichlings eingestellt.*« (Nr. 243, 10.9.1923). Ein anderer Kritiker lehnte Ophüls' Auffassung des Weislingen zwar ab, weil Ophüls ihn spiele, »*als ob das Stück etwa den Titel trüge: ›Ritter, Tod und Teufel vom Morgen bis zum Abend‹, expressionistisches Psychochemikalium von Georg Kaiser.*« Aber auch er anerkannte Ophüls' schauspielerische Qualität: »*Das schließt natürlich nicht aus, daß der schlanke Herr Ophüls bei seiner guten Sprechtechnik in anderen, z. B. modernen Aufgaben ungleich bessere Verwendung findet.«* (*Dortmunder Zeitung* v. 1. 10. 1923)

Diese bessere Verwendung fand Ophüls in der Tat in Dortmund, er spielte sowohl in Tragödien, wie der *Wallenstein*-Trilogie von Friedrich von Schiller und *Maria Magdalena* von Friedrich Hebbel, als auch in Komödien wie *Amphitryon* von Heinrich von Kleist (1777–1811) und *Minna von Barnhelm* von Gotthold Ephraim Lessing (1729–1781), in denen er großen Erfolg hatte. Ophüls absolvierte in Dortmund auch ein ähnlich umfangreiches Pensum wie in Aachen und trat in 14 Inszenierungen auf, seine Verwendbarkeit war also entgegen seiner Schilderung keineswegs eingeschränkt.

S. 61 | *Conrad Veidt*

Der Schauspieler Conrad Veidt (1893–1943) hatte seine Karriere 1913 an Max Reinhardts Deutschem Theater begonnen und filmte seit 1916. Im Stummfilm wurde er auf dämonische Rollen festgelegt, früher Höhepunkt seiner Filmkarriere war seine Darstellung des Mediums Cesare in *Das Cabinet des Dr. Caligari.* In den zwanziger Jahren war er bereits ein internationaler Filmstar und drehte in England und in Hollywood.

S. 62 | *Herr Schäffer*

Der Intendant Karl Schäffer war Oberspielleiter an der Oper in Leipzig gewesen und leitete das Dortmunder Stadttheater von 1922–1927. Weitere Daten waren nicht zu ermitteln. Anscheinend hat Schäffer dem ehrgeizigen jungen Künstler die Chance gegeben, erstmals selbst Regie zu führen und sich mit dieser Inszenierung bei anderen Theatern als Regisseur vorzustellen.

S. 63 | *Ich liebte damals*

Ophüls' damalige Lebensgefährtin war die Sängerin Marianne Keiler-Abendroth (geb. um 1890). Sie hatte sich von ihrem Mann, dem Opernsänger Martin Abendroth, getrennt und war vom Staatstheater Wiesbaden ans Dortmunder Theater gekommen. Sie wurde gemeinsam mit Ophüls 1924/25 an die Vereinigten Stadttheater Barmen-Elberfeld engagiert und spielte unter seiner Regie sehr erfolgreich in den Operetten *Dorine und der Zufall, Eine Nacht in Venedig, Die Fledermaus* und *Die schöne Helena.* Ihr Verhältnis mit Ophüls dauerte über zwei Jahre, bis Ophüls in Wien Ende 1925 die Schauspielerin Hilde Wall kennenlernte, die er 1926 heiratete. Auch Marianne Keiler hat wenig später wieder geheiratet und war unter dem Namen Marianne Keiler-Heimig in Mannheim engagiert.

S. 63 | *Tageszeiten der Liebe*

Das Zweipersonenstück *Tageszeiten der Liebe* des italienischen Autors Dario Niccodemi (1874–1934) war auf deutschen Bühnen in den 1920er Jahren sehr beliebt und erfolgreich. Ophüls erhielt für seine erste Inszenierung vom Theater die bestmögliche Unterstützung, die beiden Schauspieler Helene Heinrich (Anna) und Adolf Ziegler (Clario) waren erste Kräfte des Theaters und der weit über Dortmund hinaus bekannte Bühnenbildner, Maler und Bildhauer Hans Wildermann (1884–1954) war auch als Regisseur erfahren.

Die Aufführung war bei Kritik und Publikum gleichermaßen erfolgreich, nach der Premiere am 4. 3. 1924 schrieb ein Kritiker: »*Der Beifall ist von seltener Herzlichkeit. Er gilt auch Max Ophüls, der die Spielleitung hat, und Hans Wildermann, von dem das farbige, südländische, fein stilisierte Bühnenbild stammt.*« (*Tremonia* v. 6. 3. 1924) Die Inszenierung wurde zehnmal gegeben und Ophüls hat die Komödie mit gleichem Erfolg auch in Barmen-Elberfeld inszeniert, Premiere war dort am 9. 11. 1924.

S. 63 | *Poincarésche Besetzung*

Ophüls irrt sich hier im Datum. Französische und belgische Truppen besetzten das Ruhrgebiet bereits ein Jahr vorher, am 11. Januar 1923, auf Anordnung des damaligen französischen Ministerpräsidenten Raymond Poincaré (1860–1934). Die deutsche Reichsregierung forderte die Bevölkerung zum passiven Widerstand auf, der im September 1923 beendet wurde. Die Besetzung des Ruhrgebiets wurde im Juli/August 1925 auf Druck der USA und Großbritanniens beendet.

S. 64 | *eine Million Mark pro Stück*

Die Inflation war im Deutschen Reich bereits im November 1923 beendet worden, 1 Brot kostete 1924 ca. 65 Pfennig – dies entsprach etwa dem Stundenlohn eines Arbeiters.

S. 64 | *zweihundert Stücke*

Trotz des gewaltigen Arbeitspensums, das in den 1920er Jahren Regisseuren und Schauspielern abverlangt wurde, hat Ophüls keine zweihundert Stücke inszeniert, das wäre unmöglich gewesen. Als Regisseur hat er von 1924 bis 1931 insgesamt 73 Stücke inszeniert, hinzu kommen noch zwei Inszenierungen 1940/41 am Schauspielhaus Zürich. Im Durchschnitt inszenierte Ophüls somit 10 Aufführungen pro Spielzeit! Als Schauspieler hat er einschließlich seiner Auftritte in Bagatellrollen am Württembergischen Landestheater Stuttgart von 1920 bis 1925 in 80 Inszenierungen mitgewirkt.

S. 64 | *mit vielen guten Schriftstellern*

Nur von einigen der genannten Schriftsteller hat Ophüls Stücke inszeniert:

Von William Shakespeare (1564–1616): *Wie es euch gefällt* (Breslau 1928) und *Romeo und Julia* (Zürich 1941); von Lew Tolstoi (1828–1910): *Der lebende Leichnam* (Barmen-Elberfeld 1925 und Breslau 1928); von Marcel Pagnol (1895–1974): *Marius* (Breslau 1929); von Gerhart Hauptmann (1862–1946): *Florian Geyer* (Breslau 1929); von Ben Hecht (1894–1964): *Reporter* (Breslau 1929). Von Romain Rolland (1866–1944), Johann Wolfgang von Goethe (1749–1832), Friedrich von Schiller (1759–1805) und Molière (1622–1673) hat er kein Schauspiel inszeniert, ist allerdings als Schauspieler in Dramen dieser Dichter aufgetreten.

S. 65 | *Toscanini*

Arturo Toscanini (1867–1957) war einer der bedeutendsten Dirigenten des 20. Jahrhunderts. Als entschiedener Antifaschist war er ein Gegner Mussolinis und Hitlers. Er verließ Italien bereits 1931, nachdem er in Bologna von Faschisten angegriffen worden war. Nach Hitlers Machtübernahme 1933 dirigierte er nicht mehr in Bayreuth und nach dem Anschluss Österreichs 1938 auch nicht mehr bei den Salzburger Festspielen. 1936 gab er sein erstes Konzert in Palästina.

S. 65 | *Opern*
Ophüls hat während seiner Theaterkarriere keine Opern inszeniert, sondern lediglich Schauspiele und Operetten.

S. 65 | *chinesische*
Ophüls hat in der Tat zahlreiche Dramen europäischer und amerikanischer Dramatiker inszeniert, ein chinesisches Schauspiel war jedoch nicht darunter. Sein künstlerischer Durchbruch als Regisseur in Barmen-Elberfeld war seine Inszenierung des Schauspiels *Vasantasena nach dem Indischen des Königs Sudraka* von Lion Feuchtwanger (Premiere: 25.12.1924), die von den Kritikern als »*Ruhmesblatt*« und »*Dokument für die Kunst*« hoch gelobt wurde. Auch das Publikum war begeistert und klatschte unermüdlich Beifall, für den der Regisseur und die Darsteller »*noch mehrfach vor dem Eisernen danken mussten*«.

S. 65 | *ich infolgedessen als Regisseur*
In Barmen-Elberfeld war Ophüls als Schauspieler und Regisseur engagiert, er inszenierte 10 Schauspiele und Operetten und spielte in 12 Aufführungen selbst mit, darunter in zwei eigenen Inszenierungen, außerdem wirkte er mit als Vorleser in einer Matinee-Aufführung der *Geschichte vom Soldaten* von Igor Strawinsky (1882–1971).

S. 65 | *Leiter dieser Bühne*
Seit 1921 war Dr. Paul Legband (1876-1942) Intendant der Vereinigten Stadttheater Barmen-Elberfeld. Der Theaterhistoriker, Kritiker, Pädagoge, Regisseur und Intendant war lange an der Schauspielschule Max Reinhardts tätig gewesen, der für Legband die prägende Persönlichkeit des deutschen Theaters bedeutete.

S. 66 | *Schwebebahn*

Die Wuppertaler Schwebebahn ist eine Einschienenhängebahn und wurde erbaut von 1898 bis 1903. 1901 wurde bereits die erste Teilstrecke in Betrieb genommen.

S. 66 | *bis zur Fledermaus*

Ophüls inszenierte in Barmen-Elberfeld die Operette *Die Fledermaus* von Johann Strauß Sohn (1825–1899); in *Viel Lärm um Nichts* von William Shakespeare spielte Ophüls den Don Juan und in dem Schauspiel *Die Heilige Johanna* von George Bernard Shaw (1856–1950) den Dauphin, beide Stücke inszenierte Paul Legband.

S. 66 | *beinahe zwei Jahre*

Ophüls blieb nur in der Spielzeit 1924/25 in Barmen-Elberfeld.

S. 66 | *Georg Kaisers Kolportage*

Ophüls' Inszenierung von Georg Kaisers *Kolportage* (Premiere am 20. 4. 1925) war ein weiterer großer Erfolg für den jungen Regisseur (Abb. 9). Der Schauspieler Peter Sigl, der den Knut Bratt spielte, war schon lange in Barmen-Elberfeld engagiert. 1932 feierte er sein 40-jähriges Bühnenjubiläum und beendete seine Theaterlaufbahn 1935.

S. 67 | *Bühnenbilder und Pläne*

In der Spielzeit 1924/25 war aus finanziellen Gründen an den Barmen-Elberfelder Theatern kein Bühnenbildner engagiert worden, alle Regisseure mussten die Bühnenbilder selbst entwerfen bzw. aus dem Fundus zusammenstellen.

S. 68 | *Regiebuch*

Von Max Ophüls ist aus dieser Zeit kein Regiebuch erhalten. Ophüls' ironische Beschreibung erinnert an die minutiös geführten Regiebücher, die Max Reinhardt erarbeiten ließ, vgl. dazu: Max Reinhardt: *Regiebuch zu Macbeth*. Hrsg. v. Manfred Grossmann. Basel, Hamburg, Wien 1966 (= *Theater unserer Zeit*, Bd. 8). Anscheinend hielt der Reinhardt-Schüler

Legband den jungen Regisseur dazu an, ähnlich penible Regiebücher zu verfassen.

S. 68 | *Burgtheater*

Ende Februar 1925 erhielt Ophüls über das Wiener Theatergeschäfts-büro Karl Starka ein Vertragsangebot des Wiener Burgtheaters für drei Jahre. Ophüls unterzeichnete am 5. März 1925 in Wien den Vertrag als Regisseur und Schauspieler am Burgtheater und dem angeschlossenen Akademietheater.

S. 69 | *Watteau*

Antoine Watteau (1684–1721) ist der bedeutendste französische Maler des Rokoko, der in seinen Bildern poetisch überhöhte Darstellungen der Realität schuf.

S. 69 | *Mozart*

Wolfgang Amadeus Mozart (1756–1791) war Ophüls' Lieblingskompo-nist, dessen Opern er in mehreren Filmen zitiert hat: in LIEBELEI *Die Entführung aus dem Serail* und in YOSHIWARA und in LETTER FROM AN UNKNOWN WOMAN *Die Zauberflöte.* In dem nicht realisierten Film *Autumn* steht Mozarts *Don Giovanni* im Mittelpunkt der Handlung. Auch im WERTHER benutzte Ophüls Musikstücke von Mozart.

S. 69 | *Kapitel von Schnitzler*

Von dem österreichischen Schriftsteller Arthur Schnitzler (1862–1931), in dessen Werken sich Gesellschaftskritik mit psychologisch differenzierter Menschendarstellung verbindet, war Ophüls stark beeinflusst. Schnitz-lers Theaterstücke *Liebelei* (1895) und *Der Reigen* (1904) hat er 1932/33 bzw. 1950 kongenial verfilmt, Schnitzlers Roman *Frau Bertha Garlan* (1901) hat Ophüls 1956 im Südwestfunk Baden-Baden als »*Hörfilm*« inszeniert.

S. 69 | *Akt von Raimund*

Ferdinand Raimund (1790–1836) war der hervorragendste Vertreter des Altwiener Volksstücks.

S. 70 | *meine Inszenierungen gesehen*

Tatsächlich hatte Franz Herterich (1877–1966), der das Burgtheater von 1923–1930 leitete, keine Inszenierung von Ophüls gesehen, sondern sich vollständig auf das Urteil des Theateragenten Starka und die Kritiken verlassen und nicht einmal eine Probeinszenierung von Ophüls verlangt.

S. 71 | *Hans Hermann*

Daten konnten nicht ermittelt werden.

S. 71 | *Meinen Sprung zum Burgtheater*

Max Ophüls ist am Burgtheater ein Außenseiter geblieben, das wird auch deutlich auf dem Foto des Ensembles seiner Inszenierung von Ludwig Fuldas Komödie *Der Vulkan* (Abb. 10): Ophüls (ganz rechts) steht isoliert von den Schauspielern, die sich alle um den Autor Ludwig Fulda gruppieren.

S. 71 | *Burgtheater ist ein altes Theater*

Das Burgtheater wurde 1741 von der Kaiserin Maria Theresia (1717–1780) als Hoftheater gegründet.

S. 71 | *Die Journalisten*

Der Redakteur Bellmaus ist eine komische Rolle in Gustav Freytags (1816–1895) Lustspiel *Die Journalisten* (1852). Max Ophüls hatte im Februar 1920 in einer Schulaufführung in Saarbrücken in Freytags Lustspiel mit großem Erfolg selbst die Hauptrolle gespielt, den Redakteur Konrad Bolz, siehe Abbildung 6.

S. 72 | *Herr von D.*

Die von Ophüls erzählte Anekdote ist überliefert von dem Burgtheaterschauspieler und -regisseur Max Devrient (1857–1929), der aus der berühmten Schauspieler-Dynastie Devrient stammte und damals der Doyen des Ensembles war. Devrient war nicht adlig.

S. 74 | *eine junge Schauspielerin*

Ophüls lernte die Schauspielerin Hilde Wall (1894–1980) schon bei den Proben für seine erste Wiener Inszenierung kennen, dem Lustspiel *2 x 2=5* des dänischen Schriftstellers Gustav Wied (1858–1914), in dem Hilde Wall die Hetäre Othella Lustig spielte (Premiere 2.10.1925 im Akademietheater). Hilde Wall konnte bereits auf eine erfolgreiche zehnjährige Bühnenlaufbahn zurückblicken. Sie stammte aus Braunschweig und wurde nach privatem Schauspielunterricht in der Spielzeit 1913/14 am Braunschweiger Hoftheater als Volontärin engagiert. Nach Engagements in Lübeck und Breslau holte sie 1919 Otto Falckenberg (1873–1947) an seine Kammerspiele in München, 1920 wechselte sie zu Arthur Hellmer an das Neue Theater in Frankfurt. Dort feierte Hilde Wall ihre größten Erfolge, u. a. spielte sie die Hermione in Shakespeares *Wintermärchen;* Luise Millerin in Schillers *Kabale und Liebe*; Katharina in Shakespeares *Der Widerspenstigen Zähmung*; Maria in Goethes *Clavigo,* und die Titelrollen in Goldonis *Mirandolina* und in der *Lysistrata* des Aristophanes. Seit der Spielzeit 1923/24 war sie am Burgtheater engagiert. Unter Ophüls' Regie spielte sie am Burgtheater auch in *Die Erfüllung* von Georg Terramare (1889–1948) und in *Maria Orlowa* von Otto Zoff (1890–1963). Ophüls und Hilde Wall heirateten in Wien am 12. Juli 1926.

S. 75 | *einen italienischen Prinzen*

Burgtheaterdirektor Franz Herterich zwang Ophüls aufgrund seines Vertrags als Regisseur *und* Schauspieler gegen dessen Willen in seiner Inszenierung von *Maria Orlowa* (Premiere 4.2.1926), den jungen Liebhaber der Orlowa, Antonio Zacconi, zu spielen. Ophüls war bewusst, dass er in dieser Rolle fehlbesetzt war, wie ihm dann auch die ihm ohnehin nicht wohlgesinnte Wiener Kritik unisono bescheinigte.

S. 75 | *Ein bedeutender Kritiker*

Der Kritiker Felix Salten (1869–1945) hatte geschrieben, es fehle Ophüls »*das Liebhaberwesen, auch das Liebhaberantlitz. Wer sich des verstorbenen Komikers Eisenbach erinnert, wird das sofort verstehen. Denn Herr Ophüls hat den Gesichtsbau Eisenbachs; noch mehr, er hat einen ähnlichen Mund wie Eisenbach: mit vergnügten Winkeln nach aufwärts zuckend.«* (*6-Uhr Blatt* v. 6. 2. 1926). Trotz seiner humorvollen Schilderung war Ophüls sehr verletzt von der Kritik, denn nach diesem Misserfolg ist Ophüls nie mehr als Schauspieler öffentlich aufgetreten und war seitdem ausschließlich als Regisseur engagiert. Außerdem führte dieser Auftritt zu seiner vorzeitigen Entlassung in Wien, siehe weiter unten.

S. 75 | *Der große Eisenbach*
Der bekannte Wiener Kabarettist und Groteskkomiker Heinrich Eisenbach (1870–1923) war erst drei Jahre zuvor verstorben.

S. 76 | *Aber dann hatte ich wegreisen wollen – und zwar ganz schnell.*
Ophüls wollte aus Wien *»wegreisen«,* weil er vom Burgtheaterdirektor Franz Herterich aus antisemitischen Gründen vorzeitig gekündigt wurde. Aus den erhaltenen Akten und Presseinterviews geht hervor, dass Herterich Ophüls erklärte, das Publikum habe bei seinem Auftreten in *Maria Orlowa »nunmehr die Wahrnehmung gemacht, daß Ophüls Jude sei«* und er müsse bedenken, *»daß wir in einer christlich-sozialen Republik leben und uns danach richten müßten«.* Auf ihn werde Druck ausgeübt von *»verschiedenen maßgebenden Persönlichkeiten«* und er sei *»interpelliert worden, warum [er] einen Juden engagiert hätte«* und er könne nicht *»gegen den Strom schwimmen«.*
Ophüls' Versuch, sich gegen die Kündigung mit Hilfe des Bühnenvereinsanwalts zu wehren, blieb ergebnislos, da Herterich alle Äußerungen abstritt. Nachdem Ophüls im April 1926 an das Neue Theater in Frankfurt a. M. engagiert worden war, wandte er sich in Wien an die Öffentlichkeit und enthüllte in der *Wiener Morgenzeitung* vom 23. April 1926 in dem Interview *Das antisemitische Burgtheater. Der Regisseur Max Ophüls wegen seines Judentums gekündigt. Ein Gespräch mit Herrn Ophüls* die Ursache seiner Kündigung. Damit entfachte Ophüls einen heftigen Pressekrieg, der unter den Schlagzeilen *»Affäre Ophüls«,* »*Das antisemitische Burgtheater«* oder *»Die neueste Burgtheateraffäre«* den Wienern für einige Tage einen der vielen Theaterskandale bescherte, für die die österreichische Hauptstadt und das Burgtheater so berühmt sind. Die

Dementis und Gegendarstellungen lösten einander ab, doch verlief die »Affäre Ophüls« schließlich im Sande, wie nicht anders zu erwarten war. Ausführliche Darstellung bei Asper: *Max Ophüls*, S. 116 ff. und 126 ff. Nicht nur in seinen Erinnerungen erwähnt Ophüls den antisemitischen Hintergrund seiner Kündigung nicht, auch privat haben anscheinend weder er noch seine Frau je über diese Affäre gesprochen, wie Marcel Ophuls in seinen Anmerkungen zur französischen Neuausgabe der Memoiren seines Vaters berichtet hat. (Max Ophuls: *Souvenirs*. Traduit de l'allemand par Max Roth. Dessins de Régine Ackermann-Ophuls. Préface et notes de Marcel Ophuls. Paris 2002, S. 84 f.)

S. 76 | *Neues Theater in Frankfurt*
Ophüls bewarb sich um die Stelle eines Oberspielleiters am Neuen Theater in Frankfurt a. M. mit seiner Gastinszenierung des *Dybuk* von Salomon An-Ski (1863–1920), die am 15. 4. 1926 Premiere hatte.

S. 76 | *Preston Sturges*
Der amerikanische Autor, Regisseur und Produzent Preston Sturges (1898–1959) hatte 1944 in Hollywood Max Ophüls als Drehbuchautor und Regisseur engagiert. Zu Ophüls' Beziehung zu Sturges siehe den Kommentar zu S. 178 sowie das Vorwort von Marcel Ophuls und das Nachwort von Hilde Ophuls.

S. 78 | *Theater in Frankfurt am Main*
Das Neue Theater in der Mainzer Landstraße wurde 1910–1911 gegründet von Arthur Hellmer (1880–1961) und Max Reimann (1875–1943). Sie hatten eine Aktiengesellschaft ins Leben gerufen, um den im September 1911 fertiggestellten Theaterbau zu finanzieren. Ihre Hauptgeldgeber waren die Frankfurter Bankiersfamilien Rothschild und Kahn. Nach Reimanns Wechsel an das Intime Theater in Nürnberg 1920 blieb Hellmer allein Direktor bis zu seiner durch die Nationalsozialisten erzwungenen Emigration 1935. Hellmer gehört zu den bedeutendsten Theaterleitern und Regisseuren der 1920er Jahre, der sich durch zahlreiche Uraufführungen

junger Dramatiker und seine Inszenierungen der Dramen Georg Kaisers einen Namen gemacht hatte.

S. 78 | *meine Frau*
Hilde Wall war in den Spielzeiten 1926/27 und 1927/28 ebenfalls am Neuen Theater in Frankfurt engagiert und hat in mehreren Inszenierungen unter der Regie von Ophüls gespielt. In Breslau war sie nicht mehr fest engagiert und hat nur in einer Aufführung gastiert und gelegentlich im Rundfunk als Sprecherin mitgewirkt.

S. 79 | *Prof. Marcel Traugott*
Der Gynäkologe Marcel Traugott (1882–1961) war außerordentlicher Professor an der Frankfurter Universität. 1933 wurde ihm als Juden die Lehrerlaubnis entzogen, er emigrierte deshalb in die Schweiz.

S. 79 | *Mein Junge*
Hans Marcel Oppenheimer (heute auch mit bürgerlichem Namen Marcel Ophuls) wurde am 1. November 1927 in Frankfurt geboren. Nach Regieassistenzen u. a. bei Max Ophüls und Julien Duvivier begann er 1957 seine Karriere zunächst mit Kurz- und Spielfilmen, Mitte der 1960er Jahre wandte er sich dem Dokumentarfilm zu und gilt als einer der bedeutendsten Dokumentarfilmregisseure der 2. Hälfte des 20. Jahrhunderts.

S. 81 | *jungen Wolfgang Goethe*
Die von Ophüls geschilderte Begebenheit steht nicht in Goethes Erinnerungen *Dichtung und Wahrheit*, sondern im 9. Kapitel des Romans *Wilhelm Meisters theatralische Sendung* und wird in der späteren Fassung *Wilhelm Meisters Lehrjahre* im 7. Kapitel etwas verkürzt von Wilhelm selbst erzählt.

S. 82 | *Großvater … Präsident der Kaufhäuser*
Jacob Bamberger (1849–1918), Ophüls' Großvater mütterlicherseits, war nach dem Tod seiner Frau 1908 nach Frankfurt a. M. gezogen, wo er

gemeinsam mit seinem ältesten Sohn Heinrich Bamberger das Textil-kaufhaus Bamberger & Hertz auf der Zeil leitete.

S. 82 | *elektrischen Auto*
Elektroautos gab es in Deutschland seit 1888. Sie waren bis 1912 sehr verbreitet, wurden dann aber vor allem wegen ihrer geringen Reichweite von ca. 100 Kilometern vom Benzinauto verdrängt.

S. 82 | *Weg zum Radio*
Ophüls gehört als Sprecher, Vorleser und Autor zu den Rundfunkpionie-ren in Deutschland. Zum ersten Mal war er bereits im August 1925 mit Dichterlesungen bei Probesendungen der Westdeutschen Funkstunde aus Barmen-Elberfeld im Rundfunk aufgetreten. Als der junge Wup-pertaler Theaterkritiker Dr. Hanns Ulmann (1900–1940), der ein gro-ßer Bewunderer von Ophüls' als Schauspieler und Regisseur war, Leiter des literarischen Programms im Westdeutschen Rundfunk Köln wurde, holte er Ophüls 1927 wieder vor das Mikrofon. Ophüls trat dann regel-mäßig im Westdeutschen und bald auch im Süddeutschen Rundfunk auf mit selbst zusammengestellten Programmen mit Gedichten und Prosa zeitgenössischer Autoren. 1928 inszenierte Ulmann auch Ophüls' erstes Hörspiel *Plakate* und 1929 das Hörspiel *Schreibmaschinen.* Hanns Ulmann wurde 1933 gemeinsam mit dem Rundfunkintendanten Ernst Hardt (1876–1947) von den Nazis entlassen und floh nach Holland, beim Überfall der deutschen Truppen 1940 nahm er sich das Leben.

S. 82 | *Prozess*
Das Schauspiel *Die gläserne Frau* hatte unter der Regie von Arthur Hell-mer am 5. April 1927 Premiere – also bereits in Ophüls' erster Spielzeit am Neuen Theater 1926/27. Eine Akte über einen Prozess zwischen ihm und Hellmer ließ sich im Bundesarchiv Berlin weder in der Akte »*Klage-und Streitsachen Arthur Hellmer 1925–1930*«, noch in den Prozesslisten des Reichsgerichts in Leipzig 1927/28 finden. Auch Ophüls' damaliger Regiekollege am Neuen Theater, Wilhelm Chmelnitzky (später im ame-rikanischen Exil William Melnitz 1900–1989), konnte sich im Interview

1985 mit dem Herausgeber nicht an einen Prozess zwischen Hellmer und Ophüls erinnern.

S. 82 | *Wilhelm von Scholz*
Der Schriftsteller Wilhelm von Scholz (1874–1969) war von 1926 bis 1928 Präsident der Sektion für Dichtkunst in der Preußischen Akademie der Künste. Er war seit 1916 Dramaturg und Regisseur am Württembergischen Landestheater Stuttgart und Ophüls hat als Schauspielvolontär 1920/21 unter seiner Regie in mehreren Aufführungen mitgewirkt.

S. 84 | *Breslau*
Vom Beginn der Spielzeit 1928/1929 bis Ende Dezember 1930 war Ophüls an den Vereinigten Lobe- und Thalia-Theatern in Breslau engagiert, die seit 1921 bis 1933 von Paul Barnay (1884–1960) geleitet wurden. Anfang 1933 wurde Barnay von SS-Männern überfallen und misshandelt. Er floh über Wien nach Prag, später nach Budapest, wo er 1944 von ungarischen Nationalsozialisten verhaftet wurde und Zwangsarbeit leisten musste.

S. 84 | *Hokuspokus*
Max Ophüls' Inszenierung der Komödie *Hokuspokus* von Curt Goetz (1888–1960) hatte am 2. 9. 1928 Premiere. Der Schauspieler und Schriftsteller Curt Goetz emigrierte 1939 gemeinsam mit seiner Frau, der Schauspielerin Valerie von Martens (1894–1986), nach Kalifornien, wo er bis 1946 blieb und eine Hühnerfarm betrieb.

S. 84 | *Die weibliche Hauptrolle*
Die weibliche Hauptrolle Agda Kjerulf in *Hokuspokus* spielte in Breslau Helene Dietrich (1902–1958). Sie heiratete Paul Barnay 1934, ging jedoch nicht mit ihm ins Exil. Die Ehe wurde 1939 geschieden.

S. 84 | *Barnay-Familie … die deutschen Barrymores*
Paul Barnay war der Neffe des berühmten Schauspielvirtuosen Ludwig Barnay (1842–1924). Die »Fabulous Barrymores« waren die Schauspieler Lionel Barrymore (1878–1954), seine Schwester Ethel Barrymore (1879–

1959) und sein Bruder John Barrymore (1882– 1942). Schon ihre Eltern Maurice Barrymore (1847–1905) und Georgiana Drew (1856–1893) waren ein berühmtes Schauspielerpaar, auch John Barrymores Kinder Diana (1921– 1960) und John jr. (1932–2004) waren Schauspieler.

S. 84 | *Kinderstück*

Ophüls hat sein Kindertheaterstück *Fips und Stips auf der Weltreise* am Breslauer Theater selbst inszeniert, Premiere war am 16.12.1928. Das Stück wurde von mehreren deutschen Bühnen nachgespielt und als Hörspiel im Schlesischen Rundfunk und im Südfunk Stuttgart gesendet. Übersetzungen sind nicht nachweisbar. Die Musik schrieb der Komponist und Theaterkapellmeister Hans Krieg (1899–1961), der auch die Bühnenmusik für Ophüls' Inszenierung von Shakespeares *Wie es euch gefällt* (Premiere 9.11.1928) komponierte. Krieg floh 1933 vor den Nazis nach Amsterdam, wo er u.a. als Dirigent und Organist des Synagogenchors der jüdischen Gemeinde tätig war. Nach der Besetzung Hollands im Zweiten Weltkrieg wurde Krieg verhaftet, im Lager Westerbork interniert und von dort in das KZ Bergen-Belsen deportiert. Er überlebte den Holocaust und kehrte im Juni 1945 nach Amsterdam zurück, wo er als Komponist, Musiklehrer, Dirigent und Leiter des Jüdischen Männerchors wirkte.

S. 84 | *musikalische Revuen*

Ophüls schrieb in Breslau zwei musikalische Theaterrevuen, *Saisonausverkauf 1929* und *Saisonausverkauf 1930*, die er zum Schluss der jeweiligen Spielzeit in Breslau selbst inszenierte. Die Musik für diese Revuen komponierte Harry Ralton (eigentlich Heinz Rosenthal 1907–1953), der auch die Musik für Ophüls' Rundfunksendungen »*Magazin*« schrieb. Dieses von Ophüls entwickelte neuartige Sendeformat »Magazin« mit verschiedenen Prosa-, Dialog- und Songbeiträgen war außerordentlich erfolgreich, Ophüls schrieb bis 1931 zahlreiche »*Magazin*«-Sendungen, die von mehreren Rundfunksendern ausgestrahlt wurden.

Harry Ralton war ein musikalisches Wunderkind und hatte schon 1927 seine erste Revue für das Lobe- und Thalia-Theater komponiert und war als Komponist beim Breslauer Rundfunk angestellt. 1931 zog er nach Berlin, wo er für Film und Theater komponierte. Ralton emigrierte 1938 nach London, wo er als Komponist und Musiklehrer für Jazzpiano arbeitete.

S. 84 | *Einer meiner Songs*
Murmeln wurde ebenfalls von Harry Ralton vertont und von dem kommunistischen Schauspieler und Sänger Ernst Busch (1900–1980) auf Schallplatte aufgenommen.

S. 85 | *Göring*
Hermann Göring (1893–1946) war im Ersten Weltkrieg Jagdflieger gewesen und als Hauptmann aus der Reichswehr entlassen worden. 1922 trat er der NSDAP bei und nahm am 9.11.1923 am Münchner Hitlerputsch teil, bei dem er schwer verwundet wurde. Er floh ins Ausland und kehrte erst nach einer Generalamnestie 1927 nach Deutschland zurück und trat erneut der NSDAP bei. Seit 1928 war er Reichstagsabgeordneter, 1932 wurde er Reichstagspräsident. Nach 1933 bekleidete er zahlreiche Ämter, u. a. war er seit 1933 Preußischer Ministerpräsident und Reichsminister, zunächst ohne Geschäftsbereich, ab 1934 dann für Luftfahrt. Die Phrase »*es werden Köpfe rollen*« hat nachweislich auch Adolf Hitler (1889–1945) selbst bei seiner Zeugenaussage im Ulmer Reichswehrprozess 1930 gebraucht.

S. 87 | *Die Matrosen von Cattaro*
Die Uraufführung des Dramas *Die Matrosen von Cattaro* des kommunistischen Arztes und Dramatikers Friedrich Wolf (1888–1953) fand am 8.11.1930 gleichzeitig in Breslau mit Max Ophüls' Inszenierung und an der Volksbühne Berlin unter der Regie von Günther Stark (1889–1970) statt.

S. 87 | *New York erreichten*
Wolfs Schauspiel wurde unter dem Titel *Sailors of Cattaro* 1934 vom Civic Repertory Theater New York aufgeführt.

S. 87 | *Bert Brecht ... Feuchtwanger, Peter Martin, Lampel, Gerhard Menzel*

Ophüls inszenierte in Breslau die Stücke *Revolte im Erziehungshaus* (12. 1. 1929) von Peter Martin Lampel (1894–1965) und *Bork* (30. 9. 1930) von Gerhard Menzel (1894–1966) und in Barmen-Elberfeld 1924 Lion Feuchtwangers Bearbeitung von *Vasantasena* (s. Kommentar zu S. 56). Von Bertolt Brecht (1898–1956) hat Ophüls kein Stück inszeniert.

S. 88 | *Stahlhelm*

Der 1918 gegründete paramilitärische Wehrverband *Stahlhelm, Bund der Frontsoldaten* war trotz seiner republikfeindlichen und antidemokratischen Einstellung nicht verboten. 1930 hatte der *Stahlhelm* ca. 500 000 Mitglieder.

S. 88 | *Eros im Zuchthaus*

Ophüls' Inszenierung von *Eros im Zuchthaus* von Friedrich Lichtnecker (1903–1950) war eine Uraufführung, Premiere war am 23. 11. 1929. Für diese ausgesprochen wagemutige Inszenierung baute der Bühnenbildner Harry Wilton (eigentlich Weidmann oder Weidmann-Wilton, 1900–1969) eine Etagenbühne mit zwei Ebenen, für Breslau damals eine von der Kritik besonders beachtete Neuheit. Das Stück basierte auf dem 1929 erschienenen Buch von Karl Plättner *Eros im Zuchthaus: Eine Beleuchtung der Geschlechtsnot der Gefangenen, bearbeitet auf der Grundlage von Eigenerlebnissen, Beobachtungen und Mitteilungen in achtjähriger Haft. Mit einem Vorwort von Magnus Hirschfeld.*

S. 88 | *Jauer*

Die niederschlesische Stadt Jauer gehört seit 1945 zu Polen und heißt heute Jawor.

S. 89 | *Strafanstalts-Oberlehrer Kleist*

Daten konnten nicht ermittelt werden.

S. 91 | *Chaplin*

Die Filme von Charles Chaplin (1889–1977) wurden von Kritikern und Künstlern ebenso wie vom großen Filmpublikum in Deutschland seit Anfang der 1920er Jahre mit größter Begeisterung und Bewunderung aufgenommen.

S. 91 | *Vier Teufel*

Vier Teufel (Originaltitel: *Four Devils,* deutsche Erstaufführung 20. 11. 1929) war der zweite amerikanische Film des Regisseurs Friedrich Wilhelm Murnau (1888–1931). Der Film wurde 1928 noch als Stummfilm begonnen und erhielt nachträglich eine Tonsequenz ohne Beteiligung Murnaus.

Der deutsche Theater- und Filmschauspieler Hans Albers (1891–1960) spielte nicht in diesem Film, sein erster Tonfilm war *Die Nacht gehört uns* (Premiere: 23. 12. 1929 in Berlin). In den 1950er Jahren wollte Ophüls das Schauspiel *Katharina Knie* von Carl Zuckmayer (1896–1977) mit Hans Albers in der Rolle des Vaters Knie verfilmen.

S. 91 | *Atlantik*

Atlantik wurde 1929 von dem Regisseur E. A. Dupont (1891–1956) in England in den zwei Sprachversionen auf Deutsch und Englisch gedreht. Die deutsche Version hatte am 28. 10. 1929 in Berlin Premiere und gilt als erster 100%iger Tonfilm, der in Deutschland gezeigt wurde. Fritz Kortner (1892–1970) und Franz (in USA: Francis) Lederer (1899–2001) spielten die Hauptrollen.

S. 91 | *Bühnenbildner*

Der Maler, Graphiker, Bühnenbildner und Theaterregisseur Harry Wilton (s. Kommentar zu S. 88) war von 1923–1933 Bühnenbildner an den Vereinigten Lobe- und Thalia-Theatern Breslau und hat fast alle Inszenierungen von Ophüls ausgestattet. Er wurde ebenso wie Barnay von den Nazis entlassen und zog nach Berlin. 1935 hat er als Gast am Reichshallen-Operettentheater Köln inszeniert, danach war er nur noch als Maler und Graphiker freischaffend tätig.

S. 91 | *Wie es euch gefällt*

Ophüls Inszenierung von Shakespeares Komödie *Wie es euch gefällt* hatte bereits am 5.11.1928 Premiere. In dieser Aufführung hatte Ophüls die Rolle des Hymens ausgeweitet zum »*Zeremoniar des heiteren Spiels*« wie ein Kritiker schrieb. Die *Gruppe junger Schauspieler* hatte das Drama *Cyankali* von Friedrich Wolf aber erst im September 1929 in Berlin uraufgeführt und war mit dieser Inszenierung von Mitte Januar 1930 bis Mitte April auf einer Tournee durch Deutschland.

S. 92 | *Cyankali*

Mit seinem Drama *Cyankali* protestierte der Schriftsteller und Arzt Friedrich Wolf gegen den Abtreibungsparagraphen 218, über dessen Abschaffung 1929/30 eine heftige politische Debatte geführt wurde.

S. 92 | *Gruppe junger Schauspieler*

Zur *Gruppe junger Schauspieler* schlossen sich im Herbst 1928 mehrere junge Schauspieler in Berlin zusammen, die unzufrieden waren mit der künstlerischen und politischen Situation an den Theatern. Die Gruppe engagierte sich für gesellschaftskritische Stücke. Als erstes Stück führte sie am 2. Dezember 1928 in Berlin *Revolte im Erziehungshaus* von Peter Martin Lampel auf. Friedrich Wolfs *Cyankali* hatte am 6. September 1929 im Lessing-Theater in Berlin Premiere und seit Januar 1930 war die Gruppe mit diesem Stück auf Tournee.

S. 92 | *Rudolf Nelson*

Der Komponist, Pianist und Kabarettleiter Rudolf Nelson (1878–1960) schrieb die Musik für zahlreiche Chansons von Kurt Tucholsky, Marcellus Schiffer und Friedrich Hollaender und brachte zwischen 1918 und 1933 19 Kabarettrevuen heraus. Er exilierte 1934 nach Amsterdam, wo er bis 1940 erfolgreich in Kleinrevuen auftrat. Im Zweiten Weltkrieg überlebte er die Besatzungszeit im Untergrund und kehrte 1949 nach Berlin zurück.

S. 92 | »*... Berliner Pflaster, Berliner Pflaster*«

Den Text des populären Chansons *Berliner Pflaster* schrieb Otto A.

Alberts, der von 1904 bis 1933 ein gefragter Berliner Chansonautor war. Weitere biographische Daten konnten nicht ermittelt werden. Die Musik komponierte Rudolf Nelson.

S. 93 | *Am Morgen nach der Premiere*

Max Ophüls inszenierte mit der *Gruppe junger Schauspieler* in Berlin das Schauspiel *Flucht nach Shanghai* von Werner Ackermann (1892–1982). Die Premiere fand als Nachtvorstellung statt am 25. 10. 1930 im Lessing-Theater. Es blieb bei der einmaligen Aufführung, denn die Inszenierung war kein Erfolg und wurde deshalb von keinem Theater in Berlin in den regulären Spielplan übernommen. Ophüls kehrte bis zum Jahresende 1930 nach Breslau zurück.

S. 94 | *Barnowsky-Bühnen*

Der Schauspieler und Regisseur Viktor Barnowsky (1875–1952) leitete seit 1905 verschiedene Berliner Bühnen, 1931 gehörte das Komödienhaus am Schiffbauerdamm und das Theater in der Stresemannstraße zu den Barnowsky-Bühnen.

S. 94 | *Die königliche Familie*

Die Komödie *Die königliche Familie* der amerikanischen Autoren George S. Kaufman (1889–1961) und Edna Ferber (1887–1968) ist eine parodistische Darstellung der berühmten Schauspielerfamilie Barrymore, (siehe Kommentar zu S. 84). Premiere war am 28. 2. 1931 im Komödienhaus, die Aufführung war ein großer Publikumserfolg und lief zwei Monate. Die Hauptrollen spielten Adele Sandrock, Rosa Valetti, Adolf Wohlbrück, Felix Bressart (siehe weiter unten), Maria Fein (1892–1965), Edith Edwards (1899–1956) und der populäre Theater- und Filmschauspieler Eugen Burg (geb. 1871), der als Jude seit 1933 in Deutschland nicht mehr auftreten durfte. 1943 wurde er in das KZ Theresienstadt deportiert, wo er 1944 starb.

S. 94 | *Ich wurde eine Art Gewähr für Kassenerfolge.*

Ophüls inszenierte 1931 noch zwei weitere Komödien in Berlin, diese beiden Aufführungen waren seine letzten Theaterarbeiten vor der Emigration: *Schwengels* von Fritz Peter Buch (1894–1964), Premiere im Komödienhaus am 8. 5. 1931, und *Ich weiß etwas, was du nicht weißt* von Paul Osborn (1901–1988), Premiere am 10. 10. 1931 im Theater in der Stresemannstraße, das in der Spielzeit 1931/32 von Carl Meinhard (1875–1949) und Rudolf Bernauer (1880–1953) geleitet wurde. Beide Theaterdirektoren mussten 1933 wegen ihrer jüdischen Herkunft emigrieren.

S. 95 | *In allen Wassern gewaschen, mit allen Hunden gehetzt*
In allen Sätteln gerecht / Mit allen Hunden gehetzt / In allen Wassern gewaschen ist nicht der Titel eines Gedichtbands, sondern es sind die Titel von drei Einaktern des Dramatikers Frank Wedekind (1864–1918). Die 1910 geschriebenen Einakter fasste Wedekind 1912 zu dem dreiaktigen Schauspiel *Schloss Wetterstein* zusammen. Das sehr umstrittene und in Deutschland von der Zensur verbotene Stück wurde 1917 in Zürich uraufgeführt, erste deutsche Aufführungen folgten 1919 in Hamburg, Berlin und München. Ophüls hat von Wedekind mehrere Stücke inszeniert: *Der Marquis von Keith* (Frankfurt 1928), *Frühlings Erwachen* (Breslau 1929) und *Musik* (Breslau 1930).

S. 95 | *Conrad Veidt*
Conrad Veidts Eltern waren der Kanzleisekretär Philipp Heinrich Veidt und seine Frau Amalie Maria Anna. Veidt verließ 1912 das Hohenzollern-Gymnasium in Berlin und wurde als Schauspiel-Volontär am Deutschen Theater Berlin engagiert.

S. 96 | *Conny wieder in Hollywood*
Conrad Veidt emigrierte 1933 nach England und wurde 1938 britischer Staatsbürger, 1940 exilierte er in die USA. In beiden Exil-Ländern engagierte Veidt sich in seinen Filmen gegen den Faschismus. 1943 starb er völlig unerwartet beim Golfspiel an einem Herzschlag.

S. 96 | *Adele Sandrock*
Die Schauspielerin Adele Sandrock (1863–1937) war damals 68 Jahre alt.

Sie hatte als jugendliche Liebhaberin ihre Karriere begonnen und 1895 in der Uraufführung von Arthur Schnitzlers *Liebelei* die Christine gespielt. Nach dem Ersten Weltkrieg geriet sie zunächst in Vergessenheit, feierte dann aber im Tonfilm und im Theater ein erfolgreiches Comeback als meist komische bärbeißige Alte. Adele Sandrock besuchte am 16. März 1933 gemeinsam mit Olga Schnitzler, der Witwe Arthur Schnitzlers, die festliche Berliner Premiere von LIEBELEI, bei der Ophüls sich gemeinsam mit den Hauptdarstellern verbeugte.

S. 97 | *Rosa Valetti*

Rosa Valetti (eigentlich Vallentin, 1878–1937) war 15 Jahre jünger als Adele Sandrock und begann ihre Theaterkarriere bereits in den 1890er Jahren, in denen sie u. a. in Paris erste Erfahrungen im Kabarett sammelte. Sie war eine der bedeutendsten Charakterschauspielerinnen und Chanteusen des Weimarer Theaters und Kabaretts. Sie spielte in allen drei Berliner Theaterinszenierungen von Max Ophüls eine Hauptrolle. 1933 emigrierte sie nach Wien, wo sie 1937 starb.

S. 98 | *Felix Bressart*

Der Schauspieler und Arzt Felix Bressart (1892–1949) war einer der bedeutendsten Charakterkomiker im deutschen Theater und Film. 1933 musste er exilieren und setzte seine Karriere zunächst in der Schweiz und in Österreich fort. 1938 exilierte er in die USA, wo er im Film und am Broadway große Erfolge hatte.

S. 98 | *Adolf Wohlbrück*

Der Schauspieler Adolf Wohlbrück (1900–1967) war seit 1930 an den Barnowsky-Bühnen in Berlin und im deutschen Tonfilm erfolgreich. 1937 emigrierte er nach England, wo er sich Anton Walbrook nannte. Nach dem Zweiten Weltkrieg spielte er in Max Ophüls' Film LA RONDE den *»meneur de jeu«* und in LOLA MONTEZ den bayerischen König Ludwig I.

S. 99 | *Fritzi Massary*

Die Sängerin Fritzi Massary (1882–1969) war die ungekrönte Königin der Bühnenoperette in Berlin und feierte in den 1920er Jahren internationale Erfolge. 1933 kehrte die in Wien geborene Sängerin nach Österreich zurück, 1938 exilierte sie über Großbritannien in die USA. Sie war verheiratet mit dem genialen Komiker Max Pallenberg (1877–1934), der bei einem Flugzeugunglück bei Karlsbad tödlich verunglückte.

S. 100 | *Werner Krauß*

Werner Krauß (1884–1959) war einer der bedeutendsten deutschen Theater- und Filmschauspieler des 20. Jahrhunderts und hat besonders den Stummfilm in den 1920er Jahren wesentlich mitgeprägt. In George Bernard Shaws (1856–1950) politischer Komödie *Der Kaiser von Amerika* spielte er unter der Regie von Max Reinhardt die Titelrolle des König Magnus (Premiere 19. 10. 1929). Die Aufführung hatte einen sensationellen Erfolg und wurde bis zum 8. Oktober 1930 insgesamt 226-mal aufgeführt. Der für seine Wandlungsfähigkeit berühmte Krauß übernahm 1940 in dem antisemitischen Hetzfilm *Jud Süß* fünf jüdische Rollen und hatte deshalb nach dem Ende des Zweiten Weltkriegs zunächst Auftrittsverbot. 1948 wurde er als »Minderbelasteter« eingestuft und an das Burgtheater Wien engagiert, dem er bis zu seinem Tod angehörte.

S. 102 | *Hoppla, wir leben!*

Mit Ernst Tollers Schauspiel *Hoppla, wir leben!* eröffnete der Regisseur und Theaterleiter Erwin Piscator (1893–1966) am 3. 9. 1927 die von ihm gegründete Piscator-Bühne in Berlin. Für diese Aufführung schrieb Walter Mehring (1896–1981) das Chanson *Hoppla, wir leben!*, die Musik komponierte Ottmar Gerster (1897–1969). Das Chanson wurde in Piscators Inszenierung erst nach der Pause, zu Beginn des 3. Akts gesungen, allerdings nicht von Rosa Valetti, sondern von der Schauspielerin und Chanteuse Kate Kühl (1899–1970).

S. 102 | *Kabarett*

Im Frühjahrsprogramm 1931 des Kabaretts *Katakombe* trug der Schauspieler Rudolf Platte (1904–1984) das Chanson *Langeweile* von Max

Ophüls vor. Rudolf Platte spielte in Berlin auch unter der Regie von Ophüls in *Eine königliche Familie*.

S. 103 | *siebzehnjährige Tochter*
Rosa Valettis Tochter Lisl Valetti (eigentlich Elisabeth Vallentin, 1914–2004) war ebenfalls Schauspielerin und 1932 am Deutschen Theater Berlin engagiert. Sie emigrierte 1933 nach Österreich und 1938 in die USA, wo sie in der von dem emigrierten Schauspieler und Regisseur Walter Wicclair (eigentlich Weinlaub, 1901–1998) gegründeten »Freien Bühne« in Los Angeles auftrat. Sie wirkte auch in mehreren Filmen mit, in Max Ophüls' Film LETTER FROM AN UNKNOWN WOMAN (1948) spielte sie eine Musikerin in einer Damenkapelle im Wiener Prater.

S. 103 | *Hermann Vallentin*
Der Schauspieler und Kabarettist Hermann Vallentin (1872–1945) erhielt 1933 in Nazi-Deutschland Berufsverbot und emigrierte zunächst in die Schweiz, 1939 nach Palästina.

S. 104 | *Acht Tage später brannte der Reichstag.*
Der Reichstagsbrand war am 27. 2. 1933. Die Nationalsozialisten nahmen den Brand zum Vorwand, ihre politischen Gegner auszuschalten. Sie beschuldigten die Kommunisten, den Brand gelegt zu haben, und ließen ca. 4000 kommunistische Funktionäre verhaften. Als Täter wurde nach einem aufsehenerregenden Prozess 1934 der Holländer Marinus van der Lubbe wegen Brandstiftung zum Tode verurteilt und hingerichtet.

S. 104 | *Im Jahre 1934*
Ophüls reiste erst Anfang 1936 nach Moskau.

S. 104 | *In einem Stück von Sudermann*
Ophüls verwechselt das Drama *Es lebe das Leben* des naturalistischen Dramatikers Hermann Sudermann (1857–1928) mit dem Schwank *Freut euch des Lebens* der amerikanischen Autoren George S. Kaufman (1889–1961) und Moss Hart (1904–1961). In diesem Lustspiel trat Rosa Valetti

in den Kammerspielen Wien zum letzten Mal auf, Premiere war am 22. Oktober 1937, Rosa Valetti starb in Wien am 10. Dezember 1937.

S. 104 | *Wenn man zu*

Ingrid Bergman (1915–1982), Bette Davis (1908–1989), Elisabeth Bergner (1897–1986) und Irene Dunne (1898–1990) gehören zu den bedeutendsten Theater- und Filmschauspielerinnen des 20. Jahrhunderts.

S. 104 | *Käthe Dorsch*

Die Schauspielerin Käthe Dorsch (1890–1957) hatte ihre Theaterkarriere als Soubrette begonnen und war seit 1911 an verschiedenen Berliner Theatern engagiert und trat seit 1913 auch im Film auf. 1920 gelang ihr der große Durchbruch zur Charakterschauspielerin als Straßendirne in dem Stück *Die Flamme* von Hans Müller-Einigen (1882–1950). Sie wurde neben Elisabeth Bergner die beliebteste Berliner Schauspielerin. Sie erweiterte ihr Rollenrepertoire und spielte Hauptmann- und Ibsenrollen ebenso wie klassische und komödiantische Rollen. Trotz ihrer zahlreichen Filme blieb der Film für sie stets eine Nebensache.

S. 105 | *Er hieß Fellner*

Die Filmproduzenten Hermann Fellner (1877–1936) und der aus Ungarn stammende Josef Somlo (1884–1973) hatten 1922 in Berlin die Produktionsfirma Felsom-Film GmbH Fellner & Somlo gegründet. 1930/31 produzierten sie die Spielfilme *Die Lindenwirtin* und *Drei Tage Liebe* mit Käthe Dorsch in der Hauptrolle.

S. 107 | *in einem Film von Anatole Litvak*

Der aus Russland stammende Regisseur Anatole Litvak (1902–1974) arbeitete seit 1925 in Frankreich und Berlin erst als Cutter, dann als Regisseur, 1933 emigrierte er in die USA. Bereits 1930 inszenierte er seinen ersten deutschsprachigen Film *Dolly macht Karriere*. Laut Vorspann war Ophüls Regieassistent. Als der Reporter in einem Rundfunkinterview 1954 ihn versehentlich mit »*Herr Litvak*« anredete, erzählte Ophüls: »*Litvak war im Film mein Lehrer. Ich war Assistent bei Litvak.*«

S. 107 | *Nie wieder Liebe*

Die Dreharbeiten zu NIE WIEDER LIEBE begannen am 12.3.1931 in Berlin. Ophüls hatte 1927 am Neuen Theater in Frankfurt a.M. das dem Film zugrunde liegende Bühnenstück *Dover – Calais* von Julius Berstl (1883–1975) inszeniert, mit dem Schauspieler Theo Lingen (1903–1978) in einer Hauptrolle, der auch in der Verfilmung mitspielte. NIE WIEDER LIEBE wurde für die Ufa produziert von der Bloch-Rabinovitsch-Produktion. Noé Bloch (1875–1937) verlegte seine Tätigkeit schon 1931 nach Paris, Gregor Rabinowitschs (1889–1953) Filmfirma Cine-Allianz wurde 1935 »arisiert« und Rabinowitsch emigrierte nach Paris, wo er u.a. den von Ophüls inszenierten Film SANS LENDEMAIN produzierte. 1940 emigrierte Rabinowitsch weiter in die USA, seinen Plan, ein amerikanisches Remake von LIEBELEI zu produzieren, konnte er nicht verwirklichen. 1947 kehrte er nach Europa zurück und produzierte Filme in Italien und in der BRD.

S. 107 | *Peter Lorre*

Der Theater- und Filmschauspieler Peter Lorre (1904–1964) wurde durch seine Rolle als Kindermörder in Fritz Langs *M* (1931) zum internationalen Star. 1933 emigrierte Lorre über Wien, Paris schließlich in die USA, wo er in zahlreichen Hollywood-Filmen mitwirkte.

S. 107 | *Großmutter in Worms*

Ophüls Großeltern mütterlicherseits, Jacob Bamberger (1849–1918) und seine Frau Frieda, geb. Strauß (1851–1907), lebten bis zum Tod von Frieda Bamberger in Worms.

S. 108 | *Die Schaubühne als moralische Anstalt betrachtet*

Diese Vorlesung von Friedrich Schiller in der »öffentlichen Sitzung der kurpfälzischen deutschen Gesellschaft am 26. des Junius 1784« hatte ursprünglich den Titel »Was kann eine gute stehende Schaubühne eigentlich wirken« und erschien erstmals 1785 im Heft 1 der *Rheinischen Thalia*. Bei der Aufnahme des Textes in die *Kleineren prosaischen Schriften* (1802), änderte Schiller den Titel in *Die Schaubühne als moralische Anstalt be-*

trachtet und strich auch die Einleitung. Max Ophüls hatte bei seinem Abschiedsabend im Dortmunder Theater im Mai 1924 Schillers Rede selbst vorgetragen.

S. 109 | *weiblicher Weltstar*
Gemeint ist die Tänzerin und Schauspielerin Lilian Harvey (1906–1968), die mit den Tonfilmen *Liebeswalzer, Hokuspokus* und *Die Drei von der Tankstelle* zum beliebtesten deutschen Filmstar aufstieg und mit ihrem häufigen Filmpartner Willy Fritsch (1901–1973) als Traumpaar des deutschen Films gefeiert wurde. In NIE WIEDER LIEBE war ihr Filmpartner der Schauspieler Harry Liedtke (1882–1945, erschossen).

S. 110 | *Herr von Podehl*
Der Kritiker und Dramaturg Fritz Podehl (1892–1960) war von 1929 bis 1940 Chefdramaturg der Ufa. Ernst Hugo Corell (1882–1942) war seit 1928 Produktionschef der Ufa, 1939 wurde er auf Drängen des Propagandaministers Joseph Goebbels entlassen. Podehl und Corell waren beide nicht adlig.

S. 110 | *UFA*
Die Ufa (Universum-Film Aktiengesellschaft) war die größte und wichtigste deutsche Filmgesellschaft. Sie wurde während des Ersten Weltkriegs 1917 auf Betreiben der Obersten Heeresleitung durch Zusammenschluss mehrerer Filmgesellschaften unter finanzieller Beteiligung des Deutschen Reichs und der Deutschen Bank gegründet. Nach 1933 kaufte der nationalsozialistische Staat die Aktien der Ufa auf, die dadurch Staatseigentum wurde.

S. 111 | *Metro-Goldwyn-Mayer*
Die größte amerikanische Filmgesellschaft *Metro-Goldwyn-Mayer* entstand 1924 durch Fusion der *Metro Pictures Corporation*, des *Samuel Goldwyn Studios* und der *Louis B. Mayer Productions*. Die Muttergesellschaft war *Loew's Incorporation*, die auch eine bedeutende Kinokette besaß.

S. 111 | *Billy Wilder*

Billy (damals: Billie, eigentlich Samuel) Wilder (1906–2002) arbeitete erst als Journalist und wurde im deutschen Tonfilm ein erfolgreicher Drehbuchautor. Die Erwähnung des »Steptänzer« spielt an auf Wilders Reportage *Aus dem Leben eines Eintänzers,* die 1927 in mehreren Folgen in der *B.Z. am Mittag* (s. weiter unten) erschienen war. Um Erfahrungen zu sammeln, hatte Wilder sich im Berliner Hotel Eden einige Wochen als Gesellschaftstänzer verdingt. Er emigrierte 1933 über Frankreich in die USA, wo er zunächst als Drehbuchautor, seit 1942 als Regisseur höchst erfolgreich tätig war.

S. 111 | *Erich Kästner*

Der als verschollen geltende Kurzfilm DANN SCHON LIEBER LEBER-TRAN basiert auf einer Story des Schriftstellers Erich Kästner (1899–1974), der die Idee des Rollen- und Kleidertauschs von Kindern und Eltern bereits früher in seinem noch unveröffentlichten Kindertheaterstück *Klaus im Schrank oder das verkehrte Weihnachtsfest* verarbeitet hatte. In diesem Schauspiel werden Kinder und Eltern auf märchenhafte Weise in ein Filmatelier entführt, in dem Charlie Chaplin und Jackie Coogan einen Film mit dem Titel *Schule der Erwachsenen* drehen, mit dem sie die Eltern an ihre eigene Kindheit erinnern wollen. Ein Typoskript des Schauspiels befindet sich in der Sammlung Elfriede Mechnig im Archiv der Akademie der bildenden Künste Berlin.

S. 111 | *Drehbuch*

Die 2. Fassung des Drehbuchs *Dann schon lieber Lebertran …* ist veröffentlicht in: Erich Kästner: *Trojanische Esel. Theater, Hörspiel, Filme.* Hg. v. Thomas Anz in Zusammenarbeit mit Matthias Springer und Stefan Neuhaus. München, Wien 1998. S. 543–601 (= Erich Kästner: *Werke.* Hg. v. Franz Josef Görtz, Bd. V).

S. 111 | *Emmerich Preßburger*

Das Drehbuch schrieb Erich Kästner gemeinsam mit dem aus Ungarn stammenden Drehbuchautor Emmerich Pressburger (1902–1987), der

1936 nach England emigrierte. Von 1938 bis 1957 arbeitete Pressburger mit dem englischen Regisseur Michael Powell (1905–1990) zusammen. Sie gründeten 1942 die Produktionsgesellschaft *The Archers* und produzierten ihre Filme für den Filmmagnaten J. Arthur Rank (1888–1972), in dessen *Rank Organisation* Filmstudios, Produktionsgesellschaften und Kinoketten zusammengefasst waren.

S. 112 | *von Duday*

Der Filmproduzent Bruno Duday (1880–1946) war nicht adlig. Im Ersten Weltkrieg war er Major in einem Ulanenregiment gewesen. Seit 1930 arbeitete er als Produktionsleiter bei der Ufa und schied 1939 freiwillig aus. Im Zweiten Weltkrieg wurde er wieder Offizier und war Kommandant eines Kriegsgefangenenlagers.

S. 112 | *Alfred Braun*

Der Schauspieler, Regisseur und Drehbuchautor Alfred Braun (1888–1978) war einer der Pioniere des deutschen Rundfunks und wurde berühmt als Rundfunkreporter und Hörspielregisseur. 1933 wurde er von den Nazis verhaftet und im KZ Oranienburg inhaftiert. Nach seiner Entlassung emigrierte er über die Türkei in die Schweiz. Er kehrte 1939 nach Deutschland zurück und arbeitete beim Film.

S. 112 | *Paul Kemp*

Der Schauspieler Paul Kemp (1896–1953) war ein Schüler von Louise Dumont (1862–1932). Nach Engagements am Düsseldorfer Schauspielhaus und an den Hamburger Kammerspielen ging Kemp 1929 nach Berlin, wo er als Charakterkomiker in Theater und Film erfolgreich war. 1932 spielte er den Wenzel in Max Ophüls' Tonfilmoper DIE VERKAUFTE BRAUT.

S. 112 | *Mir war vor meiner Gottähnlichkeit bange*

Zitat aus der Schülerszene im ersten Teil von Goethes *Faust*.
Mephisto schreibt dem Schüler in dessen Stammbuch die Worte der Schlange an Eva aus dem 1. Buch Mose, Kapitel 1, Vers 5: »Eritis sicut Deus scientes bonum et malum« (Ihr werdet sein wie Gott, und wissen

was gut und böse ist). Als der Schüler die Worte ehrfürchtig liest, ruft Mephisto ihm nach: »Folg' nur dem alten Spruch und meiner Muhme, der Schlange / Dir wird gewiss einmal bei deiner Gottähnlichkeit bange!«

S. 112 | *ersten Drehtag*
DANN SCHON LIEBER LEBERTRAN wurde im August 1931 in den Ufa-Ateliers in Neubabelsberg gedreht.

S. 112 | *Eugen Schüfftan*
Der Kameramann Eugen Schüfftan (1893–1977) hatte gemeinsam mit Erich Kunstmann (1898–1995) 1923 ein Spiegeltrickverfahren entwickelt, mit dem es möglich war, Realszene und Modell zu kombinieren und gleichzeitig aufzunehmen. Dieses nach ihm benannte Schüfftan-Verfahren wurde in zahlreichen Filmen eingesetzt und ist besonders durch Fritz Langs *Metropolis* berühmt geworden. Schüfftan musste 1933 emigrieren und filmte in Frankreich, England und Holland. Von 1935–1940 drehte er gemeinsam mit Ophüls die Filme LA TENDRE ENNEMIE, KOMEDIE OM GELD, YOSHIWARA, WERTHER, SANS LENDEMAIN und DE MAYERLING À SARAJEVO. Er hat bedeutenden Anteil an der Entwicklung von Ophüls' Stil und dessen Einsatz von Kamera und Licht. 1941 exilierte er in die USA. Weil er nicht in die Gewerkschaft aufgenommen wurde, durfte er in Hollywood nicht als Kameramann arbeiten. Schüfftan wohnte in einem Gartenhaus an der Whitley Terrace, das zu dem Haus gehörte, in dem Ophüls seit Herbst 1942 mit seiner Familie wohnte, und nachdem er das Haus gekauft hatte, wurde Schüfftan sein Mieter.

S. 114 | *BZ am Mittag*
Die *B.Z. am Mittag* war die erste deutsche Zeitung im Straßenverkauf. Sie wurde vom Ullstein Verlag seit 1904 herausgegeben und wurde berühmt für ihre schnelle und knappe Berichterstattung auf allen Gebieten. Die *B.Z. am Mittag* erschien noch bis Ende Februar 1943.

S. 114 | *das BT*
Das *Berliner Tageblatt* wurde von dem Verleger Rudolf Mosse (1843–1920)

Ende 1871 gegründet. Von 1906 bis 1933 war Theodor Wolff (1868–1943) Chefredakteur, der das *B. T.* zu einer der einflussreichsten Berliner Zeitungen machte. 1933 musste Wolff exilieren, die Zeitung wurde gleichgeschaltet und erschien noch bis Ende Januar 1939.

S. 114 | *Professor Nick*
Gemeint ist wahrscheinlich der Filmcutter Konstantin Mick, der von 1931 bis 1933 für die Ufa arbeitete. Weitere biographische Daten über ihn waren nicht zu ermitteln.

S. 115 | *Nur Erich Kästner*
Erich Kästner war nicht gemeinsam mit seiner Mutter in der Premiere des Films, vielmehr schrieb er seiner Mutter Ida (1871–1951) am 24. 11. 1931 aus Berlin: »*Gestern wurde im Ufa am Kurfürstendamm ›Dann schon lieber Lebertran‹ gezeigt. Die Leute saßen da wie Ölgötzen.*«

S. 116 | *UFA-Palast am Zoo und dann das Capitol*
Dann schon lieber Lebertran wurde weder im Capitol noch im Ufa-Palast am Zoo gespielt, die Uraufführung fand am 23. 11. 1931 in den Berliner Ufa-Kinos *Universum* und im *U. T. Kurfürstendamm* jeweils im Vorprogramm statt.

S. 116 | *Thronfolger Franz Ferdinand*
Der österreichische Thronfolger Erzherzog Franz Ferdinand von Österreich-Este (geb. 1863) wurde gemeinsam mit seiner Frau Sophie Gräfin Chotek (geb. 1868) am 28. Juni 1914 in Sarajewo von dem bosnisch-serbischen Attentäter Gavrilo Princip (1894–1918) erschossen. Als Folge des Attentats erklärte Österreich-Ungarn Serbien am 28. Juli 1914 den Krieg und löste damit den Ersten Weltkrieg aus. In De Mayerling à Sarajevo, seinem letzten französischen Film vor dem Zweiten Weltkrieg, hat Ophüls das Schicksal Franz Ferdinands und seiner Frau dargestellt.

S. 117 | *Heinz Rühmann … Militärkomödie*
Es handelt sich vermutlich um den Militärschwank *Der Stolz der 3. Kom-*

panie (1931), in dem Heinz Rühmann (1902–1994) die Hauptrolle spielte. Nach Ophüls' Absage führte Fred Sauer Regie, produziert wurde der Film von der Deutschen Lichtspiel-Syndikat AG. Der Film wurde 1935 wegen *»Zersetzung des Wehrgedankens«* verboten.

S. 117 | *Die verliebte Firma*

Ophüls drehte die Tonfilmoperette Die verliebte Firma im Januar/ Februar 1932 nach einer Originalgeschichte des österreichischen Komponisten Bruno Granichstaedten (1879–1944) und des Drehbuchautors und Regisseurs Ernst Marischka (1893–1963). Granichstaedten, der auch die Musik für den Film komponierte, floh 1938 nach dem »Anschluss« Österreichs in die Tschechoslowakei, wurde aber nach Österreich abgeschoben und im KZ Mauthausen interniert. Nach seiner Entlassung lebte er zunächst in Luxemburg, 1940 emigrierte er in die USA, wo er sich in New York als Barpianist durchschlug. Die Uraufführung des Films Die verliebte Firma fand statt im Atrium Berlin am 22. 2. 1932, Publikum und Kritik waren von der amüsanten Satire über das Filmemachen begeistert: *»Glänzender Start eines neuen Filmregisseurs. Ein Bühnenmensch mit ganz sicherem Bildinstinkt, Max Ophüls, setzt sich hier blitzschnell im Atelier durch«*, schrieb der Kritiker der *Berliner Morgenpost*.

S. 118 | *Film wurde auch privat*

Der Aufnahmeleiter des Films war Adolf Essek.

Der Hauptdarsteller, der Schauspieler Gustav Fröhlich (1902–1987), war von 1931 bis 1935 mit der ungarischen Sängerin Gitta Alpar (1900 oder 1903–1991) verheiratet, die als Jüdin 1933 über Budapest, Wien und London 1939 in die USA emigrierte, während Fröhlich in Berlin blieb.

Der Architekt und Produktionsleiter Robert Neppach (1890–1939) heiratete Gretel (eigentlich Marguerite) Walter (1906–1939), die die Musik für den Film arrangierte. Neppach durfte wegen seiner jüdischen Frau in Deutschland nicht mehr arbeiten und emigrierte 1938 in die Schweiz. Im August 1939 erschoss er zuerst seine Frau Gretel und dann sich selbst. Auch Gretel Walters Vater, der Dirigent Bruno Walter (1876–1962), musste 1933 emigrieren, er ging zunächst nach Österreich, 1938 flüchtete er über Frankreich in die USA.

Die Schauspielerin und Sängerin Anni Ahlers (1907–1933) starb während eines Gastspiels mit der Operette *Die Dubarry* in London am 14. März 1933.

S. 118 | *Die verkaufte Braut*

Mit der VERKAUFTEN BRAUT nach der Oper des tschechischen Komponisten Bedich Smetana (1824–1884) hat Ophüls die erste Tonfilmoper geschaffen:

»Es sollte der Versuch eines möglichst hundertprozentigen Opern-Tonfilms unternommen werden«, schrieb er im *Berliner Tageblatt* (28. 8. 1932) und erklärte: *»Selbstverständlich war eine Ausweitung der Handlung nötig, um einen Vorgang (…) auf die Bewegungsmöglichkeit des Films aufzulösen, aber die Grundfesten der Fabel sind nicht verlassen worden (…) die Musik blieb in ihrem Charakter unangetastet. Lediglich ein Prinzip durchbrach die bisherige gültige Form des Theaters und des Films: die Auflösung der Musik in rhythmische Bewegung.«* (Vollständiger Abdruck in Asper: *Max Ophüls.*)

Die Dreharbeiten fanden von Mitte Mai bis Ende Juni in den Emelka-Studios in München-Geiselgasteig statt, produziert wurde der Film von der Reichsliga-Film G.m.b.H., auch die Uraufführung am 18. 8. 1932 fand in München statt. Trotz mancher kritischen Einwände wegen der starken Eingriffe in die originale Oper, brachte der Film Ophüls breite, auch internationale Anerkennung, er galt seitdem als eines der stärksten Regietalente des deutschen Tonfilms.

S. 118 | *Ihr Präsident*

Produktionschef der Reichsliga-Film war Kommerzienrat Ludwig Scheer (geb. 1876, gest. nach 1957), der auch Präsident der Vereinigung deutscher Kinotheaterbesitzer war.

S. 118 | *»You arouse the artist in me.«*

Übersetzung: »Sie wecken den Künstler in mir.«

S. 119 | *Karl Ritter*

Der Produzent und Regisseur Karl Ritter (1888–1977) war seit Mitte der 1920er Jahre Mitglied der NSDAP. 1932 wurde er Produktionschef der Reichsliga-Film und war Produktionsleiter des Films DIE VERKAUFTE BRAUT. Im November 1932 führte er erstmals selbst Regie bei dem Kurzfilm *Im Photoatelier* mit Karl Valentin und Liesl Karlstadt. 1933 wurde er Produzent bei der Ufa, sein erster Film war der Propagandafilm *Hitlerjunge Quex*. Seit 1936 war er auch als Regisseur tätig, neben zahlreichen NS-Propagandafilmen drehte er auch Musikfilme, wie *Capriccio* (1938) mit Lilian Harvey.

S. 119 | *Kurt Alexander*

Der Schriftsteller, Drehbuch- und Rundfunkautor Kurt (auch: Curt) Alexander (eigentlich Kurt Rosenbaum 1900–1945 im KZ Flossenbürg gestorben) hatte gemeinsam mit Ophüls schon 1931 die Hörspiele *Verkehrsbüro* und *Philologen-Freuden* geschrieben. Auszüge seines Drehbuchs für DIE VERKAUFTE BRAUT wurden als Beispiel eines komplizierten Tonfilmdrehbuchs in der Zeitschrift *Die Filmwoche* (Nr. 25/1932) veröffentlicht, Wiederabdruck bei Asper: *Max Ophüls, S. 248* ff. Alexander arbeitete als Drehbuchautor mit Ophüls auch an den Filmen LIEBELEI und in der Emigration an LA SIGNORA DI TUTTI, LA TENDRE ENNEMIE und DE MAYERLING À SARAJEVO sowie an dem nicht verfilmten Drehbuch *Barbier von Sevilla*. Alexander, der eine Französin geheiratet hatte, blieb nach Ausbruch des Kriegs in Frankreich und wurde mit seiner Frau 1944 von der SS verhaftet und im Sammellager Drancy interniert. Von dort wurde Alexander nach Auschwitz verschleppt und gegen Kriegsende gelangte er auf einem der Todesmärsche ins KZ Flossenbürg, wo er am 4. 4. 1945 starb. Als er seine Erinnerungen schrieb, wusste Ophüls noch nichts vom Schicksal Alexanders, erst Anfang 1946 erfuhr er vom Tod seines engsten Freundes im KZ. In einem Brief an seine nach Argentinien exilierte Schwester Friedl schrieb er: »*Alex ist in die Hände der Nationalsozialisten gefallen, und er und seine Frau sind umgekommen. Damit will ich für heut schliessen (...) denn immer wenn ich an ihn denke, hab ich keinen Kopf mehr für was Andres.*« (Brief vom 8. 2. 1946)

S. 119 | *Geiselgasteig*

Das Produktionsgelände in dem Münchner Vorort Geiselgasteig wurde 1919 von der neugegründeten Firma Emelka (eigentlich Münchner Lichtspielkunst G.m.b.H., abgekürzt M.L.K.) erworben und nach und nach zu einem Großatelier mit Studios und Freigelände ausgebaut.

S. 120 | *Jarmila Novotna*

Die tschechische Sopranistin und Schauspielerin Jarmila Novotna (1908–1994) war 1932 bereits eine international gefeierte Sängerin. Seit 1933 war sie an der Wiener Staatsoper engagiert und trat auch bei den Salzburger Festspielen auf. Nach dem Anschluss Österreichs 1938 emigrierte sie in die USA, wo sie an der Metropolitan Opera Triumphe feierte. Nach der Vernichtung des tschechischen Orts Lidice durch die SS, aus Rache für das Attentat auf Reinhard Heydrich, engagierte sie sich in Wohltätigkeitskonzerten für tschechische Flüchtlinge. Nach dem Krieg sang sie bereits 1946 wieder an der Nationaloper Prag. 1948 spielte sie in dem Film *The Search* (Deutscher Verleihtitel: *Die Gezeichneten*) des exilierten Regisseurs Fred Zinnemanns (1907–1997) eine Mutter, die ihren Sohn Karel sucht, der nach Auschwitz verschleppt wurde.

S. 121 | *Karl Valentin*

Der Schauspieler und Autor Karl Valentin (eigentlich Valentin Ludwig Fey, 1882–1948) hatte bereits 1912 seine ersten Kurzfilme gedreht und 1929 den stummen Spielfilm *Der Sonderling*. Von 1932 bis 1938 realisierte er zahlreiche Kurztonfilme nach eigenen Bühnenstücken.

S. 121 | *Liesl Karlstadt*

Valentins Partnerin auf der Bühne und privat war seit 1911 die Schauspielerin Liesl Karlstadt (eigentlich Elisabeth Wellano, 1892–1960).

S. 124 | *Bert Brecht inszenierte*

Leben Eduard des Zweiten von England war eine Bearbeitung von Bertolt Brecht (1898–1956) und Lion Feuchtwanger nach dem Schauspiel von Christopher Marlowe (1564–1593). Bei der Uraufführung am 18. 3. 1924 führte Brecht selbst Regie, das Bühnenbild entwarf sein Freund, der Bühnenbildner Caspar Neher (1897–1962). Die von Ophüls erzählte Anekdote ist auch von Brecht selbst überliefert.

S. 125 | *Sketch Bürgerwehr*
Ein Stück oder Dialog von Karl Valentin mit dem Titel *»Bürgerwehr«* ist nicht nachweisbar, vermutlich ist das Stück *Die Raubritter vor München* gemeint, in dem Valentin und Karlstadt Bürgerwehrsoldaten spielen. Ein bereits 1916 entstandener Vorläufer *Der Herzog kommt* heißt im Untertitel *Bürgerwehrkomödie.*

S. 125 | *UFA an Valentin*
Ophüls wollte 1932 Valentins Filmmanuskript *Hausmeisterseheleute gesucht!* verfilmen und suchte dafür einen Produzenten. Der Plan konnte jedoch nicht verwirklicht werden. Valentins Filmentwurf ist veröffentlicht in: Karl Valentin: *Sämtliche Werke Band 8. Filme und Filmprojekte.* Hg. v. Helmut Bachmaier und Klaus Gronenborn. München 1995.

S. 125 | *Die lachende Erben*
Seinen dritten langen Spielfilm LACHENDE ERBEN drehte Ophüls im Oktober/November 1932, die Außenaufnahmen fanden in Rüdesheim und Aßmannshausen statt. Der harmlose, von der Kritik als *»Rhein- und Wein-Film«* bezeichnete Streifen bekam wegen angeblicher Verherrlichung des Alkohols Ärger mit der Filmzensur und wurde erst nach Schnittauflagen freigegeben. 1937 wurde der Film dann endgültig verboten – weil sein Regisseur Jude war.

S. 126 | *Max Liebermann*
Der Maler Max Liebermann (1847–1935), der wohl bedeutendste deutsche Vertreter des Impressionismus, war seit 1920 Präsident der Preußischen Akademie der Künste, die ihn 1932 zum Ehrenpräsidenten ernannte. Wegen seiner jüdischen Herkunft wurde er von den Nationalsozialisten verfemt, Liebermann musste alle Ehrenämter aufgeben und erhielt Mal-

verbot. Er war auch berühmt wegen seiner drastischen Aussprüche, die in zahlreichen Anekdoten überliefert sind.

S. 126 | *Generalfeldmarschall von Hindenburg*

Der Berufssoldat Paul von Beneckendorff und Hindenburg (1847–1934) wurde im Ersten Weltkrieg als Sieger der Schlacht von Tannenberg (1914) gefeiert. Er wurde Generalfeldmarschall und 1916 Chef der Obersten Heeresleitung. Als einer der beliebtesten Heerführer des Krieges gewann er 1925 und 1932 die Wahlen zum Reichspräsidenten. Im Januar 1933 berief Hindenburg Adolf Hitler zum Reichskanzler.

S. 128 | *Benno von Arent*

Der Bühnenbildner und Filmarchitekt Benno von Arent (1898–1956) war seit 1932 Mitglied der NSDAP. 1936 wurde er Reichsbühnenbildner, 1942 Reichsbeauftragter für Mode im Propagandaministerium. Als Präsident der Kameradschaft deutscher Künstler war er auch Mitglied im Reichskultursenat.

S. 130 | *Liebelei*

Liebelei gehört zu den populärsten Stücken Arthur Schnitzlers (1862–1931). Es wurde 1895 am Burgtheater Wien uraufgeführt und bereits 1913 und 1927 als Stummfilm verfilmt. Ophüls wollte das Stück »*dem Verständnis der heutigen Generation*« näherbringen, wie er im Interview in der Zeitschrift *Mein Film* (Nr. 232/1932) erklärte. In seinem Film sind die beiden jungen Männer Fritz und Theo aktive Offiziere und dem strengen militärischen Kastengeist verpflichtet, der die ganze Gesellschaft beherrscht und an dem die Liebe von Fritz und Christine scheitert. Eindeutig auf die Gegenwart in der Weimarer Republik spielt der Film an, wenn Theo gegen den Irrsinn des Duells mit den Worten protestiert: »Und jeder Schuss, der nicht in äußerster Notwehr abgegeben wird, ist Mord!« LIEBELEI wurde am 24. 2. 1933 in Wien uraufgeführt und wurde ein überwältigender europäischer Filmerfolg. Der Film hat Ophüls auch im Exil in Frankreich und später in den USA die Türen der Studios geöffnet und ihm zu Engagements verholfen.

S. 130 | *nahm ich sofort Kontakt auf*
Der Inhaber der Filmverleihfirma *Cinéma-Film-Vertriebs GmbH*, Christoph Mülleneisen jun. (1887–1948), hatte die Tonfilmrechte an Schnitzlers Schauspiel *Liebelei* erworben und war der Hauptfinanzier des Films. Der unabhängige Produzent Hermann Millakowsky (1892–1987) sollte den Film produzieren und hat ihn auch weitgehend vorbereitet. Millakowsky engagierte Ophüls auf Empfehlung des Produzenten Carl Heinz Jarosy (1895–1958), der von Ophüls' Tonfilmoper DIE VERKAUFTE BRAUT begeistert war. Millakowsky musste wegen seiner jüdischen Herkunft ebenfalls 1933 Deutschland verlassen, er emigrierte zunächst nach Frankreich, erst 1942 gelang ihm die Flucht in die USA, wo er als Produzent für Republic Pictures tätig war. 1944 verschaffte er dem arbeitslosen Ophüls einen *»writer's week-to-week-contract«* für die Bearbeitung eines Drehbuchs.

S. 130 | *Nach dem Krach*
Hermann Millakowsky hatte mit Ophüls und dem Drehbuchautor Hans Wilhelm (siehe weiter unten) heftige Auseinandersetzungen wegen der Konzeption und der Produktionskosten. Da der Finanzier Mülleneisen den Regisseur und Drehbuchautor unterstützte, zog Millakowsky sich zurück und Mülleneisen produzierte LIEBELEI mit der von ihm gegründeten Elite-Tonfilm Produktion G.m.b.H und engagierte Carl Heinz Jarosy als ausführenden Produzenten.

S. 131 | *Er war schon zehn Jahre tot*
Ein Irrtum im Datum: Arthur Schnitzler ist erst 1931 gestorben.

S. 131 | *Generalsekretär der CINEMA*
Alleiniger Geschäftsführer der Cinéma Film-Vertriebs GmbH war Christoph Mülleneisen jun.

S. 131 | *Wolfgang Liebeneiner*
Als Ophüls engagiert wurde, war LIEBELEI noch nicht vollständig besetzt und Ophüls hatte sich vertraglich ein Mitspracherecht gesichert.

Für die Rolle des Fritz wurde auf seinen Vorschlag hin der Schauspieler und Regisseur Wolfgang Liebeneiner (1905–1987) engagiert.

S. 132 | *Den Theo spielte*

Für die Rolle des Theo Kaiser wurde auf Ophüls' Vorschlag der Schauspieler Willy Eichberger (1902–2004) engagiert, den Ophüls aus seiner Burgtheaterzeit kannte. Eichberger änderte 1935 bei Beginn seiner internationalen Karriere in London seinen Namen in Carl Esmond, unter dem er auch später in den USA filmte, wohin er 1938 emigrierte. Während eines Europaaufenthalts 1955 spielte er den Arzt in Max Ophüls' letztem Film LOLA MONTEZ.

S. 133 | *In meinem Wagen saßen*

Die Schauspielerinnen Luise Ullrich (1911–1986) und Magda Schneider (1909–1996) waren in LIEBELEI tatsächlich gegen ihren bisherigen Rollentypus besetzt, doch der von Ophüls beschriebene Rollentausch fand nicht statt. Luise Ullrich, die ihr Filmdebüt schon 1932 in dem Film *Der Rebell* unter der Regie von Luis Trenker gegeben hatte, war auf Vorschlag ihrer Agentin Elisabeth Blumann von vornherein für die Rolle der Mizzi Schlager engagiert worden. Magda Schneider wurde nach übereinstimmenden Aussagen von ihr und dem Produzenten Hermann Millakowsky bereits von diesem für die Rolle der Christine verpflichtet. Ophüls musste erst durch Probeaufnahmen davon überzeugt werden, dass sie für diesen tragischen Part geeignet war.

S. 134 | *die damals führenden Stars*

Die Nebenrollen in LIEBELEI waren hochkarätig besetzt: Paul Hörbiger (1894–1981) spielte den alten Weyring, Olga Tschechova (1897–1980) die Baronin von Eggersdorff und Gustaf Gründgens (1899–1963) ihren Mann, den Baron von Eggersdorff. Dessen Bruder Major von Eggersdorf spielte der Theater- und Filmschauspieler Paul Otto (eigentlich Schlesinger, 1878–1943), dessen Filmkarriere schon 1910 begonnen hatte. Otto konnte im Dritten Reich seine jüdische Herkunft lange geheim halten und trat bis 1940 weiter in Filmen auf, danach spielte er am DeutschenTheater.

Als 1943 seine jüdische Herkunft entdeckt wurde, weil ihn ein Schauspieler im Theater mit seinem richtigen Namen begrüßte, beging Otto Selbstmord, gemeinsam mit seiner Frau, der Schauspielerin Charlotte Klinder-Otto (geb. 1880).

S. 134 | *Theo Mackeben*
Der in Film und Theater vielbeschäftigte und erfolgreiche Komponist, Dirigent und Arrangeur Theo Mackeben (1897–1953) hatte bereits für die Tonfilmoper DIE VERKAUFTE BRAUT Smetanas Musik für den Film bearbeitet.

S. 134 | *Pellon*
Der im lothringischen Metz geborene Maler Gabriel Pellon (1900–1975) lebte seit 1919 in Berlin und arbeitete bereits seit 1929 auch als Filmarchitekt. Von 1930 bis 1966 hat Pellon zahlreiche deutsche Filme ausgestattet.

S. 134 | *Das Drehbuch*
Hans Wilhelm (1904–1980) war einer der erfolgreichsten deutschen Drehbuchautoren, er schrieb das Drehbuch von LIEBELEI mit Ophüls und Curt Alexander. Wilhelm emigrierte 1933 über Österreich nach Frankreich. Im Exil arbeitete er mehrfach mit Max Ophüls zusammen an den Filmen ON A VOLE UN HOMME, LA SIGNORA DIE TUTTI, WERTHER und SANS LENDEMAIN. Nach seiner Flucht aus Frankreich 1940 wurde er in San Domingo interniert und konnte erst 1945 in die USA einreisen.

S. 135 | *Felix Salten*
Der österreichische Schriftsteller Felix Salten (1869–1947) war seit 1890 mit Schnitzler befreundet. Sein Buch *Bambi. Eine Lebensgeschichte aus dem Walde* erschien 1923 und wurde 1942 von Walt Disney als Zeichentrickfilm verfilmt.

S. 135 | *Hermann Bahr*
Der österreichische Autor Hermann Bahr (1863–1934) schrieb die Ko-

mödie *Der Star* 1898. Uraufführung war im selben Jahr am Deutschen Volkstheater Wien.

S. 136 | *bat mich Käthe Dorsch*

Hermann Göring hatte noch während des Ersten Weltkriegs die Schauspielerin Käthe Dorsch heiraten wollen, die jedoch ihren Filmpartner Harry Liedtke (1882–1945) vorzog, mit dem sie von 1920–1926 verheiratet war. Trotz dieser Ablehnung blieb Göring ihr weiterhin freundschaftlich verbunden. Da Göring als Preußischer Ministerpräsident Herr über die Preußischen Staatstheater war, nutzte Käthe Dorsch während der Nazizeit diese Beziehung, um zahlreichen verfolgten Kollegen und Kolleginnen zu helfen und hat vielen Menschen das Leben gerettet.

S. 136 | *Herr Barnowsky*

Viktor Barnowsky musste bereits im April 1933 auf Druck der Nazis die Leitung seines Theaters niederlegen. Er emigrierte nach Österreich, 1937 über Großbritannien in die USA.

S. 137 | *Am Abend*

Bei der Berliner Doppelpremiere von Liebelei am 16. März 1933 in den beiden Kinos Atrium und Titania-Palast war Ophüls noch in Berlin und verbeugte sich gemeinsam mit den Hauptdarstellern und dem Drehbuchautor Hans Wilhelm.

Er verließ Deutschland zwischen der Premiere und dem 1. April 1933, dem Datum seiner erneuten Anmeldung in Saarbrücken, das damals noch nicht zum Deutschen Reich gehörte und bis zur Saarabstimmung 1935 sein Hauptwohnsitz blieb. Von Saarbrücken fuhr Ophüls noch im April 1933 nach Paris. Bereits am 4. Mai 1933 erschien in der Zeitschrift *Pour Vous* das erste Interview mit Ophüls in Frankreich: »*Voici Max Ophuels réalisateur de ›La Fiancée vendue‹*«. Ophüls' Frau Hilde blieb mit dem Sohn noch in Berlin und löste den Haushalt auf, bevor sie ihrem Mann in die Emigration folgte.

S. 137 | *Mit meinen saarländischen Bürgerpapieren*
Ophüls besaß als Saarländer den roten Saarpass, in dem entsprechend
den Vorschriften des Versailler Vertrags als Nationalität nicht »Deutscher« eingetragen war, sondern je nach der früheren Zugehörigkeit
des Geburtsorts »Bayern« oder »Preußen« mit dem Zusatz »Sarrois«,
bei Ophüls also »Preußen«. Für den diplomatischen Schutz der Saarländer im Ausland war Frankreich verantwortlich. Der Saarpass hatte
eine Gültigkeit von zwei Jahren.

S. 139 | *einem alten, lieben Hotel*
Ophüls wohnte in den ersten Wochen in Paris im Hotel Lord Byron in
der Rue Lord-Byron. In diesem Hotel wohnten mehrere Emigranten,
darunter auch der Drehbuchautor Hans Wilhelm.

S. 139 | *Coup de Rouge*
Übersetzung: ein Gläschen Rotwein.

S. 139 | *»Ça va s'arranger, Monsieur … j'en suis sûr. Chacun au monde*
a deux patries. La sienne et Paris.«
Übersetzung: »Das wird schon wieder, Monsieur … da bin ich sicher.
Jedermann hat zwei Heimatländer, sein eigenes und Paris.«

S. 140 | *Cinéma Étoile*
Die französische Erstaufführung der deutschen Fassung von LIEBELEI
war am 1. Mai 1933 im Pariser Kino Studio l'Étoile.

S. 140 | *Mein Name ist Tarcali*
Robert Tarcali war Kinobesitzer und Filmproduzent und hat nach dem
Zweiten Weltkrieg bis 1952 mehrere Filme in Frankreich produziert.
Weitere biographische Daten konnten nicht ermittelt werden.

S. 141 | *eine französische Version von Liebelei*
Ophüls war seit Anfang Mai mit den Vorbereitungen für UNE HISTO-
IRE D'AMOUR, der französischen Fassung von LIEBELEI, beschäftigt, die

von der dafür eigens gegründete Filmgesellschaft Alma-Sepic produziert wurde. Die Dreharbeiten fanden im Juni 1933 in den Ateliers von Pathé-Nathan statt, Uraufführung war am 16. März 1934 im Cinéma Olympia in Paris. Aufnahmeleiter des Films war Ralph Baum (1908–1987), der als Assistent bereits bei LIEBELEI mitgewirkt hatte und ebenfalls 1933 aus Deutschland emigrieren musste. Er wurde einer der wichtigsten Mitarbeiter von Ophüls im französischen Exil und war sein Regieassistent bei den Filmen ON A VOLÉ UN HOMME, LA SIGNORA DI TUTTI, DIVINE, LA TENDRE ENNEMIE und YOSHIWARA. Nach Ophüls' Rückkehr aus den USA 1949 setzten beide ihre Zusammenarbeit fort, Baum war Produktionsleiter bei den Filmen LA RONDE, MADAME DE … und LOLA MONTEZ.

S. 141 | *Sowjetbotschafter Krassin*

Der russische Revolutionär Leonid Borissowitsch Krassin (1870–1926) war 1924 Botschafter der UdSSR in Paris und 1925 in London gewesen.

S. 141 | *Für die Hauptrollen*

Wolfgang Liebeneiner und Magda Schneider kamen beide nach Paris und spielten ihre Rollen in französischer Sprache, die Szenen mit Olga Tschechowa und Gustaf Gründgens wurden synchronisiert, die anderen Hauptrollen wurden mit französischen Schauspielern besetzt. Dass auch Gustaf Gründgens für Nachaufnahmen nach Paris gekommen sei, wie Thomas Blubacher in seiner Biographie *Gustaf Gründgens* (Berlin 2013, S. 122) behauptet, ist falsch.

Zwar hatte Ophüls ihn brieflich eingeladen, um für zwei Szenen Großaufnahmen in französischer Sprache zu drehen, aber Gründgens ist dieser Einladung nicht gefolgt. Wolfgang Liebeneiner hat im Interview mit dem Herausgeber am 16. 10. 1982 geschildert, dass Gründgens nicht in Paris gewesen sei und sogar versucht habe, ihn zurückzuhalten. Eine genaue Analyse der beiden Szenen in UNE HISTOIRE D'AMOUR, die Ophüls ursprünglich mit Gründgens und Liebeneiner in französischer Sprache neu drehen wollte und ein Vergleich mit den entsprechenden Szenen in der deutschen Version belegen, dass diese Szenen nicht neu gedreht, sondern aus der deutschen Fassung übernommen und synchronisiert wurden. Die beiden Briefe von Ophüls an Gründgens befinden sich in dem Nachlass Gustaf Gründgens in der Handschriftenabteilung der Staatsbibliothek Berlin, NL 316, Mappe Alma Film.

S. 142 | *Erich Pommer*

Der Filmproduzent Erich Pommer (1889–1966) wurde zusammen mit anderen prominenten jüdischen Filmschaffenden schon am 29. März 1933 von der Ufa entlassen, die damit unmittelbar auf die Rede des neu ernannten Propagandaministers Josef Goebbels vom 28. März reagierte, der erklärt hatte, dass im deutschen Film künftig für jüdische Filmschaffende kein Platz sei.

Pommer emigrierte nach Frankreich und übernahm die Leitung der Fox Film Europa, einer Tochterfirma der amerikanischen Fox Film Corporation. Er produzierte nur zwei Filme in Frankreich, ON A VOLÉ UN HOMME mit Ophüls als Regisseur und *Liliom* nach dem berühmten Theaterstück von Franz Molnar (1878–1952), den der ebenfalls 1933 nach Paris emigrierte Regisseur Fritz Lang (1890–1976) inszenierte. 1934 emigrierte Pommer zunächst in die USA, ging dann aber nach England, wo er bis 1939 Filme produzierte. 1940 kehrte er in die USA zurück und produzierte zunächst zwei Filme für das *RKO*-Studio und versuchte dann, als selbständiger Produzent tätig zu werden. 1942/43 schrieb Max Ophüls für ihn zwei Filmstorys: die Originalstory *Saga*, ein Anti-Nazi-Film über die deutsche Besetzung Norwegens und das umfangreiche Treatment *The Man Who Killed Hitler* nach einem 1939 anonym erschienen Roman, den die emigrierte deutsche Schriftstellerin Ruth Landshoff-Yorck (1904–1966) mit verfasst hatte.

S. 142 | *20th Century Fox*

Die *20th Century Fox Film Corporation* entstand erst 1935 durch die Fusion der 1915 gegründeten *Fox Film Corporation* und der *Twentieth Century Pictures*, die 1933 gegründet worden war.

S. 142 | *»Ç'est l'heure de l'apéritif, Monsieur … et – j'ai une femme – une maitresse et des enfants.«*
Übersetzung: »Es ist Zeit für den Aperitif, Monsieur … und – ich habe eine Frau, eine Geliebte und Kinder.«

S. 143 | *Lili Damita und Henri Garat*
Die französischen Filmstars Lili Damita (1904–1994) und Henri Garat (1902–1959) spielten die Hauptrollen in ON A VOLÉ UN HOMME.

S. 143 | *Naturalisierung*
Max Ophüls, seine Frau Hilde und sein Sohn Marcel wurden erst am 28. Mai 1938 französische Staatsbürger. Die Entscheidung wurde am 5. Juni 1938 im *Journal Officiel* veröffentlicht. Vor der Saarabstimmung 1935 gab es für Ophüls keine Notwendigkeit, sich naturalisieren zu lassen, da er als Saarländer (Sarrois) in Frankreich Anrecht auf Aufenthalts- und Arbeitsgenehmigung hatte.
Nach der Saarabstimmung wurden die Saarpässe von mehreren Ländern nicht mehr anerkannt. Um weiter ins Ausland reisen zu können, besorgte Ophüls sich einen Nansen-Pass, denn im September 1935 vereinbarte der Völkerbund mit Frankreich, die Gültigkeit des 1922 eingeführten Nansen-Passes für Staatenlose auf die Saarflüchtlinge auszudehnen.

S. 143 | *Oscar Straus*
Der Komponist Oscar Straus (1870–1954) war 1933 in die USA emigriert und kehrte 1937 nach Europa zurück. 1938 flüchte er aus Österreich nach Frankreich und erhielt 1939 die französische Staatsbürgerschaft. 1940 flüchtete er weiter in die USA. Nach dem Zweiten Weltkrieg kehrte er nach Österreich zurück. Sein Walzer für Max Ophüls' Film LA RONDE (1950) wurde weltberühmt, eine seiner letzten Kompositionen war 1953 seine Musik für MADAME DE …

S. 143 | *Igor Strawinsky*
Der russische Komponist Igor Strawinsky (1882–1971) lebte seit 1920 vorwiegend in Frankreich und wurde 1934 französischer Staatsbürger.

S. 143 | *Brailowsky*

Der russische Pianist Alexander Brailowsky (1896–1976) feierte sein Konzertdebüt in Paris 1919 und nahm 1926 die französische Staatsbürgerschaft an. Er hatte sich auf die Werke von Frédéric Chopin spezialisiert und drehte mit Max Ophüls 1935 den Musik-Kurzfilm Valse brillante de Chopin.

S. 143 | *»Saarabstimmung«*

Die im Versailler Vertrag festgelegte Abstimmung über die künftige Zugehörigkeit des Saargebiets fand am 13. Januar 1935 statt: 90,8 % der Wahlberechtigten entschieden sich für den Anschluss an Deutschland (477.119 Stimmen); 0,4 % für den Anschluss an Frankreich (2.124 Stimmen) und 8,8 % für den Status quo, d. h. für die weitere Verwaltung des Saarlands durch den Völkerbund (46.513 Stimmen). Die Wahlbeteiligung lag bei 97,8 %, insgesamt wurden 528.005 Stimmen abgegeben. Am 17. Januar 1935 beschloss der Völkerbundsrat, das Saargebiet am 1. März dem Deutschen Reich zu übergeben.

Ophüls' Vater, Leopold Oppenheimer, hatte sich aktiv für die Statusquo-Lösung eingesetzt und wurde deshalb von Ophüls und seiner ebenfalls schon 1933 nach Frankreich emigrierten Schwester Friedl noch am Abend des Abstimmungstages nach Metz in Sicherheit gebracht. Die Eltern Oppenheimer blieben zunächst in Straßburg, während ihre Tochter Friedl, unterstützt von Gustav Bamberger, Haus und Geschäft auflöste, und das hieß, weit unter Wert verkaufen zu müssen. Später zogen die Eltern dann nach Vaucresson in die Nähe von Paris.

S. 146 | *auf einem Gut*

Leopold Oppenheimer hatte in den 1920er Jahren ein Haus mit großem Garten in dem nahe Saarbrücken gelegenen Ort Scheidt gekauft.

S. 146 | *Rousseausche Prinzipien*

Der französisch-schweizerische Schriftsteller, Philosoph und Pädagoge Jean-Jacques Rousseau (1712–1778) sah den Menschen als von Natur aus gut und vernünftig an, der erst durch Gesellschaft und Erziehung verdorben wird. Das ihm oft zugeschriebene Wort »*Zurück zur Natur!*«, auf das Ophüls hier anspielt, weil sein Vater ein großer Blumenfreund war und viel im Garten arbeitete, stammt allerdings nicht von Rousseau.

S. 146 | *Goy*
Goj: jiddisch für Nichtjuden.

S. 147 | *einen italienischen Film*
Anfang 1934 hatte eine französische Filmfirma Ophüls anstelle eines französischen Regisseurs für den Film *Le Scandale* engagiert. Daraufhin wurde Ophüls in der französischen Presse Opfer einer fremdenfeindlichen und antisemitischen Kampagne, die Filmgesellschaft löste den Vertrag und Ophüls bekam in Frankreich kein Engagement. Deshalb war ihm das Angebot willkommen, in Italien den Film La Signora di tutti zu drehen. Die faschistische Diktatur in Italien war nicht antisemitisch eingestellt und nahm zahlreiche jüdische Flüchtlinge aus Nazi-Deutschland auf. Bis zum Erlass der neuen Rassengesetze im Herbst 1938, in denen die Vertreibung aller nach 1922 eingewanderten Juden angeordnet wurde, wurden jüdische Emigranten nicht benachteiligt. Ophüls konnte seine ebenfalls aus Deutschland vertriebenen Mitarbeiter mitbringen, das Drehbuch schrieben Curt Alexander und Hans Wilhelm, Regieassistent war Ralph Baum.

S. 148 | *Angelo Rizzoli*
Der Verleger Angelo Rizzoli (1889–1970) besaß mehrere Zeitschriften und startete mit La Signora di tutti, in dem die Tragödie des Filmstars Gaby Doriot erzählt wird, seine bedeutende Karriere als Filmproduzent.

S. 148 | *Ersten Preis*
La Signora di tutti wurde bei den 2. Internationalen Filmfestspielen Venedig am 13. 8. 1934 uraufgeführt und erhielt eine Auszeichnung für den technisch besten italienischen Film (*Coppa del Ministero dello Corporazioni per il film tecnicamente migliore*).

S. 149 | *Memo Benassi*

Der italienische Theater- und Filmschauspieler Memo Benassi (1886–1957) war Mitglied der Theatertruppe der berühmten Tragödin Eleonora Duse (1858–1924) gewesen.

S. 149 | *Cines-Ateliers*

LA SIGNORA DI TUTTI wurde im Mai/Juni 1934 in den 1905 gegründeten alten römischen Cines-Ateliers gedreht, die berühmte Filmstadt Cinecittà wurde erst 1937 eröffnet.

S. 150 | *Maestro Capponi*

Giuseppe Capponi (1893–1936) war Architekt und Filmarchitekt.

S. 150 | *Ubaldo Arata*

Ubaldo Arata (1895–1947) war einer der bekanntesten italienischen Kameramänner und drehte Filme seit 1918. 1945 fotografierte er für Roberto Rossellini dessen berühmten neorealistischen Film *Roma, cittá aperta*.

S. 150 | *Mercutio*

Mercutio ist Romeos Freund in *Romeo und Julia* von William Shakespeare (1564–1616). Ophüls hat das Drama 1941 am Schauspielhaus Zürich inszeniert.

S. 150 | *Tizian*

Der Maler Tiziano Vecellio, genannt Tizian (um 1477–1576), hat mit seiner von Hell-Dunkel-Gegensätzen geprägten Malerei auch Kameramänner wie z. B. Eugen Schüfftan bei der Lichtgestaltung ihrer Filme beeinflusst.

S. 150 | *Michelangelo*

Michelangelo Buonarotti (1475–1564) war Bildhauer, Maler, Architekt und Dichter. Sein Hauptwerk, die Ausmalung des Deckengewölbes der Sixtinischen Kapelle in Rom, an dem er von 1508–1512 arbeitete, ist auch eine technische Meisterleistung.

S. 150 | *Isa Miranda*

Die Schauspielerin Isa Miranda (1909–1982) hatte bereits in drei Filmen kleine Rollen gespielt. Die Rolle der Gaby Doriot in LA SIGNORA DI TUTTI verhalf ihr zum internationalen Durchbruch. Sie filmte danach in Italien, Deutschland, Frankreich und 1937 auch in den USA. Sie hatte mit Max Ophüls während der Dreharbeiten eine leidenschaftliche Affäre. 1950 spielte sie noch mal unter Ophüls' Regie in LA RONDE nach Schnitzlers *Reigen* die Schauspielerin in den beiden Episoden *Der Dichter und die Schauspielerin* und *Die Schauspielerin und der Graf.*

S. 151 | *Graf Ciano*

Der italienische Politiker Galeazzo Ciano, Conte die Cortellazzo (1903–1944, hingerichtet) war seit 1930 verheiratet mit Edda Mussolini, der Tochter des faschistischen Diktators Benito Mussolini. 1935 wurde er zum Propagandaminister ernannt und von 1936–1943 war er italienischer Außenminister.

S. 152 | *Tristan Bernard*

Der Schriftsteller Tristan (eigentlich Paul) Bernard (1866–1947) hat zahlreiche bühnenwirksame Komödien geschrieben.

S. 152 | *»Très émouvant«, (…) … très émouvant … (…) Je ne t'acheterai jamais une chaise roulante!«*

Übersetzung: »Sehr rührend, (…) sehr rührend (…) Ich werde dir nie einen Rollstuhl kaufen!«

S. 152 | *Divine*

Ophüls drehte DIVINE von Februar bis April 1935 in Paris. Produzentin war die Schauspielerin und Hauptdarstellerin Simone Berriau (1896–1947), die Uraufführung war im August 1935 in Saint-Jean-de-Luz. Das Drehbuch schrieb die Schriftstellerin Sidonie-Gabrielle Colette (1873–1954) gemeinsam mit dem Drehbuchautor Jean-Georges Auriol (1907–1950) nach ihrem Roman *L'envers du Music-Hall* (1913). Der Film erzählt die Geschichte des Mädchens Ludivine, die von einer Karriere als Revuestar träumt, aber dann doch lieber heiratet und aufs Land zurückkehrt.

S. 152 | *La tendre ennemie*

Ophüls' Film LA TENDRE ENNEMIE nach dem Bühnenstück *L'ennemie* von André-Paul Antoine (1892–1982) wurde ebenfalls von Simone Berriau produziert, die auch wieder die Hauptrolle spielte. Der Film wurde von September bis November 1935 gedreht, jedoch erst am 2. August 1936 als französischer Beitrag bei den Internationalen Filmfestspielen Venedig uraufgeführt. Das Drehbuch schrieben Ophüls und Curt Alexander, die Dialoge verfasste Antoine. Die Gespenster des verstorbenen Ehemanns und zweier ebenfalls verstorbener Liebhaber der ›Feindin‹ sorgen dafür, dass deren Tochter nicht denselben Fehler begeht wie ihre Mutter und den Mann heiratet, den sie wirklich liebt. Kameramann Eugen Schüfftan erwies sich bei den Aufnahmen der Gespenstererscheinungen als »*Meister auf dem Gebiet des Filmtricks*«, wie der exilierte Filmkritiker Fred Marey im *Pariser Tageblatt* v. 4.10.1935 berichtete. Seine Kameraarbeit war wesentlich beteiligt an dem Erfolg des Films, mit dem Ophüls sich als französischer Filmregisseur bei Filmkritik und -publikum durchsetzte.

S. 152 | *Jahre zuvor in Breslau*

Ophüls hatte Antoines Stück *Die Feindin* in Breslau in der Spielzeit 1929/1930 inszeniert, Premiere war am 18.1.1930. Erstaufführung der deutschen Übersetzung war am 11. Oktober 1929 im Theater in der Josefstadt in Wien.

S. 152f. | *Voltaire*

Voltaire (eigentlich François-Marie Arouet, 1694–1778), war einer der bedeutendsten französischen Schriftsteller und Aufklärer des 18. Jahrhunderts.

S. 153 | *Theater Baty*

Der Regisseur und Theatertheoretiker Gaston Baty (1885–1952) hatte 1922 eine eigene Truppe gegründet, die in den 1930er Jahren im Theater Montparnasse in Paris spielte. Er führte u. a. Die *Dreigroschenoper* von Brecht und Kurt Weill (1900–1950) auf und bearbeitete Romane von Dostojewski (1821–1881) und Flaubert (1821–1880) für die Bühne.

S. 154 | *Prix Lumière*

Der *Grand prix du cinéma français* war erst 1934 von dem Erfinder des Kinematographen Louis Lumière (1864–1948) und der *Société d'encouragement à l'art et à l'industrie* ins Leben gerufen worden. Der Preis wurde jeweils an den besten französischen Film des Jahres verliehen und war auch als *Prix Louis Lumière* bekannt. 1936 wurde der Film *L'appel du silence* des Regisseurs Léon Poirier (1884–1968) mit dem *Grand prix du cinéma français* ausgezeichnet.

S. 154 | *René Clair*

René Clair (1898–1981) war einer der bedeutendsten französischen Filmregisseure. 1940 flüchtete er in die USA, wo er bis 1946 mehrere Filme drehte. Sein erster amerikanischer Film war 1941 *The Flame of New Orleans* mit Marlene Dietrich (1901–1992).

S. 154 | *Kreditirrtum*

Mit »credit« wird im Englischen die Nennung des Namens im Vor- oder Abspann des Films bezeichnet.

S. 154 | *Während einer Aufführung*

Das 1913 eröffnete Théâtre Édouard VII war seit Ende 1931 zum Kino umgebaut worden. Der Schriftsteller Korngold konnte nicht ermittelt werden.

S. 154 | *Amerikaner Mencken*

Der Literaturkritiker und Essayist Henry Louis Mencken (1880–1956) wandte sich in seinen Werken mit den Mitteln der Ironie und Satire gegen Vorurteile und wohlfeile, oft religiös geprägte gesellschaftliche Verhaltensweisen.

S. 155 | *als Gast nach Russland eingeladen*

Ophüls fuhr Anfang 1936 mit seiner Familie über die Schweiz, Österreich, Tschechoslowakei und Polen in die UdSSR, um das deutsche Reichsgebiet zu umgehen. Seine Filmverhandlungen in Moskau führten zu keinem Ergebnis, es ist auch unklar, über welche Projekte er dort verhandelt hat, da Ophüls selbst sich nicht darüber geäußert hat. Marcel Ophüls erinnert sich, sein Vater habe ihm erzählt, man habe ihm einen *»Traktorfilm«* über den Aufbau in der Sowjetunion angeboten. Dagegen berichtete Ophüls' französischer Regieassistent Henri Aisner (1911–1991), der ebenfalls zu dieser Zeit in Moskau war und an dem Film *Kämpfer* von Gustav von Wangenheim (1895–1975) mitarbeitete, dass Ophüls ein zweijähriger Vertrag angeboten worden sei für einen Film über den Wiener Februaraufstand 1934, möglicherweise eine Verfilmung des Dramas *Floridsdorf* des kommunistischen Dramatikers Friedrich Wolf (1888–1953), der mit seiner Familie nach Moskau emigriert war.

S. 155 | *Die Komödie ums Geld*

Ophüls drehte die KOMEDIE OM GELD von Mitte Juni bis Ende August 1936 in den Cinetone Studios bei Amsterdam. Die niederländische Tonfilmindustrie ist in den 1930er Jahren wesentlich von deutsch-jüdischen Filmemigranten geprägt worden: An 36 der insgesamt 37 abendfüllenden Spielfilme, die zwischen 1934 und 1940 in Holland gedreht wurden, haben deutsche Emigranten in den verschiedensten Filmberufen mitgewirkt. Auch an der kapitalismuskritischen Satire KOMEDIE OM GELD, die von der holländischen Filmkritik mit Bertolt Brechts *Dreigroschenoper* verglichen wurde, arbeiteten mehrere deutsche Exilanten mit: Das Drehbuch schrieb Ophüls gemeinsam mit dem Drehbuchautor Walter Schlee (1884–1964), der 1937 weiter nach England emigrierte. Kameramann war wieder Eugen Schüfftan, die Bauten entwarf der Filmarchitekt Heinz Fenchel (1906–1988), der Ende 1936 nach Palästina emigrierte. Die musikalischen Arrangements besorgte der Komponist Heinz Lachmann (1906–1990), der auch ungenannt mehrere Songs komponierte. Er und seine Frau wurden im Krieg von Holländern versteckt und überlebten die Besatzungszeit im Untergrund.

S. 156 | *Rini Otte*

Rini (eigentlich Sara Catharina) Otte (1917–1991) hatte bereits in den niederländischen Filmen *Suikerfreule* (1935) und *Jonge Harten* (1936) mitgewirkt.

S. 157 | *Dr. Leiser*

Dr. Heinz (im Exil: Henri) Leiser (1899–1992) hatte in Berlin die Agentur *Film Service Company* betrieben, er emigrierte nach Frankreich und vertrat u. a. Max Ophüls und den Regisseur Ludwig Berger. 1940 floh er nach Kuba, 1941 in die USA, später lebte er in Spanien. (Deutsche Nationalbibliothek, Exilarchiv, Nachlass Günther Peter Straschek EB 2012/153, und Akte Henri Leiser in der Sammlung Paul Kohner Agency in der Deutschen Kinemathek, Berlin)

S. 158 | *unbekannten Schriftsteller*

Durch Ophüls lernte Rini Otte den nach Amsterdam emigrierten Verleger Fritz Helmut Landshoff (1901–1988) kennen, dessen Lebensgefährtin sie wurde. Landshoff gelang kurz vor der Besetzung der Niederlande durch deutsche Truppen die Flucht über England in die USA. Rini Otte, die 1940 in dem Antikriegsfilm *Ergens in Nederland* des emigrierten Regisseurs Ludwig Berger mitwirkte, konnte nicht mehr ausreisen und musste während des Kriegs in den Niederlanden bleiben. Sie heiratete Landshoff nach dem Krieg 1946 in New York.

S. 158 | *»Front Populaire«*

Die französische Volksfront war ein Zusammenschluss der kommunistischen und sozialistischen Parteien, die 1936 die Wahlen gewann und bis 1938 regierte. Ophüls spielt hier an auf die zahlreichen Streiks in Frankreich während der Volksfront-Regierungen.

S. 158 | *Biedermann*

Die Brüder Isodoor (keine Daten ermittelt) und Jules Biedermann (1883–1941) hatten 1933 die Cinetone Studios gegründet, das bedeutendste niederländische Filmstudio der 1930er Jahre, in dem bis zur deutschen Besetzung 1940 21 niederländische Spielfilme gedreht wurden.

S. 159 | *Yoshiwara*
YOSHIWARA wurde von Hermann Millakowsky (s. Kommentar zu S. 130) produziert, der in Frankreich die Milo-Film gegründet hatte. Der Film war ein Genre-Mix aus Exotik, Abenteuer, Liebe und Spionage und ein großer Publikumserfolg. Bei der Kritik kam YOSHIWARA weniger gut an und Max Ophüls selbst nannte solche Filme schlicht »Ernährungsfilme«.

S. 159 | *Maurice Dekobra*
Der französische Journalist, Schriftsteller und Drehbuchautor Maurice Dekobra (1885–1973) war seit den 1920er Jahren erfolgreich mit seinen Unterhaltungsromanen.

S. 159 | *Sessue Hayakawa*
Der japanische Schauspieler Sessue Hayakawa (1889–1973) hatte seine Filmkarriere 1914 in Hollywood begonnen, wo er mit dem Film *The Cheat* zum Star und romantischen Sexidol aufstieg. In den 1920er Jahren war er in Frankreich und England erfolgreich gewesen, bevor er 1930 nach Japan zurückkehrte. Nach YOSHIWARA drehte er mehrere französische Filme und musste während des Zweiten Weltkriegs in Frankreich bleiben. 1949 setzte er seine Karriere in Hollywood fort.

S. 159 | *»Est-ce que vous avez fait un bon voyage, Monsieur Hayakawa?«*
Übersetzung: »Haben Sie eine gute Reise gehabt, Monsieur Hayakawa?«

S. 159 | *»J'aimerais vous lire le manuscrit. Quand voulez-vous que je le fasse?«*
Übersetzung: »Ich möchte Ihnen das Manuskript vorlesen. Wann wollen Sie das machen?«

S. 160 | *Studio Francœur*

Das Studio der französischen Filmfirma Pathé-Cinéma lag in der Rue Francœur Nr. 6.

S. 160 | *Michiko Tanaka*

Die japanische Sängerin und Schauspielerin Michiko Tanaka (1913–1988) lebte seit 1929 in Wien und heiratete dort 1931 den Kaufmann Julius Meinl. Nach YOSHIWARA drehte sie 1938 wieder mit Hayakawa, mit dem sie eine Affäre hatte, in Frankreich *Tempête sur l'Asie* unter der Regie des aus Deutschland emigrierten Regisseurs und Produzenten Richard Oswald (1880–1963). 1941 wurde ihre Ehe mit Julius Meinl geschieden, sie heiratete den deutschen Schauspieler Viktor de Kowa (1904–1973) und lebte in Berlin.

S. 161 | *Extrablätter flogen von Hand zu Hand.*

Am 29. 9. 1938 fand in München die Konferenz zwischen den Diktatoren Hitler und Mussolini, dem französischen Ministerpräsidenten Édouard Daladier (1884–1970) und dem englischen Premierminister Neville Chamberlain (1869–1940) statt, in der die Abtretung der sudetendeutschen Gebiete an Deutschland beschlossen wurde. Daladier und Chamberlain glaubten, dass mit diesem Abkommen die deutsche Expansion gestoppt worden sei und Chamberlain versprach »Peace for our time«. Marcel Ophüls hat 1967 über die Münchner Konferenz einen Dokumentarfilm gedreht: *Hundert Jahre ohne Krieg. Das Münchner Abkommen von 1938.*

S. 161 | *Werther*

Ophüls drehte WERTHER (auch LE ROMAN DE WERTHER) vom 15. Juni bis Ende September 1938, die Außenaufnahmen fanden im Elsass bei Ammerschwihr und Riquewihr statt. Produziert wurde der Film von dem exilierten Produzenten Seymour Nebenzahl (1897–1961), das Drehbuch schrieb Hans Wilhelm gemeinsam mit Ophüls, Kamera: Eugen Schüfftan, musikalische Bearbeitung und Leitung: Paul Dessau (1894–1979), der wegen fehlender Arbeitserlaubnis nicht im Vorspann genannt werden durfte.

S. 161 | *Siegfriedlinie*

Die Siegfriedlinie oder Westwall wurde 1938/39 an der Westgrenze des Deutschen Reichs zwischen Aachen und Basel entlang der Grenze zu Frankreich erbaut.

S. 161 | *Maginot-Linie*

Die Maginot-Linie war ein Befestigungsgürtel entlang der französischen Grenze zu Deutschland. Sie wurde 1929–1932 gebaut und nach dem französischen Politiker A. Maginot (1877–1932) benannt.

S. 161 | *»Contre le vent et contre l'époque«*

Übersetzung: »Gegen den Wind und gegen die Zeit.«

S. 161 | *Auch der Friede, der über Goethes Werther liegt, ist zweisprachig.*

Ophüls war im Mai 1938 in Frankreich eingebürgert worden und für ihn war die Verfilmung von Goethes Roman ein programmatischer Film. Er sah sich als wahren Erben der deutschen Kultur, die es gegen die Nazis zu verteidigen galt, und als Vermittler zwischen seinen beiden Vaterländern Deutschland und Frankreich. Dieser Anspruch wurde sowohl von den Nationalsozialisten, die gegen die Verfilmung des Goetheschen Romans durch einen Exilanten protestierten, als auch von den exilierten Kritikern erkannt. Die Rezeption in der französischen Presse litt jedoch unter der aktuellen Situation: nur eine Woche vor der Premiere des Films am 17. 11. 1938 hatte in Nazi-Deutschland mit dem Reichspogrom vom 9. November die Judenverfolgung einen neuen vorläufigen Höhepunkt erreicht. Unter dem Schock der barbarischen Judenverfolgung in Deutschland war es in Frankreich nicht möglich, über ein gemeinsames kulturelles Erbe mit Deutschland zu sprechen. Auch die aktuelle politische Aussage von Ophüls' Film, in dem Werther und Charlottes Mann, Albert, beide Anhänger von Rousseaus verbotenem revolutionärem Werk *Du Contrat social (Vom Gesellschaftsvertrag)* sind, aus dem sie sich in einer Schlüsselszene des Films gegenseitig wichtige Passagen vorlesen, wurde nicht wahrgenommen. Weil die französische Filmkritik sich auf die inhaltliche Darstellung des Melodrams und auf die handwerklich-künstlerische Leistung beschränkte, meldete Ophüls sich vor dem Kinostart seines Films im Dezember selbst zu Wort mit zwei Zeitungsartikeln, mit denen er versuchte, die Diskussion um seinen Film in eine andere Richtung zu lenken: *» Werther« œuvre d'inspiration française /» Werther« ist ein von Frankreich inspiriertes Werk* (in: *Le Jour*, 6. 12. 1938) und *» Werther« n'est pas seulement une histoire d'amour /» Werther« ist nicht nur eine Liebesgeschichte* (in: *Le Figaro*, 7. 12. 1938). Vollständiger Abdruck der deutschen Übersetzung beider Essays bei Asper: *Max Ophüls*, S. 367 f. und 371 f.

S. 161 | *Das Buch hat er …*

Ophüls' Darstellung der Entstehung von Goethes Roman *Die Leiden des jungen Werthers* stimmt so nicht. Goethe schrieb den Roman in Frankfurt zwischen Februar und Mai 1774, das Buch erschien im September 1774. Mit seinem Aufenthalt in Straßburg hat der Roman gar nichts zu tun und die Handlung geht nur teilweise zurück auf eigene Erfahrungen Goethes während seiner Zeit am Reichskammergericht in Wetzlar 1772, während der er Charlotte Buff (1753–1828) und ihren Verlobten Christian Kestner (1741–1800) kennengelernt hatte. Vorbild für die Figur des Werther ist Karl Wilhelm Jerusalem (1747–1772), der zur gleichen Zeit wie Goethe in Wetzlar war und der sich wegen Schwierigkeiten mit seinem Vorgesetzten und aus unglücklicher Liebe zu einer verheirateten Frau am 30. 10. 1772 mit Pistolen erschoss, die er sich bei Kestner ausgeliehen hatte.

S. 162 | *Épicerie*

Lebensmittelladen.

S. 162 | *Sans lendemain*

Ophüls drehte Sans lendemain von Januar bis März 1939 in Paris. Der Film beruht auf der Story *La Duchesse de rue de Tilsit* von Hans Wilhelm, der mit den emigrierten Autoren Hans Jacoby (1904–1963) und Curt Alexander auch das Drehbuch schrieb. Produziert wurde der Film von Gregor Rabinowitsch, Kamera: Eugen Schüfftan, die Musik schrieb der exilierte Komponist Allan Gray (1902–1973). Die Premiere war ursprünglich für September 1939 geplant, wurde aber wegen des Kriegsbeginns verschoben und fand erst im Dezember 1939 in Algier statt. In Paris kam der Film erst Ende März 1940 in die Kinos, zu einem Zeitpunkt, als die vor den Nazis nach Frankreich geflohenen Emigranten als feindliche Ausländer angesehen und interniert wurden. Obwohl die Namen von Wilhelm und Jacoby im Vorspann in Jean Villéme und Jean Jacot französiert worden waren, wurde der Film in Frankreich als ›deutsche‹ Produktion angegriffen und abgelehnt.

S. 162 | »*Mobilisation générale*«

Nach dem Einmarsch der deutschen Truppen in die Tschechoslowakei am 15. März 1939 wurde in Frankreich bereits eine Generalmobilmachung ausgerufen, die jedoch nach wenigen Tagen zurückgenommen wurde.

S. 163 | *Maupassant*

Ophüls konnte seinen Wunsch, Erzählungen des französischen Schriftstellers Guy de Maupassant (1850–1893) zu verfilmen, erst 1951/52 verwirklichen mit seinem Episodenfilm LE PLAISIR, der nach Maupassants Erzählungen *Le masque*, *La maison Tellier* und *Le modèle* entstanden ist.

S. 163 | *Edwige Feuillère*

Die Schauspielerin Edwige Feuillère (1907–1998) war in den 1930er und 1940er Jahren der führende weibliche Filmstar in Frankreich. Sie spielte auch in Ophüls' Film DE MAYERLING À SARAJEVO die weibliche Hauptrolle der Sophie Gräfin Chotek, der Ehefrau des habsburgischen Thronfolgers Erzherzog Franz Ferdinand.

S. 164 | *Aber – bei »Sarajewo« wurde ich gestört*

Die Dreharbeiten zu DE MAYERLING À SARAJEVO begannen im Juli 1939 und mussten nach der französischen Generalmobilmachung am 2. und 3. September abgebrochen werden. Mit diesem Film über das Schicksal des habsburgischen Thronfolgers Franz Ferdinand wollten der emigrierte Schriftsteller Carl Zuckmayer (1896–1977), der den ersten Drehbuchentwurf schrieb, und Max Ophüls vor einem neuen Weltkrieg warnen.

Ihr Film wurde selbst zum Opfer des Zweiten Weltkriegs, doch gelang es Ophüls und dem exilierten Produzenten Eugen Tuscherer (auch: Eugène Tucherer, 1899–1974), den Film während des Krieges im Dezember 1939 und im Januar 1940 unter großen Schwierigkeiten fertigzustellen. DE MAYERLING À SARAJEVO wurde am 1.5.1940 in Paris uraufgeführt, nach dem Einmarsch der deutschen Truppen wurde der Film verboten und erst nach der Befreiung von Tuscherer neu herausgebracht. Auch an diesem Film arbeiteten wieder mehrere Emigranten mit: Curt Alexander bearbeitete das Drehbuch von Zuckmayer, die exilierten Kameramänner Curt Courant (1899–1968), Otto Heller (1896–1970) und Eugen Schüfftan fotografierten diverse Teile des Films, Oscar Straus komponierte die Musik, den Schnitt des bis September 1939 gedrehten Materials besorgte Jean (eigentlich Hans) Oser (1908–2000).

S. 164 | *Princip*
Der französische Schauspieler Gilbert Gil (1913–1988) spielte in DE MAYERLING À SARAJEVO den Attentäter Gavrilo Princip (siehe Kommentar zu S. 116).

S. 165 | *»Il faut les prendre, hauts ou courts! (…) Tout le monde!«*
Übersetzung: »Man sollte die alle aufhängen! (…) Einfach alle!«

S. 165 | *»Appel – sous les drapeaux!«*
Übersetzung: »Einberufung!«

S. 166 | *ich war nie französischer Soldat gewesen*
Max Ophüls wurde im Oktober 1939 zur französischen Armee eingezogen und diente bis Kriegsende als Tirailleur (Schütze) und war stationiert im Camp d'Avord in der Nähe von Bourges.

S. 166 | *»Merde! (…) Je n'aime pas la guerre!«*
Übersetzung: »Scheiße! (…) Ich mag den Krieg nicht!«

S. 167 | *»Quelle misère … quelle misère!«*
Übersetzung: »Was für ein Elend … was für ein Elend!«

S. 168 | *Einmal im Sommer 1940*
Da bereits am 22. 6. 1940 der Waffenstillstand zwischen dem Deutschen
Reich und Frankreich in Kraft getreten war, haben die von Ophüls ge-
schilderten Dreharbeiten des Trainingsfilms wohl schon im Frühjahr
1940 stattgefunden. Im *Curriculum Vitae* von Ophüls in den Akten der
Agentur Paul Kohner (1902–1988), die Ophüls seit September 1943 in
Hollywood vertrat, heißt es: *»Military documentary on the French Foreign
Legion, made for the War Ministry while O. was a member of the French
armed forces, during second World War.«*

S. 169 | *Frühlings Erwachen*
Die »Kindertragödie« *Frühlings Erwachen* von Frank Wedekind (1864–
1918) hat Ophüls 1929 in Breslau inszeniert.

S. 169 | *Oscar Straus*
Oscar Straus (1870–1954) hatte die Musik für den Film DE MAYERLING
À SARAJEVO komponiert.

S. 170 | *Coup de Rouge*
Übersetzung: ein Gläschen Rotwein.

S. 171 | *»Le vrai Maître Straus! Formidable!«*
Übersetzung: »Der echte Meister Straus! Wunderbar!«

S. 171 | *Liberté, Égalité, Fraternité*
Übersetzung: Freiheit, Gleichheit, Brüderlichkeit.
Die allgemeinen Menschenrechte wurden in der Revolution 1789 von
der französischen Nationalversammlung proklamiert.

S. 171 | *»Garde-à-vous«*
Übersetzung: »Strammstehen« (Habachtstellung).

S. 172 | *»Honneur au Drapeau«*
Übersetzung: »Ehre der Fahne«.

S. 172 | *Marseillaise*
Die Marseillaise wurde 1792 von dem Hauptmann Claude Joseph Rouget de Lisle geschrieben. Sie war ursprünglich das Kriegslied der französischen Rheinarmee und wurde 1795 offiziell zur französischen Nationalhymne erklärt.

S. 172 | *»Mais ils ne connaissent pas les paroles, les types … ces sont des étrangers.«*
Übersetzung: »Aber sie kennen die Worte nicht, diese Kerle … es sind Fremde.«

S. 172 | *Pawlowa*
Die berühmte russische Tänzerin Anna Pawlowa (1881–1931) hat 1907 das Tanz-Solo *Der sterbende Schwan* kreiert, das der Choreograph Michel Fokine (1880–1942) für sie entworfen hatte.

S. 173 | *»à la soupe«*
Übersetzung: »zum Essen«.

S. 173 | *das letzte freie deutschsprachige Theater in Europa*
Das Zürcher Schauspielhaus war schon seit 1933 unter der Direktion von Ferdinand Rieser (1886–1947) und ab 1938 unter der Leitung des Schweizer Regisseurs Oskar Wälterlin (1895–1961) zum wichtigsten Sammelbecken für zahlreiche exilierte Bühnenkünstler geworden, die von den Nazis aus rassistischen und/oder politischen Gründen verfolgt wurden. Auch am Stadttheater Basel fanden Emigranten eine Zuflucht, an anderen Bühnen in der deutschsprachigen Schweiz waren nur vereinzelt Emigranten tätig. Vgl. dazu Werner Mittenzwei: *Exiltheater in der*

Schweiz. In: *Handbuch des deutschsprachigen Exiltheaters 1933–1945.* Hrsg. v. Frithjof Trapp, Werner Mittenzwei, Henning Rischbieter, Hansjörg Schneider. Bd. 1: *Verfolgung und Exil deutschsprachiger Theaterkünstler.* München 1999, S. 259–288.

S. 173 | *Pétains Machtergreifung*

Marschall Philippe Pétain (1856–1951) wurde nach dem Einmarsch der deutschen Truppen 1940 als Vizepräsident in das Kabinett des Minister-präsidenten Paul Reynaud (1878–1966) aufgenommen und drängte auf einen Waffenstillstand. Nach dem Rücktritt der Regierung Reynaud be-auftragte die französische Nationalversammlung Pétain mit der Bildung einer Regierung und der Ausarbeitung einer neuen Verfassung. Pétain gab sich selbst als »Chef des Staates« *(Chef de l'État)* fast unbegrenzte Voll-machten und wählte als Regierungssitz Vichy im unbesetzten Teil Frank-reichs. Seine Regierung kollaborierte mit Nazi-Deutschland, lieferte von der Gestapo gesuchte Exilanten aus und beteiligte sich an der Depor-tation von Juden in die Vernichtungslager. 1945 wurde Pétain wegen Kollaboration von einem Kriegsgericht zum Tode verurteilt, die Strafe wurde von dem General und damaligen Ministerpräsidenten Charles de Gaulle (1890–1970) in eine lebenslange Verbannung umgewandelt.

S. 173 | *Gestapo*

Abkürzung für »Geheime Staatspolizei«, die politische Polizei während des Nationalsozialismus von 1933–1945.

S. 173 | *Aix-en-Provence*

Ophüls war nach der Niederlage Frankreichs am 19. Juli 1940 demobili-siert worden und mit seiner Familie in den unbesetzten Teil Frankreichs geflohen. Er lebte in Aix-en-Provence und betrieb seit September 1940 von da aus seine Flucht in die USA, die sich wegen finanzieller Prob-leme und Schwierigkeiten bei der Beschaffung der notwendigen Visa verzögerte. Mit Hilfe des *Emergency Rescue Committee*, einer 1940 in den USA gegründeten Hilfsorganisation, sowie Verwandten, Freunden, Kollegen und Agenten, die in Amerika lebten und sich für ihn einsetzten und bürgten, gelang Ophüls endlich im Juli 1941 die Flucht in die USA. Eine ausführliche Dokumentation mit Briefen und Dokumenten bei Asper: *Max Ophüls*, S. 405 ff.

S. 174 | »*Sommelier – trois fois.*«
Übersetzung: »Kellner (Weinkellner) – dreimal klingeln.«

S. 174 | *Die Sendung war mir eingefallen*
Seit Oktober 1939 arbeitete Ophüls für die 1936 eingerichtete Emigrantenredaktion von *Radiodiffusion Française,* die im Postministerium in Paris untergebracht war. Er verfasste antifaschistische Aufrufe, Lieder und Hörspiele, u. a. *Les sept crimes d'Adolf Hitler* gemeinsam mit dem emigrierten Drehbuchautor Max Colpet (eigentlich Kolpe, 1905–1998). Berühmt wurde das von Ophüls selbst gesprochene Schlaflied *Gute Nacht, Adolf Hitler,* das allabendlich zum Sendeschluss über Radio Strasbourg nach Deutschland gesendet wurde. Der Text wurde 1940 in französischen und amerikanischen Zeitungen veröffentlicht und ging um die ganze Welt. Tondokument und der originale deutsche Text sind verloren, die in New York erscheinende deutsch-jüdische Wochenzeitschrift *Aufbau* publizierte eine rückübersetzte Version:
»*Schlaf, Hitler, schlaf*
Wir wissen, dass Sie an Schlaflosigkeit leiden, Herr Hitler. Das ist doch wirklich zu dumm. Aber Sie müssen wissen, dass eine der besten und ausprobiertesten Methoden des Einschlafens das Zählen ist. Wollen Sie mit uns ein solches System versuchen?«
(Nachdem man das Ticktack eines Metronoms hört, fährt der Ansager fort:)
»*Eins – zwei – drei Länder verräterisch überfallen und gemordet ... vier – fünf – sechs – sieben ... fahren Sie nur fort, Herr Hitler ... zählen Sie Ihre Opfer in Österreich, 100, 200 ... in Spanien, Deutschland 100 000, 200 000 ... Können Sie noch nicht schlafen? Dann fahren wir fort ... Ihre Opfer in der Tschechoslowakei, 800 000 ... 900 000 ... und in Polen, 1 000 000, 2 000 000, 3 000 000 ... Opfer, Herr Hitler, alles Opfer. ... Sie haben es wirklich verdient, danach zu schlafen ... Sie müssen ein ganz ruhiges Gewissen haben. ... Schlafen Sie wohl ... träumen Sie angenehm ... gute Nacht, Adolf ...*« (7. 6. 1940)

S. 175 | *»Je ne paierais pas dix Centimes pour votre vie!«*
Übersetzung: »Ich zahle keine zehn centimes für Ihr Leben!«

S. 175 | *Mitglied der Theatertruppe Louis Jouvet*
Ophüls hatte in Aix-en-Provence den berühmten Schauspieler und Regisseur Louis Jouvet (1887–1951) und seine Theatertruppe 1940 kennengelernt. Gemeinsam mit Jouvet plante er, dessen berühmte Inszenierung
von Molières *L'École des femmes* während einer Tournee Jouvets in der
Schweiz zu verfilmen, wofür Jouvet Schweizer Geldgeber gewonnen
hatte. Da Jouvets Tournee sich verzögerte, reiste Ophüls schon vorher
auf Einladung des Zürcher Schauspielhauses in die Schweiz. Die Dreharbeiten begannen im Januar 1941 erst in Basel und dann Genf, wurden jedoch nach ungefähr einem Viertel des Films abgebrochen wegen
künstlerischer und privater Differenzen zwischen Jouvet und Ophüls.
Das bereits gedrehte Filmmaterial gilt als verschollen.

S. 176 | *Herr Baschwitz*
Paul Baschwitz (geb. 1884) war seit 1932 bis Ende der 1960er Jahre am
Zürcher Schauspielhaus als Inspizient und Schauspieler engagiert.

S. 176 | *Heinrich VIII. und seine sechste Frau*
Ophüls inszenierte am Zürcher Schauspielhaus zuerst *Heinrich VIII.
und seine sechste Frau* von Max Christian Feiler (1904–1973), Premiere
war am 5.12.1940. Die Komödie war in Nazi-Deutschland wegen der
offensichtlichen Parallelen von Heinrich VIII. und Hitler verboten worden. In seiner Inszenierung betonte Ophüls diese Parallelen und bot
mit kongenialer Unterstützung des exilierten Bühnenbildners Teo Otto
(1904–1968) entfesseltes Theater, das von Kritik und Publikum stürmisch
gefeiert wurde. Bühnenbildentwürfe Teo Ottos und Szenenbilder der
Aufführung bei Asper: *Max Ophüls*, Bildtafel XLII–XLIII.

S. 176 | *Romeo und Julia*
Ophüls' Inszenierung von *Romeo und Julia* von William Shakespeare in
der modernen Übersetzung von Hans Rothe (1894–1963) hatte Premiere

am 20. 3. 1941 und wurde wegen des Gebrauchs von Rothes Übersetzung von der Kritik abgelehnt. Mit dem nach Spanien emigrierten Hans Rothe, dessen Shakespeare-Übersetzungen in Nazi-Deutschland verboten waren, nahm Ophüls 1941 während seiner Flucht durch Spanien Kontakt auf. Bühnenbildentwurf Teo Ottos und Szenenbilder der Aufführung bei Asper: *Max Ophüls*, Bildtafel XLIV–XLV.

S. 176 | *Die jugendliche Sentimentale*

Die Schauspielerin Hortense Raky (1916–2006) spielte die Julia in Ophüls' Inszenierung. Sie war 1938 aus Österreich nach Zürich emigriert und seit 1939 bis zu seinem Tod 1996 mit Karl Paryla (siehe weiter unten) verheiratet, der in Ophüls' Inszenierung den Romeo spielte.

S. 176 | *die alte Schlegelsche Romeo-Bearbeitung*

August Wilhelm Schlegels (1767–1845) Übersetzung von *Romeo und Julia* erschien 1797 im ersten Band der von Schlegel herausgegebenen *Shakespeare's dramatische Werke*, die er nach neun Bänden 1810 abbrach. 1824 führte Ludwig Tieck unter Mitarbeit seiner Tochter Dorothea und Wolf Graf Baudissin das Unternehmen weiter, das seit der zwölfbändigen Neuauflage 1839/40 als Schlegel-Tieck-Übersetzung bezeichnet wird und als die klassische deutsche Shakespeare-Übersetzung gilt. Die im Archiv des Schauspielhauses Zürich erhaltenen Rollenhefte belegen, dass Ophüls nur in den Szenen von Julia mit ihrer von Therese Giehse gespielten Amme Schlegels Text benutzte, während alle anderen Szenen in Rothes moderner Bearbeitung gespielt wurden.

S. 177 | *Karl Paryla*

Der österreichische Schauspieler und Regisseur Karl Paryla (1905–1996) hatte 1930/31 in Breslau mehrere Hauptrollen unter Ophüls' Regie gespielt, u. a. die Titelrolle in *Marius* von Marcel Pagnol und den Franz Rasch in Friedrich Wolfs *Die Matrosen von Cattaro*. Er war 1933 nach Österreich zurückgekehrt und 1938 in die Schweiz geflohen.

S. 177 | *Steckel*

Der Schauspieler und Regisseur Leonard Steckel (1901–1971) hatte in Ophüls' Film DIE VERLIEBTE FIRMA 1932 den Filmregisseur gespielt. Er war 1933 in die Schweiz emigriert und gehörte seitdem zum Ensemble des Zürcher Schauspielhauses. In Ophüls' Inszenierung *Heinrich VIII. und seine sechste Frau* spielte er die Titelrolle Heinrich VIII.

S. 177 | *Carl Eidlitz*

Den österreichischen Schauspieler und Regisseur Karl (oder Carl) Eidlitz (1894–1981) kannte Ophüls aus seiner Zeit am Wiener Burgtheater. Eidlitz war 1938 in die Schweiz emigriert, in Ophüls' Inszenierung von *Romeo und Julia* spielte er den Grafen Paris.

S. 177 | *Therese Giehse*

Die Schauspielerin Therese Giehse (eigentlich Gift, 1898–1975) hatte 1932 in Ophüls' Film DIE VERKAUFTE BRAUT mitgewirkt. Sie war 1933 in die Schweiz emigriert und kurzfristig am Zürcher Schauspielhaus engagiert. Von 1933 bis 1937 spielte sie in dem antifaschistischen Kabarett *Pfeffermühle* von Erika Mann (1905–1969), ihrer Geliebten, mit der sie auch auf Tournee in die USA ging. 1937 kehrte sie in nach Zürich zurück und gehörte seitdem zum Ensemble des Schauspielhauses. In Ophüls' Inszenierung *Romeo und Julia* spielte sie Julias Amme.

S. 177 | *Traute Carlsen*

Die Schauspielerin Traute Carlsen (1887–1968) war in der Spielzeit 1926/27 am Neuen Theater in Frankfurt a. M. engagiert und hatte unter Ophüls' Regie in *Flucht* von John Galsworthy (1867–1933) gespielt. Sie war 1933 nach Österreich emigriert, 1935 in die Schweiz und gehörte bis zu ihrem Tod dem Ensemble des Zürcher Schauspielhauses an. In der *Romeo und Julia*-Inszenierung spielte sie Lady Capulet, Julias Mutter.

S. 177 | *Bernhard Diebold*

Der Schweizer Dramaturg und Kritiker Bernhard Diebold (1886–1945) war seit 1917 Feuilletonredakteur bei der *Frankfurter Zeitung* gewesen und hatte Ophüls' Frankfurter Inszenierungen mehrfach rezensiert. Er war 1934 in die Schweiz zurückgekehrt, seit 1939 schrieb er Theaterkritiken für die Zeitschrift *Die Tat*.

S. 177 | *Intendant Wälterlin*
Der Schweizer Regisseur Oskar Wälterlin war von 1933 bis 1938 Oberspielleiter des Frankfurter Opernhauses gewesen, ab 1938 bis zu seinem Tod 1961 leitete er das Zürcher Schauspielhaus.

S. 177 | *Arbeitserlaubnis*
Die Schweiz sah sich grundsätzlich als Transitland und vergab in der Regel nur befristete Aufenthaltsgenehmigungen. Zur restriktiven Asylpolitik der Schweiz vgl. das grundlegende Werk von Alfred A. Häsler: *Das Boot ist voll.* Zürich 1967.

S. 177 | *meine Einwanderung nach Amerika*
Ophüls' Aufenthaltsgenehmigung in der Schweiz lief am 28. April 1941 ab. Er kehrte zurück nach Aix-en-Provence und fuhr mehrfach nach Marseille, um von den Konsulaten die nötigen Ausreise-, Transit- und Einreisevisa zu bekommen. Erst am 7. Juli 1941 hatte er alle notwendigen Papiere beisammen und konnte mit seiner Familie über Madrid nach Lissabon reisen.

S. 178 | *Ende 1941 über den Atlantischen Ozean*
Am 26. Juli 1941 fuhr Ophüls mit seiner Familie von Lissabon auf dem Schiff »Excambion« in die USA, sie kamen am 5. August 1941 in New York an.

S. 178 | *New York war laut*
Ophüls war von New York fasziniert, am 20. August 1941 schrieb er an den Filmagenten Paul Kohner (1902–1988): »*N. Y. is wonderful. I am very tired each night. The reasons therefore are only tourist-reasons. I see and I am astonished and I am happy.*«

S. 178 | *Hollywood war neu*
Nach einigen Wochen Aufenthalt in New York fuhr Ophüls mit seiner

Familie im September 1941 mit dem Auto quer durch die USA nach Hollywood.

S. 178 | *der Beruf schlief immer noch*

Ophüls blieb in Hollywood jahrelang ohne ein festes Engagement. Er verhandelte erfolglos über zahlreiche Projekte mit Filmproduzenten und Filmstudios. Er wurde zeitweise unterstützt vom *European Film Fund*, einer Hilfsorganisation, die erfolgreiche Filmemigranten 1939 in Hollywood gegründet hatten. Von Juli bis September 1942 arbeitete Ophüls in New York bei der *Voice of America,* für deren deutsches Radioprogramm er ca. 50–60 Sendungen schrieb und produzierte. Später konnte er mehrere Filmtreatments verkaufen, die freilich nicht verfilmt wurden, und er erhielt Aufträge für eine Mitarbeit oder Überarbeitung von Drehbüchern, mit denen er sich und seine Familie ernähren konnte.

S. 178 | *Paul Kohner anrief*

Die von Paul Kohner 1938 in Hollywood gegründete Filmagentur wurde zur wichtigsten Anlaufstelle für die aus Europa geflüchteten Filmemigranten, für die sich Kohner auch als Mitbegründer des *European Film Fund* einsetzte. Auch Ophüls hatte Kohner schon von Frankreich aus um Hilfe gebeten, doch zu einem Kontrakt kam es erst im September 1943.

S. 178 | *Freundschaft zu Preston Sturges*

Der Regisseur und Drehbuchautor Preston Sturges hatte gemeinsam mit dem exzentrischen Milliardär Howard Hughes (1905–1976) die *California Pictures Corporation* gegründet und Ophüls nach mehr als dreijähriger Arbeitslosigkeit im November 1944 als Drehbuchautor und Regisseur engagiert. Ophüls sollte als zweiten Film der neuen Gesellschaft die Novelle *Colomba* von Prosper Mérimée (1803–1870) verfilmen. Ophüls erhielt als Drehbuchautor eine Gage von 500 $ pro Woche, ab Februar 1945 als Regisseur 750 $ pro Woche. Der Drehbeginn von Vendetta, wie der Film auf Ophüls' Vorschlag hieß, verzögerte sich erheblich, weil Sturges mehrere von Ophüls mit Koautoren verfasste Drehbücher ablehnte und selbst ein neues Drehbuch schrieb und mit seinem eigenen Film nicht fertig wurde. Der erste Drehtag von VENDETTA war schließlich der 15. August 1946. Gleich zu Beginn der Dreharbeiten kam es zum offenen Konflikt mit Sturges, der nach drei Tagen die Regie selbst übernahm, Ophüls aber nicht entließ, weil er wusste, dass dieser auf die Gage angewiesen war. Weil Sturges selbst den Drehplan enorm überzog, wurde er gemeinsam mit Ophüls vom Mehrheitsaktionär Howard Hughes Ende Oktober 1946 entlassen. Da Ophüls nach außen hin immer noch als Regisseur galt, wurde er von der amerikanischen Branchenpresse für die Drehplanüberziehung und den Rauswurf verantwortlich gemacht. Eine ausführliche Darstellung mit Zeugenberichten bei Asper: *Max Ophüls*, S. 472–487.

S. 178 | *»Hollywood August 1945 bis Dezember 1946«*
Das Abschlussdatum des Manuskripts *»Dezember 1946«* ist falsch und beruht entweder auf einem Druckfehler in der Erstausgabe 1959 oder auf einem Tippfehler im Manuskript, das leider für diese Ausgabe nicht zur Verfügung stand. Ophüls hat das Manuskript ganz sicher bereits im Dezember 1945 abgeschlossen. Denn ein Jahr später, im Dezember 1946, war Ophüls schon seit mehreren Monaten von Sturges als Regisseur abgelöst und auch bereits von Hughes entlassen worden. Seine Zukunft lag also keineswegs mehr in der Freundschaft zu Sturges, diese Formulierung wäre zu diesem Zeitpunkt nicht mehr möglich gewesen. Außerdem gab es nach Ophüls' Entlassung bei *California Pictures* auch gar keinen Grund mehr, weiter an einer Biographie für das Publicity Department zu schreiben oder diese gar der Firma zu übergeben.
Ophüls' Zukunft in Hollywood hatte im Dezember 1946 durch die solidarische Hilfe anderer Emigranten eine neue Wendung genommen. Wie Hilde Ophüls im Nachwort schildert, wurde Max Ophüls durch Vermittlung des Regisseurs Robert Siodmak (1900–1973) von dem Schauspieler und Produzenten Douglas Fairbanks jr. (1901–2000) als Regisseur für den Film THE EXILE verpflichtet – und mit diesem Film begann endlich die Hollywoodkarriere von Max Ophüls.

MAX OPHÜLS – EINE CHRONIK

1902

6.5. Max Oppenheimer geboren in St. Johann (ab 1909 Saarbrücken). Seine Eltern, der Textilkaufmann Leopold Oppenheimer (1872–1950) und seine Frau Helene geb. Bamberger (1879–1943), sind beide »israelitischer Religion«.

1908–1912

Besuch der Volksschule Rotenberg von Ostern 1908 bis Ostern 1912.

1909

Geburt der Schwester Friedl (gest. 1999).

1912–1915

Besuch des Humanistischen Ludwigs-Gymnasium von Ostern 1912 bis Ostern 1915.

1915–1920

Besuch der Königlichen Oberrealschule von Ostern 1915 bis November 1920.

1920

11.2. Schüleraufführung von Gustav Freytags Komödie *Die Journalisten* mit Max Opppenheimer als *Konrad Bolz*.

3.11. Abgangszeugnis der Oberrealschule für Max Oppenheimer, Schüler der Unterprima.

Herbst: Max Oppenheimer wird in der Spielzeit 1920/21 Schauspielschüler des Oberregisseurs Fritz Holl und Schauspielvolontär am Württembergischen Landestheater Stuttgart und führt seitdem den Künstlernamen Max Ophüls.

25.12. Erster Bühnenauftritt von Max Ophüls im Württembergischen

Landestheater Stuttgart als *Erster Bürger* in *Egmont* von Johann Wolfgang von Goethe.

1921

Januar – Juni: Ophüls spielt am Württembergischen Landestheater Stuttgart kleine Rollen in elf Aufführungen.

Sommer: Engagement für die Sommerspielzeit bei der Direktion Brandt-Schüle in Stuttgart.

September: Engagement für die Spielzeit 1921/22 am Stadttheater Aachen als Anfänger ohne festes Rollenfach. Bis Ende der Spielzeit tritt Ophüls in 23 Inszenierungen auf und steht an 145 Abenden auf der Bühne.

3.9. Erstes Auftreten in Aachen in *Die Räuber* von Friedrich Schiller als *Grimm*

1922

September: Engagement am Stadttheater Aachen für die Spielzeit 1922/23 als jugendlicher Charakterliebhaber. Ophüls spielt in 19 Inszenierungen und steht an 130 Abenden auf der Bühne.

1923

September: Engagement für die Spielzeit 1923/24 als jugendlicher Charakterliebhaber am Stadttheater Dortmund. Ophüls tritt in fünfzehn Inszenierungen auf und kann erstmals selbst Regie führen.

8.9. Erstes Auftreten in Dortmund als *Weislingen* in *Götz von Berlichingen* von Johann Wolfgang von Goethe.

29.11. Lesung von Stefan Zweigs szenischem Oratorium *Jeremias* im Verein der jüdischen Jugend.

1924

4.3. Premiere von Ophüls' erster Inszenierung *Tageszeiten der Liebe* von Dario Niccodemi im Stadttheater Dortmund.

September: Engagement für die Spielzeit 1924/25 als Schauspieler und Spielleiter des Tanzes, Schauspiels und Lustspiels an den Vereinigten Stadttheatern Barmen-Elberfeld (Wuppertal). Ophüls inszeniert bis

Ende der Spielzeit zehn Schauspiele und Operetten und spielt selbst in zwölf Inszenierungen.

7. 9. Erstes Auftreten von Ophüls in Barmen-Elberfeld als *Asserato* in Friedrich Schillers *Die Verschwörung des Fiesco zu Genua.*

30. 10. Premiere von Ophüls' erster Inszenierung in Barmen-Elberfeld: *Dorine und der Zufall.* Operette von Jean Gilbert (Musik) und Fritz Grünbaum (Text).

25. 12. Künstlerischer Durchbruch von Ophüls als Regisseur mit der Inszenierung des Schauspiels *Vasantasena* von Lion Feuchtwanger nach dem Indischen des Königs Sudraka.

1925

5. 3. Abschluss des Engagementsvertrags als Regisseur und Schauspieler am Wiener Burgtheater und dem angegliederten Akademietheater mit dreijähriger Laufzeit.

23. 8. Erste Rundfunklesung von Ophüls beim Probebetrieb der Westdeutschen Funkstunde in Barmen-Elberfeld.

1. 9. Antritt des Engagements als Regisseur und Schauspieler am Burgtheater und Akademietheater Wien. Ophüls inszeniert in Wien nur vier Schauspiele und tritt zweimal als Schauspieler auf.

2. 10. Premiere von Ophüls' erster Wiener Inszenierung *2 x 2 = 5* von Gustav Wied im Akademietheater.

1926

4. 2. Premiere von *Maria Orlowa* von Otto Zoff, Ophüls' letzter Inszenierung in Wien, in der er selbst den *Antonio Zacconi* spielte.

16. 2. Vorzeitige Kündigung von Ophüls zum Ende der Spielzeit 1925/26 durch den Burgtheaterdirektor Franz Herterich aus antisemitischen Gründen.

15. 4. Premiere von Ophüls' Inszenierung des jüdischen Schauspiels *Dybuk (Der Dämon)* von An-Ski am Neuen Theater in Frankfurt a. M. Ophüls wird für die Spielzeiten 1926–28 als Oberspielleiter an das Neue Theater engagiert.

12. 7. Heirat mit der Schauspielerin Hilde Wall in Wien.

16.9. Premiere *Der Liebhaber* von G. B. Shaw, Ophüls' erster Inszenierung in Frankfurt in der Spielzeit 1926/27. Hilde Wall spielt darin die Rolle der *Julia Craven*.

1927

In der Spielzeit 1926/27 führt Ophüls Regie am Neuen Theater bei neun Aufführungen und inszeniert zwei Stücke am Frankfurter Schauspielhaus.

14.5. Beginn der regelmäßigen Rundfunklesungen von Ophüls beim Westdeutschen Rundfunk Köln.

1.11. Geburt des Sohns Hans Marcel in Frankfurt a. M.

1928

In der Spielzeit 1927/28 inszeniert Ophüls elf Schauspiele am Neuen Theater.

August: Engagement von Ophüls für die Spielzeiten 1928–1931 als Oberregisseur an den Vereinigten Lobe- und Thalia-Theatern Breslau.

8.8. Ursendung von Ophüls' erstem Hörspiel *Plakate* im Westdeutschen Rundfunk Köln.

2.9. Premiere von Ophüls' erster Breslauer Inszenierung *Hokuspokus* von Curt Goetz.

16.12. Uraufführung von Ophüls' Kindertheaterstück *Fips und Stips auf der Weltreise* mit der Musik von Hans Krieg in Breslau.

1929

In der Spielzeit 1928/29 inszeniert Ophüls dreizehn Aufführungen.

4.3. Ursendung von Ophüls' Hörszenarium *Schreibmaschinen im* Westdeutschen Rundfunk.

1.6. Uraufführung der Theaterrevue *Saisonausverkauf 1929!* von Max Ophüls (Texte) und Harry Ralton (Musik) im Thalia-Theater.

5.6. Erste Sendung von Ophüls in der Schlesischen Funkstunde Breslau.

24.8. Eröffnung der Spielzeit 1929/30 im Lobe- und Thaliatheater mit Ophüls' Inszenierung *Reporter* von Ben Hecht und Charles MacArthur. Ophüls inszeniert in dieser Spielzeit zwölf Aufführungen.

12.11. Erste Sendung von *Magazin. Eine heitere Hörfolge* von Max Ophüls in der Schlesischen Funkstunde Breslau. Bis 1931 folgen zahlreiche weitere Magazinsendungen, die auch von anderen Sendern übernommen werden.

15. 12. – 24. 12. Die Hörfunkversion von Ophüls' Kindertheaterstück *Fips und Stips auf Kinderwelle 325. Eine Weltreise in Übertragungen* wird von der Schlesischen Funkstunde gesendet.

1930

7. 6. Uraufführung der Theaterrevue *Saisonausverkauf 1930* von Max Ophüls (Text) und Harry Ralton (Musik) im Thaliatheater.

16. 8. Eröffnung der Spielzeit 1930/31 im Lobe- und Thaliatheater mit Ophüls' Inszenierung der Komödie *Madame hat Ausgang* von Paul Armont und Marcel Gerbidon. Ophüls inszeniert bis Ende Dezember 1930 sechs Aufführungen.

25. 10. Erste Berliner Inszenierung von Ophüls: *Flucht nach Shanghai* von Werner Ackermann mit der Gruppe junger Schauspieler. Einmalige Nachtvorstellung im Lessing-Theater Berlin

8. 11. Uraufführung von Friedrich Wolfs *Die Matrosen von Cattaro* im Lobe-Theater Breslau, Regie: Ophüls, gleichzeitig mit der Volksbühne Berlin.

14. 12. Premiere von *Emil und die Detektive* von Erich Kästner, Ophüls' letzter Inszenierung in Breslau.

Ophüls geht nach Berlin und arbeitet bis 1933 als freischaffender Regisseur und Autor für Theater, Rundfunk und Film.

1931

28. 2. Premiere von Ophüls' Inszenierung der Komödie *Eine königliche Familie* im Komödienhaus Berlin.

12. 3. Beginn der Dreharbeiten des Films NIE WIEDER LIEBE, Regie: Anatole Litvak, Regieassistent: Max Ophüls.

8. 5. Premiere von Ophüls' Inszenierung der Komödie *Schwengels* von Fritz Peter Buch, Komödienhaus Berlin.

27. 6. Ursendung des Hörspiels *Verkehrsbüro* Max Ophüls und Curt Alexander in der Funk-Stunde Berlin.

27. 7. Uraufführung NIE WIEDER LIEBE in Berlin.

August: Dreharbeiten von DANN SCHON LIEBER LEBERTRAN, Ophüls' erstem Film als Regisseur.

10. 10. Premiere von Ophüls' Inszenierung der Komödie *Ich weiß etwas, was Du nicht weißt* von Paul Osborn, Theater in der Stresemannstraße, Berlin.

23. 11. Uraufführung DANN SCHON LIEBER LEBERTRAN in Berlin.

20. 12. *Rund um den Lebertran.* Vortrag zur Filmregie von Max Ophüls in der Schlesischen Funkstunde Breslau.

1932

Januar/Februar: Dreharbeiten DIE VERLIEBTE FIRMA, Ophüls' erster langer Spielfilm.

12. 3. Vortrag *Vom Souffleurkasten über das Mikro auf die Leinwand* von Max Ophüls in der Schlesischen Funkstunde Breslau.

16. 5. – Ende Juni: Dreharbeiten DIE VERKAUFTE BRAUT in München-Geiselgasteig.

25. 8. Ursendung der letzten nachweisbaren Rundfunksendung von Max Ophüls in Deutschland vor der Emigration: *Philologen-Freuden. Heitere Szene* von Curt Alexander und Max Ophüls.

Oktober–November: Dreharbeiten LACHENDE ERBEN in Berlin und in Aßmannshausen.

Dezember: Beginn der Dreharbeiten LIEBELEI in Berlin.

1933

Bis Ende Januar: Dreharbeiten LIEBELEI.

24. 2. Uraufführung LIEBELEI in Wien.

16. 3. Festliche Berliner Premiere von LIEBELEI im Atrium und Titania-Palast in Anwesenheit von Max Ophüls.

März: Flucht von Max Ophüls aus Berlin nach Saarbrücken.

1. 4. Ophüls meldet sich wieder an in Saarbrücken, Försterstraße 15.

April: Ophüls exiliert nach Frankreich, wo er als Saarländer Aufenthalts- und Arbeitserlaubnis hat und lebt in Paris. Seine Frau Hilde und sein Sohn Marcel kommen einige Wochen später nach.

1.5. Französische Erstaufführung von LIEBELEI im Studio l'Étoile in Paris.

4.5. Erstes Interview von Max Ophüls in Frankreich mit der französischen Zeitschrift *Pour Vous*.

Juni: Dreharbeiten UNE HISTOIRE D'AMOUR, der französischen Version von LIEBELEI.

2.10.–16.11. Dreharbeiten ON A VOLÉ UN HOMME.

1934

26.2. Uraufführung UNE HISTOIRE D'AMOUR in Paris.

Mai–Juni: Dreharbeiten LA SIGNORA DIE TUTTI in Rom.

Juli–August: Arbeit mit Curt Alexander am Drehbuch von *Barbier von Sevilla* nach der Oper von Gioachino Rossini (1792–1868) für den Produzenten Angelo Rizzoli. Der Film wird nicht gedreht.

13.8. Uraufführung von LA SIGNORA DIE TUTTI bei der 2. Biennale in Venedig in Anwesenheit von Ophüls. Der Film erhält den Preis für den technisch besten Film.

1935

13.1. Ophüls fährt nach Saarbrücken und nimmt teil an der Saarabstimmung.

14.1. Ophüls' Eltern emigrieren nach der Saarabstimmung nach Frankreich. Das Textilgeschäft muss zwangsverkauft werden.

15.1. Ophüls meldet sich in Straßburg an.

Februar–April: Dreharbeiten zu DIVINE in Paris.

August: Uraufführung von DIVINE in Saint-Jean-de-Luz.

September–November: Dreharbeiten zu LA TENDRE ENNEMIE.

3.–4.12. Dreharbeiten zum Kurzfilm LA VALSE BRILLANTE (EN LA B) DE CHOPIN.

Dezember: Dreharbeiten zum Kurzfilm AVE MARIA DE SCHUBERT.

23.12. Uraufführung der beiden Musik-Kurzfilme in Lyon.

1936

Frühjahr: Ophüls reist mit seiner Familie nach Moskau zu Filmverhandlungen und kehrt nach zwei Monaten wieder nach Paris zurück.

15.6.–August: Dreharbeiten KOMEDIE OM GELD in Amsterdam.

August: Uraufführung von LA TENDRE ENNEMIE auf der Biennale in Venedig.

30. 10. Uraufführung von KOMEDIE OM GELD in Amsterdam.

1937

10. 2.–April: Dreharbeiten zu YOSHIWARA.

13. 8. Uraufführung von YOSHIWARA im Cinéma Olympia in Paris.

Oktober: Ophüls reist zu Verhandlungen über die Verfilmung von Goethes Roman *Die Leiden des jungen Werthers* nach Rom.

1938

März–April: Ophüls und Hans Wilhelm schreiben in Fontainebleau das Drehbuch für WERTHER.

17. 5. Bei der Gedenkfeier der Liga für Menschenrechte für den Friedensnobelpreisträger Carl von Ossietzky (1889–1938), der an den Folgen der KZ-Haft gestorben ist, liest Ophüls aus Werken Ossietzkys.

15. 6.–30. 9. Dreharbeiten WERTHER in Paris und im Elsass.

27. 7. Ophüls und seine Familie erhalten die französische Staatsbürgerschaft.

17. 11. Uraufführung von WERTHER in Paris.

1939

3. 1.–20. 2. Dreharbeiten SANS LENDEMAIN.

4. 7.–2. 9. Dreharbeiten DE MAYERLING À SARAJEVO in Paris und in Romans.

2. 9. Abbruch der Dreharbeiten wegen der Generalmobilmachung in Frankreich.

Oktober: Ophüls wird als Soldat zur französischen Armee eingezogen und ist stationiert im Camp d'Avord bei Bourges.

Oktober–Dezember: Ophüls wird für Rundfunkarbeiten beim Propagandasender *Radiodiffusion française* tageweise beurlaubt.

20. –21. 12. Fortsetzung der Dreharbeiten zu DE MAYERLING À SARAJEWO in Paris.

Dezember: Uraufführung von SANS LENDEMAIN in Algier.

1940

10.–13.1. Abschluss der Dreharbeiten DE MAYERLING À SARAJEWO in Paris.

Januar – Mai: Ophüls schreibt und produziert antifaschistische Hörspiele und Lieder für *Radiodiffusion française*. Sein Lied *Schlaf, Hitler, schlaf* wird jeden Abend zum Sendeschluss gespielt.

Frühjahr: Ophüls beginnt Dreharbeiten für einen Trainingsfilm für die französische Fremdenlegion.

1.5. Uraufführung von DE MAYERLING À SARAJEWO in Paris. Nach der Besetzung von Paris durch deutsche Truppen wird der Film verboten.

14.6. Ophüls' Familie flieht aus Paris und holt Ophüls im Camp d'Avord ab. Gemeinsam fliehen sie in den unbesetzten Süden nach Aix-en-Provence.

19. Juli: Ophüls wird offiziell demobilisiert und aus der Armee entlassen.

September: Ophüls bemüht sich um die Ausreise-, Durchreise- und Einreisevisa und die Schiffskarten, um mit seiner Familie weiter in die USA zu exilieren.

Er inszeniert bei Radio Marseille ohne Namensnennung das Hörspiel *La Princesse Maleine* mit Schauspielern der Truppe Louis Jouvet.

November: Ophüls reist auf Einladung des Schauspielhauses Zürich in die Schweiz.

18.11. Ophüls meldet sich in Zürich an und bemüht sich weiter, die Ausreise- und Einreisepapiere für die Flucht in die USA zu bekommen.

5.12. Premiere von Ophüls' Inszenierung *Heinrich VIII. und seine sechste Frau* von Max Christian Feiler am Zürcher Schauspielhaus.

1941

5.–11.1. Beginn der Dreharbeiten zu *L'École des femmes* nach der Komödie von Molière in der Inszenierung von Louis Jouvet mit dessen Schauspieltruppe in Basel.

15.–18.1. Fortsetzung der Dreharbeiten in Genf und Abbruch wegen persönlicher und beruflicher Differenzen zwischen Ophüls und Jouvet.

20.3. Premiere von Ophüls' Inszenierung von *Romeo und Julia* von William Shakespeare am Zürcher Schauspielhaus.

28. 4. Rückkehr von Ophüls nach Aix-en-Provence und weitere Bemühungen um die Flucht in die USA.

7. 7. Ophüls erhält die nötigen Ausreisepapiere, bucht eine Schiffspassage von Lissabon nach New York und reist mit seiner Familie über Madrid nach Lissabon.

26. 7. Abreise von Lissabon mit dem Schiff *Excambion*.

5. 8. Ankunft von Ophüls mit dem Schiff *Excambion* in New York.

September: Ophüls fährt mit seiner Familie im Auto quer durch die USA nach Los Angeles.

1942

Mai: Filmtreatment von *Children's Story* über die Kindererziehung in Nazi-Deutschland für den amerikanischen Produzenten Walter Wanger (1894–1968).

Juni – September: Ophüls arbeitet in New York für das deutsche Radioprogramm der Voice of America. Er schreibt und produziert ca. 40–50 Sendungen.

Oktober: Rückkehr nach Hollywood. Filmtreatment *Saga* über den Einmarsch der deutschen Truppen in Norwegen für den exilierten Produzenten Erich Pommer.

1943

10. 4. Tod der Mutter Helene Oppenheimer geb. Bamberger in Südfrankreich.

April – 13. 5. Ophüls schreibt für den Produzenten Erich Pommer das Filmtreatment *The Man who killed Hitler* nach dem 1939 erschienenen gleichnamigen Roman der exilierten Schriftstellerin Ruth Landshoff-York.

1944

6. 3. Ophüls erhält vom Republic Studio einen *Writer's week to week contract* für die Überarbeitung und Neufassung des Drehbuchs *Who are your parents?.*

August: Ophüls arbeitet an einem Drehbuch *Gypsy Baron* mit den Drehbuchautoren Ann Ronell und Lester Cowan.

September – Oktober: Ophüls schreibt gemeinsam mit dem Drehbuchautor Howard Koch das Drehbuch *Three Strangers*.

6. 11. Engagement als Drehbuchautor und Regisseur bei California Pictures für die Verfilmung der Novelle *Colomba* von Prosper Merimée.

1945

August – Dezember: Auf Bitten des Public Relation Office schreibt
Ophüls seine Erinnerungen, die 1959 postum unter dem Titel *Spiel
im Dasein* veröffentlicht werden.

Dezember: Nach Aufhebung des Verbots, Hilfslieferungen nach Deutschland zu schicken, beteiligt Ophüls sich an der Care-Pakete-Aktion.

1946

15. 8. Drehbeginn von VENDETTA. Ophüls wird Mitglied der Screen
Director's Guild in Hollywood.

18. 8. Preston Sturges übernimmt die Regie des Films, Ophüls bleibt offiziell als Regisseur auf dem Set, darf aber keine Anweisungen geben.

Mitte November: Howard Hughes, der Mehrheitsaktionär von California Pictures, entlässt Sturges und Ophüls fristlos wegen Überziehung
des Drehplans.

16. 12. Der Schauspieler und Produzent Douglas Fairbanks jr. (1909–
2000) engagiert Ophüls als Regisseur für den Film THE EXILE.

1947

24. 4.– 10. 7. Dreharbeiten zu THE EXILE im Universal Studio.

Juli: Der Produzent William Dozier (1908–1991) und seine Frau, die
Schauspielerin Joan Fontaine (1917–2013), engagieren Ophüls für die
Verfilmung der Novelle *Brief einer Unbekannten* von Stefan Zweig
(1881–1942).

August: Ophüls und der Drehbuchautor Howard Koch schreiben das
Drehbuch für LETTER FROM AN UNKNOWN WOMAN.

2. 9.– 27. 10. Dreharbeiten LETTER FROM AN UNKNOWN WOMAN im
Universal Studio.

1948

Januar – Februar: Nachaufnahmen und Schnitt LETTER FROM AN UNKNOWN WOMAN.

März: Enterprise Productions engagiert Ophüls für die Verfilmung des Romans *Wild Calendar* von Libbie Block. Ophüls schreibt das Drehbuch mit Arthur Laurents.

14.7. – 29.7 Beginn der Dreharbeiten zu CAUGHT ohne den erkrankten Ophüls, Regie führt John Berry.

30.7. – 31.8. Ophüls übernimmt die Regie und dreht die meisten Szenen neu.

30.9. – 5.10. Nachaufnahmen für CAUGHT.

1949

Januar: Walter Wanger engagiert Ophüls für die Verfilmung des Romans *The Blank Wall* von Elisabeth Sanxay Holding.

17.3. – 19.4. Dreharbeiten THE RECKLESS MOMENT.

3. – 10.5. Nachaufnahmen für THE RECKLESS MOMENT.

Juni: Wanger engagiert Ophüls für die Verfilmung des Romans *Herzogin von Langeais* von Honoré de Balzac. Der Film soll in Europa gedreht werden und ist als Leinwand-Comeback von Greta Garbo geplant.

27.8. Max Ophüls und seine Frau kehren auf dem Schiff *DeGrasse* von New York aus nach Frankreich zurück.

Oktober: Filmverhandlungen mit Greta Garbo in Rom. Wegen fehlender Finanzierung muss der Film verschoben werden. Ophüls nimmt das Angebot an, Arthur Schnitzlers Komödie *Reigen* in Frankreich zu verfilmen.

1950

24.1. – 18.3. Dreharbeiten zu LA RONDE in Paris.

3.4. Tod des Vaters Leopold Oppenheimer in Aix-en-Provence.

16.6. Uraufführung LA RONDE in Paris.

Sommer: Ophüls plant eine Verfilmung des Schauspiels *Katharina Knie* von Carl Zuckmayer und will mit dem Film »Sprach- und Nationalgrenzen« überwinden. Das Projekt kann nicht realisiert werden.

21. 11. Deutsche Erstaufführung von LA RONDE in München. Der Film wird der international größte Erfolg von Ophüls und erhält zahlreiche Preise und Auszeichnungen.

1951

7. 6. – 18. 8. Dreharbeiten zur ersten und zweiten Episode von LE PLAISIR nach Erzählungen von Guy de Maupassant in Paris und in der Normandie. Wegen Geldmangels kann der Film nicht fertiggestellt werden.

15. 10. – 10. 11. Dreharbeiten zur dritten Episode von LE PLAISIR in Paris.

Dezember: Drehbucharbeit für die Verfilmung der Operette *Mam'zelle Nitouche* von Hervé (1825–1892).

1952

14. 2. Uraufführung von LE PLAISIR in Paris.

Februar: Aufkündigung des Vertrags über die Verfilmung von *Mam'zelle Nitouche*.

Frühjahr: Verhandlungen über die Regie der Verfilmung von Carl Zuckmayers Lustspiel *Der fröhliche Weinberg* scheitern.

LA RONDE wird von der British Film Academy zum »*Best Picture of the World*« gewählt.

Juli – August: Ophüls schreibt mit Peter Ustinov (1921–2004) das Drehbuch *Autumn*.

August: Ophüls stellt LE PLAISIR auf dem Filmfestival in Edinburgh vor.

September: Die Dreharbeiten zu *Autumn* in Salzburg werden wegen Konkurs der Produktionsfirma vor Beginn abgebrochen, das Drehbuch bleibt unverfilmt.

4. 11. Deutsche Erstaufführung von LE PLAISIR in Stuttgart.

1953

8. 4. – 12. 6. Dreharbeiten zu MADAME DE … in Paris und Umgebung.

16. 9. Uraufführung von MADAME DE … in Paris.

28. 11. – 2. 12. Produktion des Hörspiels *Novelle* nach Johann Wolfgang von Goethe im Südwestfunk Baden-Baden.

1954

Februar: Synchronarbeiten an MADAME DE ... im Filmstudio Remagen.

18. 4. Ursendung des Hörspiels *Novelle* im Südwestfunk Baden-Baden.

22. 4. Deutsche Erstaufführung von MADAME DE ... in Berlin/West.

Frühjahr und Sommer: Mehrere Filmprojekte von Ophüls in Deutsch-land scheitern am Widerstand der Filmverleiher, darunter *Egmont* nach Goethe und *Buddenbrooks* nach Thomas Mann, der Ophüls persönlich als Regisseur vorgeschlagen hat.

August: Beginn der Arbeit an LOLA MONTEZ.

1955

1. 3. – 28. 7. Dreharbeiten LOLA MONTEZ in Frankreich, Österreich und Deutschland.

23. 12. Uraufführung LOLA MONTEZ in Paris.

1956

12. 1. Deutsche Erstaufführung LOLA MONTEZ in München.

März: Beginn der Drehbucharbeit für den Film *Modigliani* (späterer Titel: *Montparnasse 19*, Regie: Jacques Becker) mit Henri Jeanson, die sich mit Unterbrechungen bis November hinzieht.

19. – 27. 4. Aufnahme des Hörspiels *Berta Garlan: Roman einer Klavierleh-rerin* nach Arthur Schnitzler im Südwestfunk Baden-Baden.

30. 5. Vortrag *Gedanken zum Film* in Frankfurt a. M.

2.- 3. 6. Produktion des Hörspiels *Das Lied der Lieder* von Jean Girau-doux im Südwestfunk Baden-Baden, Regie: Gert Westphal. Ophüls spricht die Rolle des *Präsidenten.*

10. 7. Ursendung des Hörspiels *Das Lied der Lieder.*

22. 9. Produktion des Radioessays *Gedanken über den Film. Eine Impro-visation* im Hessischer Rundfunk, Frankfurt a. M.

6. 11. Ursendung des Hörspiels *Berta Garlan: Roman einer Klavierlehrerin* im Südwestfunk Baden-Baden.

28. 11. Ursendung *Gedanken über den Film. Eine Improvisation* im Hes-sischen Rundfunk, Frankfurt a. M.

November: Beginn der Proben zu *Der Tolle Tag oder Figaros Hochzeit* von

Pierre-Augustin Caron de Beaumarchais (1732–1799) am Deutschen Schauspielhaus, Hamburg.

1957

Januar: Eine schwere Herzerkrankung zwingt Ophüls zum Abbruch der Probenarbeit, Haupt- und Generalprobe werden vom Intendanten Gustaf Gründgens geleitet.

5.1. Die Premiere *Der Tolle Tag oder Figaros Hochzeit* wird zu einem triumphalen Erfolg für Ophüls, der wegen seiner Erkrankung nicht teilnehmen kann.

26.3. Max Ophüls stirbt im Hamburger Marienhospital.

29.3. Trauerfeier im Krematorium des Friedhofs Hamburg-Ohlsdorf. Die Trauerrede hält Gustaf Gründgens.

5.4. Beisetzung der Urne auf dem Friedhof Père-Lachaise in Paris. Die Trauerrede hält sein Freund, der Drehbuchautor Henri Jeanson.

Juni: Die französischen Filmzeitschrift *Cahiers du cinéma* publiziert im Heft No 72 ein ausführliches Interview von Jacques Rivette und François Truffaut mit Max Ophüls.

1958

4.4. Uraufführung von *Montparnasse 19* in Paris. Der Film enthält im Vorspann die Widmung *»Dédiée à la mémoire de Max Ophuls«*.

Das British Film Institute veröffentlicht *Max Ophuls. An Index* von Richard Roud.

1959

Unter dem Titel *Spiel im Dasein* erscheinen die Erinnerungen von Max Ophüls im Verlag Henry Goverts.

1961

Die Filmkritiker Enno Patalas und Theodor Kotulla veröffentlichen das Filmprotokoll von LOLA MONTEZ in dem von Enno Patalas herausgegebenen Band *Spectaculum. Texte moderner Filme.*

1962

Der Maler und Kostümbildner Georges Annenkov (1889–1974), der seit
La Ronde die Kostüme für Ophüls' Filme und die Inszenierung *Der
Tolle Tag oder Figaros Hochzeit* entworfen hat, veröffentlicht in Paris
sein Erinnerungsbuch *Max Ophuls.*

1963

Der französische Filmhistoriker Claude Beylie veröffentlicht die erste
Monographie über Ophüls.

Ophüls' Erinnerungen erscheinen in Frankreich unter dem Titel *Max
Ophuls par Max Ophuls.*

1966

Die Internationalen Filmfestspiele Berlin zeigen in der filmhistorischen
Retrospektive zehn Filme von Ophüls, darunter in deutscher Erstaufführung La Signora di tutti und La tendre ennemie.

1977

10. 9. Der Südwestfunk sendet die mehrstündige Soirée *Der große Zauberer. Leben und Leistung des Max Ophüls* von Ulrich Lauterbach.

November – Dezember: Die Zeitschrift *Filmkritik* widmet Max Ophüls
die beiden Hefte Nr. 11 und Nr. 12.

1978

In Italien erscheint die Monographie *Ophüls* von Michele Mancini und
für das British Film Institute gibt Paul Willemen die Aufsatzsamm-
lung *Ophuls* heraus.

1980

Ophüls' Geburtsstadt Saarbrücken gründet das Filmfestival *Max Ophüls
Preis* als Festival für den deutschsprachigen Nachwuchsfilm.

Hilde Wall-Ophüls stirbt in Paris. Die Urne mit ihrer Asche wird neben Max Ophüls' Urne auf dem Friedhof Père-Lachaise beigesetzt.

FILME, HÖRSPIELE UND THEATER-STÜCKE VON MAX OPHÜLS

Ein chronologisches Verzeichnis

Verzeichnet sind alle fertiggestellten Filme, bei denen Max Ophüls Regie geführt hat, sowie Filme, die von ihm begonnen oder vorbereitet wurden oder bei denen er in anderen Funktionen mitgearbeitet hat. Die Filme sind chronologisch nach Produktionsdaten geordnet, in Klammern sind deutsche Kino- bzw. Fernsehtitel angegeben. Wenn nicht anders erwähnt, hat Max Ophüls Regie geführt.

Von Ophüls' frühen Hörspielen, Rundfunk- und Theaterrevuen sind nur wenige Texte erhalten. Eine ausführliche Filmo-, Theatro- und Radiographie bei Helmut G. Asper: *Max Ophüls. Eine Biographie mit zahlreichen Dokumenten, Texten und Bildern.* Berlin 1998, S. 666–709.

1. Filme

Nie wieder Liebe, Deutschland 1931
  Regie: Anatole Litvak, Dialogregie und Regieassistenz:
  Max Ophüls
Dann schon lieber Lebertran, Deutschland 1931
  Der Film gilt als nicht erhalten.
Die verliebte Firma, Deutschland 1932
Die verkaufte Braut, Deutschland 1932
Lachende Erben, Deutschland 1932/33
Liebelei, Deutschland 1932/33
Une histoire d'amour, Frankreich 1933/34
  Französische Version von Liebelei
On a volé un homme, Frankreich 1933/34
  Titel in Österreich: Der gestohlene Millionär
  Der Film gilt als nicht erhalten.

La signora di tutti, Italien 1934
(Eine Diva für alle)
Divine, Frankreich 1935
La tendre ennemie, Frankreich 1935/36
(Die zärtliche Feindin)
La valse brillante (en la b) de Chopin, Frankreich 1935
Kurzfilm mit dem Pianisten Alexander Brailowsky
Ave Maria de Schubert, Frankreich 1935
Kurzfilm mit der Sängerin Elisabeth Schumann
Komedie om geld, Niederlande 1936
(Komödie um Geld)
Yoshiwara, Frankreich 1937
Werther, Frankreich 1938
Auch: Le roman de Werther
(Werther)
Sans lendemain, Frankreich 1939
(Ohne ein Morgen)
De Mayerling à Sarajevo Frankreich 1939/40
(Von Mayerling bis Sarajewo)
Vendetta, USA 1946–50
Regie: Mel Ferrer (ohne credit: Max Ophüls, Preston Sturges,
Stuart Heisler, Howard Hughes)
The Exile, USA 1947
(Der Verbannte)
Letter from an Unknown Woman, USA 1947/48
(Brief einer Unbekannten)
Caught, USA 1948/49
(Gefangen)
The Reckless Moment, USA 1949
(Schweigegeld für Liebesbriefe)
La ronde, Frankreich 1950
(Der Reigen)
Le plaisir, Frankreich 1951/52
(Pläsier)

Madame de …, Frankreich/Italien 1953
   (Madame de …)
Die sieben Sünden, Frankreich/Italien 1951/52
   Deutsche Fassung von *Les Sept Peches Capitaux*
   Dialogregie der deutschen Synchronisation: Conrad von Molo,
   Künstlerische Oberleitung: Max Ophüls
Lola Montez, Frankreich/Schweiz/Bundesrepublik Deutschland
   1954/55
Les Amant de Montparnasse, Frankreich/Italien 1957/58
   (Montparnasse 19)
   Regie: Jacques Becker
   Buch: Das ursprüngliche Drehbuch von Henri Jeanson und Max
   Ophüls wurde vollständig umgeschrieben vom Regisseur Jacques
   Becker, der seinen Film im Vorspann dem Andenken an Max
   Ophüls widmete: *»Dédiée à la mémoire de Max Ophuls«*

2. Hörspiele

Plakate. Hörszenarium von Max Ophüls. Westdeutscher Rundfunk
   Köln 8. 8. 1928 (nicht erhalten)
Schreibmaschinen. Hörszenarium von Max Ophüls. Westdeutscher
   Rundfunk Köln 4. 3. 1929 (nicht erhalten)
Magazin. Eine heitere Hörfolge von Max Ophüls. Schlesische Funk-
   stunde Breslau 12. 11. 1929 (nicht erhalten)
Fips und Stips auf Kinderwelle 325. Eine Weltreise in Übertragungen.
   Hörspielfolge von Max Ophüls. Schlesische Funkstunde Breslau
   15. 12. – 24. 12. 1929 (Diese Funkbearbeitung des Kindertheaterstücks
   von Max Ophüls ist nicht erhalten.)
Abreißkalender. Eine heiter-besinnliche Hörfolge von Max Ophüls.
   Schlesische Funkstunde Breslau 31. 12. 1929 (nicht erhalten)
Faschings-Artikel. Eine Sendung durch Eilboten von Max Ophüls.
   Schlesische Funkstunde Breslau 4. 3. 1930 (nicht erhalten)

Bilanz. Die Revue des Monats von Max Ophüls. Schlesische Funkstunde Breslau 7.5.1930 (nicht erhalten)

Bilanz. Revue des Monats von Max Ophüls. Schlesische Funkstunde Breslau 14.6.1930 (nicht erhalten)

Ostereier von Max Ophüls. Funk-Stunde Berlin 7.4.1931 (nicht erhalten)

Der Mai ist gekommen! von Max Ophüls. Schlesische Funkstunde Breslau 14.5. 1931 (nicht erhalten)

Verkehrsbüro. Hörspiel von Max Ophüls und Curt Alexander. Funk-Stunde Berlin 27.6.1931 (nicht erhalten)

Philologen-Freuden. Heitere Szene von Curt Alexander und Max Ophüls. Westdeutscher Rundfunk Köln 25.8. 1931 (nicht erhalten)

Der neue Horst Wessel. [Antifaschistisches Hörspiel] von Max Ophüls. Radiodiffusion Française, Paris 1939/40 (nicht erhalten)

Kinderspiele. [Antifaschistisches Hörspiel] von Max Ophüls. Radiodiffusion française, Paris 1939/40 (nicht erhalten)

Les sept crimes d'Adolf Hitler. [Antifaschistisches Hörspiel] von Max Colpet und Max Ophüls Radiodiffusion française, Paris 1939/40 (nicht erhalten)

Novelle nach Johann Wolfgang von Goethe.
Bearbeitung und Regie: Max Ophüls
Südwestfunk Baden-Baden, 1953/54

Vorrede zur Novelle
Text und Sprecher: Max Ophüls
Hessischer Rundfunk, Frankfurt a.M., 1955

Berta Garlan: Roman einer Klavierlehrerin.
Nach einer Erzählung von Arthur Schnitzler.
Bearbeitung und Regie: Max Ophüls
Südwestfunk Baden-Baden, 1956

Gedanken über den Film. Eine Improvisation von Max Ophüls.
Regie und Sprecher: Max Ophüls.
Hessischer Rundfunk, Frankfurt a. M., 1956
Textabdruck in: *Filmkritik* Nr. 252, Dezember 1977 und in Max Ophüls: *Spiel im Dasein. Eine Rückblende.* 2. Aufl. Dillingen 1980.

Das Lied der Lieder von Jean Giraudoux.
Übersetzung: Charles Regnier, Funkbearbeitung: Hubert von Bechtolsheim, Regie: Gert Westphal.
Der Präsident: Max Ophüls
Südwestfunk Baden-Baden, 1956

3. Theaterstücke

Fips und Stips auf der Weltreise. Weihnachtsrevue für Kinder in neun Bildern von Max Ophüls. Berlin 1928 (Bühnenmanuskript). Uraufführung mit der Musik von Hans Krieg unter der Regie von Max Ophüls in Breslau am 16.12.1928.

Saisonausverkauf 1929! [Revue, Ouvertüre und 12 Bilder]
Text: Max Ophüls, Musik: Harry Ralton. Uraufführung unter der Regie von Max Ophüls in Breslau am 1. 6. 1929. (Erhalten ist nur der Text der *»Kollektivistischen Einführungsszene«*, abgedruckt bei Asper: *Max Ophüls*, S. 182 f.)

Saisonausverkauf 1930 [Revue in 14 Bildern]
Text: Max Ophüls, Musik: Harry Ralton. Uraufführung unter der Regie von Max Ophüls am 7. 6. 1930. (Erhalten sind nur Text und Musik des Songs *Mensch, lies die Zeitung!*)

ZUR NEUEDITION VON MAX OPHÜLS'
ERINNERUNGEN *SPIEL IM DASEIN*

»Hollywood, 6. November 1944.

Ich habe heute angefangen zu arbeiten. 3 Jahre und 2 Monate habe ich war-
ten müssen. Immer weiß ich noch nicht, ob dieses Mal nach so vielen nur
halben Anfängen und so vielen ganzen Enttäuschungen das der wirkliche
Start bedeutet. Ich weiß es nicht, aber ich <u>glaube</u>. Ich glaube eine Verbin-
dung mit Preston Sturges, ein Film, vielleicht eine richtige Partnerschaft
hat begonnen und deshalb beginnt heute mein amerikanisches Tagebuch.

Ich wollte nicht meine Eindrücke der Lebenszeit in Amerika niederschrei-
ben, bevor ich nicht glücklich war. Das Leben ist bestimmt nicht immer
positiv, aber ein Bericht, der über Seiten gehen soll, der soll positiv beginnen.

Seit meiner frühesten Schauspielerzeit, seit meiner ersten Hauptrolle in
Aachen, war ich nicht so froh. Ich bin richtig froh und dankbarer als frü-
her. Als ich jünger war, wusste ich noch nicht, wie viel man dem Schicksal
verpflichtet ist, man meint, man tut alles selbst, jetzt bin ich 42 Jahre und
weiß, wie nett und ausnehmend wohlgesinnt die Kräfte zu mir sind, die
wir nicht fassen können. Und ich weiß, wie viel ich meiner Iwe [d. i. Hilde
Ophüls] und meinem Zewen [d. i. Marcel Ophüls] verdanke, die bis heute
mich durchgehalten und mit mir durchgehalten haben.

Äußerlich sieht so ein großer Tag sehr einfach aus. Ich komme um halb 11
Uhr morgens ins Büro California Studios ... Um 11 Uhr kommt der story
editor, Herr Laemmle [d. i. Ernst Laemmle] ... Wir sprechen die Grund-
linien und Grundprinzipien von ›Colomba‹ durch. Lunch mit Preston in
Paramount. Preston lieb und besorgt zu mir, warmherzig. Von 3 bis 6 erste
Story-Konferenz, die auch mit Paul de St. Colombe. Mitten in den Zigar-
ren- und Gehirnrauch steckt Preston seinen Kopf durch die Tür und frägt:
›Happy? Comfortable?‹ Viel Vertrauen und Aufnahmebereitschaft um mich
herum. Alles nur, weil er es so will.«

Dieser Tagebucheintrag von Max Ophüls erklärt vielleicht besser als alle Kommentare, weshalb Ophüls seine 1945 geschriebenen Erinnerungen mit dem Satz beschloss: »*In der Freundschaft zu Preston Sturges liegt meine Zukunft.*«

Denn der Eintrag gibt etwas wieder von der Atmosphäre und der Stimmung, in der Ophüls seine Erinnerungen geschrieben hat, die vordergründig bestimmt waren für das Public Relation Office der *California Pictures*, bei der Ophüls seit jenem 6. November 1944 als Drehbuchautor und Regisseur angestellt war.

Ophüls hat seine Erinnerungen zwischen August und Dezember 1945 verfasst, während der pre-production von VENDETTA, der sein erster amerikanischer Film werden sollte. Obwohl er Vertreibung, Exil, Krieg, Flucht aus Europa und Jahre der Arbeitslosigkeit erlebt und erlitten hatte, ist der Grundton seiner Erinnerungen doch ebenso positiv gehalten und »*froh*« wie sein Tagebucheintrag. Er dankt den Menschen, die ihm begegneten und die ihm etwas bedeuteten, für ihre Förderung und die Einsichten und Erfahrungen, die sie ihm vermittelt haben: dem Strafanstalts-Oberlehrer Kleist, seinem Schauspiellehrer, dem Regisseur Fritz Holl, der Schauspielerin Rosa Valetti, seinem von den Nazis ermordeten Freund Curt Alexander, um nur einige zu nennen. Ihnen allen und noch manch anderem, dessen Name sonst kaum noch jemand kennt, setzt er ein kleines Denkmal in den zahlreichen Geschichten und Anekdoten, die er mit der Lust des geborenen Erzählers vor dem Leser ausbreitet, wobei er im poetischen Überschwang öfter historische Wahrheit und Dichtung miteinander vermischt.

Es scheint, als habe Ophüls die Aufforderung des Public Relation Office dazu benutzt, sein Tagebuch über seine »*amerikanische Lebenszeit*« zu ergänzen mit einem Bericht über sein Leben in Deutschland und Frankreich. Dabei verlor er durchaus nicht aus den Augen, dass sein Text für Publicity-Zwecke bestimmt war, wie manche Übertreibung ebenso verdeutlicht wie Erklärungen, die offensichtlich für amerikanische Leser bestimmt waren. Seine Erinnerungen sind fast unmittelbar nach dem Ende des Zweiten Weltkriegs entstanden, als er immer neue Schreckensmeldungen über die Konzentrationslager und Kriegsverbrechen der Nazis, die Zerstörung der von ihm so geliebten deutschen Städte und die Schicksale von Verwandten und Freunden erfuhr. Wie viele andere Exilanten hatte auch Ophüls das Gefühl, verschont geblieben zu sein, und deshalb mochte er sich trotz seines eigenen Exilschicksals dem amerikanischen Publikum nicht als Opfer präsentieren. Das spiegelt sich in dem leichten Ton, mit dem er etwa von den sehr realen Gefahren seiner Flucht aus Frankreich erzählt.

Durch Datum und Entstehungsgeschichte werden auch die gelegentlichen Irrtümer, Verwechslungen und falschen Schreibweisen bei Namen und Daten verständlich, denn Ophüls konnte sich beim Schreiben nur auf sein Gedächtnis stützen. Den deutschen Text, der erst zwei Jahre nach seinem Tod veröffentlicht wurde, hat er selbst nie mehr durchgesehen und korrigiert.

Zunächst erschien von Februar bis März 1959 ein Vorabdruck unter dem Titel *Spiel hinter dem Vorhang* in vierzig Folgen in der Zeitung *Die Welt*. Noch im gleichen Jahr folgte die Buchausgabe im Henry Goverts Verlag. Textidentisch damit ist der fotomechanische Nachdruck, den Ralph Schock 1980 in der *Saarländischen Reihe* herausgegeben hat.

Die hier vorliegende Neuausgabe der Erinnerungen beruht auf der Erstausgabe von 1959 mit dem ergänzenden Nachwort von Hilde Ophüls (1894–1980). Nicht übernommen wurde aus der Erstausgabe das Vorwort des Kritikers Friedrich Luft, das angesichts der heute vorliegenden Literatur über Max Ophüls entbehrlich schien. Stattdessen wird ein Vorwort von Marcel Ophuls abgedruckt, das hier erstmals in deutscher Sprache publiziert ist. Der Text von Max Ophüls ist unverändert aus der Erstausgabe übernommen. Fehler und falsche Schreibweisen bei Namen und Vornamen, Irrtümer bei Daten, sowie eindeutige Rechtschreib- oder Druckfehler sind stillschweigend korrigiert worden, soweit kein Eingriff in den Text nötig war. Andere Irrtümer, falsch oder unvollständig dargestellte Sachverhalte, werden im Kommentarteil aufgeklärt, der auch zusätzliche Informationen zu Ophüls' Theater-, Rundfunk- und Filmarbeit enthält. Weiter werden Namen, Ereignisse und Begebenheiten erläutert, die den heutigen Lesern nicht mehr vertraut sind. Hauptquelle für die Kommentare sind die 1998 erschienene Biographie des Herausgebers über Max Ophüls, das dazu in jahrelanger Arbeit zusammengetragene Material, das inzwischen im Archiv der Akademie der Künste in Berlin verwahrt wird, sowie zusätzliche Recherchen in Archiven, Literatur und Internet.

Der Bildteil dieser Ausgabe ist vollständig neu gestaltet, dabei wurde vom Herausgeber besonderer Wert darauf gelegt, Bilder auszuwählen, die sich auf Ophüls' Text beziehen und ihn ergänzen.

Eine Chronik von Ophüls' Leben und Werk, ein Verzeichnis seiner Filme und Hörspiele sowie die Literaturhinweise sollen der weiteren Information des Lesers dienen.

Für ihre freundliche Hilfe und Unterstützung bei den Recherchen in Archiven und Bibliotheken danke ich Stefan Dörschel, Torsten Musial und Nicki Rittmeyer (Archiv der Akademie der Künste Berlin); Julia Riedel, Werner Sudendorf und Gerrit Thies (Archiv der Stiftung Deutsche Kinemathek Berlin); Andreas Grunwald und Kerstin Schimmeck (Bundesarchiv Berlin); Dr. Jutta Weber und Dr. Ralf Breslau (Handschriftenabteilung der Staatsbibliothek Berlin); Dr. Sylvia Asmus und Katrin Kokot (Deutsche Nationalbibliothek Frankfurt a. M., Exilarchiv) für Auskünfte und Mitteilungen aus dem Nachlass Günther Peter Straschek EB 2012/153. Für ihre Hilfe bei Recherchen danke ich Dr. Ute Lemke, Paris, und meiner Frau Barbara, der ich ebenso wie Gudrun Kerski auch für die Durchsicht und Korrektur des Manuskripts danke.

Helmut G. Asper

Bielefeld, im Juni 2014

LITERATURHINWEISE

1. Literatur zu Max Ophüls

Annenkov, Georges: *Max Ophuls.* Paris 1962

Asper, Helmut G. (Hg.): *Max Ophüls. Theater, Hörspiele, Filme.* St. Ingbert 1993

Ders.: *Max Ophüls. Eine Biographie mit zahlreichen Dokumenten, Texten und Bildern.* Berlin 1998

Ders.: *Max Ophüls. Deutscher – Jude – Franzose.* Berlin 2012

Bacher, Lutz: *Max Ophuls in the Hollywood Studios.* New Brunswick, New Jersey 1996.

Beylie, Claude: *Max Ophuls.* Paris 1963 (= Cinema d'Aujourd'hui 16). 2. Aufl. 1984

Max Ophüls. Mit Beiträgen von Helmut G. Asper, Wolfgang Jacobsen, Peter W. Jansen, Gertrud Koch, Hermann Naber. München, Wien 1989 (= Reihe Film 42)

Ophuls, Marcel: *Mémoires d'un fils à papa.* Paris 2014

Ophüls, Max: *Spiel im Dasein. Eine Rückblende.* Stuttgart 1959. 2. unveränderte Auflage, Dillingen 1979

Williams, Alan Larson: *Max Ophuls and the Cinema of Desire: Style and Spectacle in Four Films 1948–1955.* New York 1980

White, Susan M.: *The Cinema of Max Ophuls: Magisterial Vision and the Figure of Woman.* New York 1996

2. Literatur zum Theater- und Filmexil

Asper, Helmut G.: *»Etwas Besseres als den Tod ...« Filmexil in Hollywood. Porträts, Filme, Dokumente.* Marburg 2002

Ders.: *Filmexilanten im Universal Studio 1933–1960.* Berlin 2005

Exilforschung. Ein internationales Jahrbuch. Bd. 21: *Film und Fotografie.* Hrsg. v. Claus-Dieter Krohn, Erwin Rotermund, Lutz Winckler, Irmtrud Wojak und Wulf Koepke. München 2003

Handbuch des deutschsprachigen Exiltheaters 1933–1945. Hrsg. v. Frithjof
Trapp, Werner Mittenzwei, Henning Rischbieter, Hansjörg Schneider. Bd. 1: *Verfolgung und Exil deutschsprachiger Theaterkünstler,*
Bd. 2: *Biographisches Lexikon der Theaterkünstler.*
(2 Teilbände) München 1999

3. ALLGEMEINE LITERATUR UND NACHSCHLAGEWERKE ZU FILM, THEATER, EXIL

Budzinski, Klaus und Reinhard Hippen: *Metzler-Kabarett-Lexikon.*
Stuttgart, Weimar 1996
CineGraph. Lexikon zum deutschsprachigen Film. Hrsg. v. Hans-Mi-
chael Bock. München 1982 ff.
Dittrich van Weringh, Kathinka: *Der niederländische Spielfilm der
dreißiger Jahre und die deutsche Filmemigration.* Amsterdam 1987
Fabian, Ruth und Corinna Coulmas: *Die deutsche Emigration in
Frankreich nach 1933.* München, New York, London, Paris 1978
Hallo? Berlin? Ici Paris! Deutsch-französische Filmbeziehungen 1918–1939.
Red.: Sybille M. Sturm, Arthur Wohlgemuth. München 1996
Handbuch der deutschsprachigen Emigration 1933–1945. Hrsg. v. Claus-
Dieter Krohn, Patrik von zur Mühlen, Gerhard Paul und Lutz
Winckler. Darmstadt 1998
Horak, Jan-Christopher: *Fluchtpunkt Hollywood. Eine Dokumentation
zur Filmemigration nach 1933.* 2. erw. u. korr. Aufl. Münster 1986

4. INTERNETQUELLEN ZU FILM, THEATER, EXIL

Deutsche Biographie: www.deutsche-biographie.de
Filmportal: www.filmportal.de
International Movie Data Base: www.imdb.com
Lexikon verfolgter Musiker und Musikerinnen der NS-Zeit:
www.lexm.uni-hamburg.de

BILDNACHWEIS

Für die Genehmigung zur Veröffentlichung der Fotos danken Herausgeber und Verlag der Stiftung Deutsche Kinemathek Berlin; dem Archiv der Akademie der Künste Berlin; der Theatersammlung der Österreichischen Nationalbibliothek Wien; dem Schauspielhaus und dem Stadtarchiv Zürich; dem Hessischen Rundfunk, Frankfurt a. M. und der Cinémathèque Française, Paris.

Stiftung Deutsche Kinemathek Berlin: Abb. 1/Frontispiz (Nachlassarchiv); Abb. 19–23, 25–31, 33–37, 40, 51–56 (Fotoarchiv)
Archiv der Akademie der Künste, Berlin: Abb. 17 und 18 (Fotosammlung Josef Schmidt); Abb. 2–9, 13–16; 44, 47–50, 57, 58 (Helmut-G.-Asper-Archiv)
Theatersammlung der Österreichischen Nationalbibliothek Wien: Abb. 10–12
La Cinémathèque Française, Paris: Abb. 24, 32, 38, 39, 41, 42
Stadtarchiv Zürich: Abb. 45, 46

Trotz intensiver Recherchen konnten nicht alle Rechteinhaber der Fotos ermittelt werden. Rechteinhaber werden gebeten, sich beim Alexander Verlag Berlin zu melden.

DIE AUTOREN

Max Ophüls (eigentlich Max Oppenheimer; 1902–1957), war Theater-, Film- und Hörspielregisseur. 1933 floh er vor den Nazis zunächst nach Frankreich, 1941 in die USA. 1949 kehrte er in seine zweite Heimat Frankreich zurück. Mit der Schnitzler-Verfilmung *Liebelei* gelang ihm 1933 der Durchbruch als Regisseur. Zu seinen bekanntesten Filmen zählen *Letter from an Unknown Woman* (*Brief einer Unbekannten*, 1948), *La Ronde* (*Der Reigen*, 1950) und *Lola Montez* (1955).

Sein Sohn Marcel Ophuls wurde 1927 in Frankfurt a. M. geboren und gilt als einer der bedeutendsten Dokumentarfilmregisseure der zweiten Hälfte des 20. Jahrhunderts.

Die Schauspielerin Hilde Ophüls, geborene Wall, heiratete Max Ophüls 1926 in Wien. Sie starb 1980 in Paris.

DER HERAUSGEBER

Dr. Helmut G. Asper ist Theater- und Filmhistoriker, sein Forschungsschwerpunkt ist das deutsch-jüdische Theater- und Filmexil 1933–1950. 1998 erschien seine umfangreiche Max-Ophüls-Biographie. www.helmut-g-asper.de

INHALT

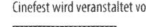